Knapp, geschliffen scharf, assoziativ und direkt – so kennen wir die Erzählsprache von »La Manotti«, der französischen Historikerin, die vielleicht Europas härteste Politkrimis schreibt. Hier katapultiert sie uns ins Jahr 1944, ins besetzte Paris. Ein Sittenpolizist und Undercoveragent belauert die Drahtzieher, Intriganten und Kriegsgewinnler, die auch nach der Landung der Alliierten in der Normandie prassen, killen und absahnen, in den Pariser Salons Champagner schlürfen und sich wechselseitig protegieren oder einander ans Messer liefern.

> Da sitzt du in deiner Uniform, kantiger Kiefer, kurzes Blondhaar, blaue Augen. So dermaßen germanisch. So anders als der angekettete Gefangene, den Deslauriers ins Auto geschoben hat. Unbehagen. Ein Monat und zehn Tage in den Händen von Bauer, Avenue Foch, ein Ort, den nur sehr wenige lebend verlassen haben. Bauer hat sich nicht damit begnügt, dich zu vögeln. Wen hast du verraten, dass du noch am Leben bist?

Bei Manotti liest sich die Schlussphase der deutschen Besetzung von Paris als der Krimi, der es mit Sicherheit war. Nicht aus der Distanz pädagogisch wertvoller Schicksalsberichte, sondern als rasante Verfolgung des unmittelbaren Erlebens, unzensiert, strotzend von typisch menschlichen Absichten, seien sie nun irregeleitet, harmlos, mörderisch oder illusionär. Eine Momentaufnahme im Thrillerformat, frei von narrativen Weichzeichnern. Die Protagonisten – Helden, Opfer oder Täter – sind so greifbar, dass man ihre Begierden spürt. Akteure in einer historischen Ausnahmesituation, maßlos menschlich und mitten in all dem Sterben maßlos lebendig. Akteure, die auch unsere Kultur hervorbringen kann, weil ihre Motive, ihre Triebkräfte eben keine historische Ausnahme sind. Selten hat mich ein Roman so dicht an die Stringenz gesellschaftlicher Verbrechen herangeführt.

Else Laudan

Für Interessierte: http://www.spiegel.de/spiegel/print/d-43366355.html

Dominique Manotti, 1942 geboren, lehrte als Historikerin an verschiedenen Pariser Universitäten Wirtschaftsgeschichte der Neuzeit. Sie kam erst mit fünfzig Jahren zum Schreiben und veröffentlichte seither acht zum Teil preisgekrönte Romane.

Dominique Manotti

DAS SCHWARZE KORPS

Aus dem Französischen
von Andrea Stephani

Ariadne Krimi 1206
Argument Verlag

Ariadne Krimis
Herausgegeben von Else Laudan
www.ariadnekrimis.de

Titel der französischen Originalausgabe:
Le corps noir

Deutsche Erstausgabe

Glashüttenstraße 28, 20357 Hamburg
Telefon 040/4018000 – Fax 040/40180020
www.argument.de
Umschlag: Martin Grundmann
Fotomotiv: © stokkete, Fotolia.com
»Anmerkung zum historischen Kontext«
übersetzt von Iris Konopik
Lektorat: Iris Konopik & Else Laudan
Satz: Iris Konopik
Druck und Bindung: CPI Moravia Books, Pohorelice,
Printed in Czech Republic
Gedruckt auf säure- und chlorfreiem Papier
ISBN 978-3-86754-206-7
Erste Auflage 2012

Anmerkung zum historischen Kontext

Im Frühsommer 1944 ist das im Juni 1940 besiegte Frankreich von der deutschen Wehrmacht besetzt. Der französische Staatschef Marschall Pétain hat einen Waffenstillstand mit dem Dritten Reich unterzeichnet, und seine von Pierre Laval geführte Regierung kollaboriert mit der Besatzungsmacht. Die französische Polizei wird von den Deutschen scharf überwacht; sie muss deren Weisungen befolgen, hat aber ihre Befugnisse behalten. Unter Federführung der französischen Regierung gewährleistet sie die Aufrechterhaltung der Ordnung, die Ausführung von Befehlen der Besatzungsmacht, die Anwendung der französischen Gesetze gegen Kommunisten, Juden und Freimaurer und macht Jagd auf »Terroristen«.

Die Besetzung Frankreichs lag zunächst in der Zuständigkeit der Wehrmacht (Heer, feldgraue Uniform) und ihres Nachrichtendiensts, der Abwehr. Doch bereits in den ersten Tagen des Sommers 1940 versuchte die SS, die Wehrmacht auf diesem Feld zu verdrängen.

In den 1920er Jahren war die SS (wegen der Farbe ihrer Uniform »schwarzes Korps« genannt) ursprünglich die Privatmiliz der NSDAP. Mit Hitlers Machtergreifung, insbesondere ab 1938, verleibte sich die SS sämtliche Inlands-Sicherheitsdienste des deutschen Staates ein, darunter die berüchtigte Gestapo. Die Verwaltung der besetzten Länder oblag allerdings zumindest theoretisch der Wehrmacht.

Faktisch übernahm die SS ab 1942 unter dem Kommando des Höheren SS- und Polizeiführers Oberg die Kontrolle über das besetzte Frankreich. Im Februar 1944 wurde die Abwehr aufgelöst, ihre Abteilungen wurden teilweise der SS eingegliedert.

Die Rivalität zwischen Wehrmacht und SS war auch eine soziale Rivalität. Die Wehrmachtsoffiziere waren noch stark vom alten preußischen Adel geprägt. Die SS hingegen war das Sammelbecken, in dem vornehmlich Mittelstand und Unterschicht auf ein nationalsozialistisches, rassistisches, klassenloses Ideal eingeschworen wurden.

In Frankreich rekrutierte der SD, der Sicherheitsdienst des Reichsführers-SS, zahlreiche französische Hilfskräfte. Sie erhielten Gestapo-Ausweise, einige ihrer Vorgesetzten auch SS-Dienstgrade und -Uniformen.

1944 gab es in Frankreich 1800 deutsche Gestapo-Angehörige und 30 000 französische Gestapo-Hilfskräfte.

Das schwarze Korps ist kein »Schlüsselroman«. Die Haupt- und Nebenfiguren sind erfunden und haben keinerlei direkten Bezug zu bestimmten historischen Persönlichkeiten. Aber sie bewegen sich in einem bestens dokumentierten Kontext. Was sie tun, was sie denken, was sie sagen, das haben geschichtliche Akteure sehr wohl getan, gedacht, gesagt.

Das »Paris im Festrausch« von 1944, das die Kulisse des Romans bildet, ist bevölkert mit Schriftstellern, Theaterleuten, Damen von Welt, Schauspielerinnen und Schauspielern, Filmemachern, Halbweltdamen, Modeschöpfern, Sängerinnen, Politikern, Verbrechern, Handlangern und deutschen Offizieren. Alle diese Randfiguren (und viele andere aus denselben Zirkeln) haben existiert und treten im Roman unter ihrer wahren Identität auf.

Erzählen heißt Widerstand leisten.

Dominique Manotti

Danksagung

Alfred Eibel hat mich ermuntert, mich mit der französischen Gestapo zu befassen, und mir mein erstes Buch über die Carlingue geschenkt.

Jean-Marc Berlière, Historiker mit dem Fachgebiet französische Polizei, hat mich in langen Gesprächen und Briefwechseln an seinem Wissen über diese Zeit teilhaben lassen.

Für diese maßgebliche Unterstützung sei ihnen gedankt, und es versteht sich, dass etwaige Fehler allein mir anzulasten sind. – DM

Das Fotoalbum liegt da, auf dem Tisch, in dunkelrotes Leder gebunden, flaumweich beim Drüberstreichen, etwas abgewetzt, der Falz abgenutzt, die Ecken verknickt. Auf dem Umschlagdeckel drei in Goldbuchstaben eingravierte Namen: François, Jeanne, Isabelle. Man muss es vorsichtig aufschlagen, so zerblättert ist es. Seiten aus dickem, steifem, dunkelgrauem Papier, die man einzeln umschlägt und auf die rechteckige kleine Hochglanzfotos mit gezacktem weißem Rand geklebt sind. Einige sind stärker vergilbt als andere, und bei manchen blättert die Glanzschicht. In einer schönen, festen Schrift ist hier und da mit der Feder ein Name, ein Ort, ein Datum vermerkt. Verblasste schwarze Tinte auf grauem Grund, mit der Zeit kaum mehr lesbar.

Viele Kinderfotos von jedem Alter, in der Wiege, am Strand, krank, beim Kartenspiel unter den Bäumen, im Boot, lesend oder schlafend im Sessel. Um sie herum die Mutter, die Großeltern, aufmerksam, gerührt, stolz, stets ihre Verbündeten. Manchmal, ganz selten, die schmale, sportlich-elegante Gestalt des Vaters. Chronik einer glücklichen Familie.

Auf einer der letzten Seiten vier Fotos beieinander.

März, Hochgebirgslandschaft. Strahlender Sonnenschein über einem sanft abfallenden weiten Schneefeld, in der Ferne eine dunkle Holzhütte, die Mutter, groß, schlank, das Haar unter einem Turban gebändigt, riesige weiße Sonnenbrille, schmal geschnittene kurze weiße Jacke und weite Hose aus schwarzem Wollstoff mit Knöchelbündchen, zieht einen Schlitten, auf dem das Nesthäkchen sitzt. Die beiden älteren Geschwister, François, sechzehn, und Jeanne, elf, in kurzärmeligen Hemden und Pumphosen, mit komischen schwarzen Skibrillen, die fast das ganze Gesicht verdecken, stehen sicher auf ihren Skiern, lächeln in die Kamera. François, kastanienbraunes Haar mit Bürstenschnitt, Grübchen an den Mundwinkeln und ein drittes am Kinn, sprüht vor Übermut und Charme.

Mai, Jeannes feierliche Erstkommunion. Zwei Fotos erinnern an das Ereignis. Auf dem einen steht Jeanne in langem weißem Spitzenkleid, Haube und Schleier aus weißem Tüll, ganz konzentriert allein mitten auf dem Rasen, in den ihre weißen Lackschuhe tief einsinken, und tut so, als läse sie in einem dicken Messbuch, hin- und hergerissen zwischen Andacht und Lachanfall. Auf dem anderen posiert die ganze Familie, der Vater im grauen Anzug, die Mutter in hellem kurzem Rock, Sandalen mit hohem Keilabsatz, die Verwandten, die Freunde, der Pfarrer in Soutane, zum Halbkreis aufgestellt auf den Stufen einer breiten Freitreppe aus weißem Stein mit schmiedeeisernem Geländer. Hinter zwei Geißblattsträuchern, deren schweren Duft man förmlich riechen kann, lässt sich ein imposantes rotes Backsteinhaus erahnen. Auf der untersten Stufe hält das Kommunionkind strahlend ein großes Kohlfuchspony an der Leine, das damit beschäftigt ist, den Rasen abzuweiden. Alle lächeln.

Letztes Foto, unten rechts, ein kleines Mädchen in einem Irisbeet, schulterlange blonde Locken, gesmogtes Kleid mit Puffärmeln, greift mit vollen Händen in die Blumen und riecht daran. Die Mutter hat in ihrer großen, festen Schrift vermerkt: 6. Juni, mein süßes Püppchen Isabelle mit zwei Jahren.

Vier Fotos, und oben auf der Seite eine Jahreszahl: 1944. Wir sind in Frankreich.

1

6. Juni 1944

4266 Landungsfahrzeuge begleitet von 700 Kriegsschiffen halten auf die Normandieküste zu. Drei Luftlandedivisionen starten von englischem Boden.
Mitternacht. Die ersten Fallschirmjägertruppen landen auf französischem Boden, im Hinterland der für die Landung der Alliierten vorgesehenen Strände.
3:14 Uhr. Beginn der systematischen Beschießung der deutschen Küstenverteidigungsstellungen in der Seine-Bucht.
6:30 Uhr. Bei mittlerem Seegang beginnt die Landung der englischen und kanadischen Truppen an den Strandabschnitten Gold, Juno und Sword an der Orne-Mündung. Wenig später landen die amerikanischen Truppen an den Küstenabschnitten Utah und Omaha der Halbinsel Cotentin.

Paris, 4 Uhr früh. Zwei Citroëns fahren dicht hintereinander im Schritttempo und ohne Licht durch die Avenue Henri-Martin. Die Stadt ist dunkel, verlassen, still bis auf das Rauschen der Windböen in den Kastanien, eine Stadt unter Ausgangssperre. Die beiden Wagen halten leise vor Hausnummer 50, ein vornehmes Wohnhaus, Quaderstein, hohe Fenster und schmiedeeiserne Balkone. Vier Männer steigen aus, schließen geräuschlos die Wagentüren, formieren sich, gegürtete schwarze Ledermäntel, tief in die Stirn gezogene Filzhüte, drei von ihnen tragen eine Maschinenpistole über die rechte Schulter gehängt. Im Gleichschritt überqueren sie den Bürgersteig, bleiben vor einem hohen, schweren, mit Bronzeskulpturen geschmückten Holzportal stehen. Von einem eingezäunten Nachbarvorgarten weht mit jedem Windstoß der Geruch nach Rosen und feuchter Erde herüber. Der Anführer, ein gewisser Loiseau, hochgewachsen, hager, kantiges, zerklüftetes Gesicht, drückt auf die Klingel, hält sie gedrückt. Die Türglocke hallt durch die Stille, dann undefinierbare Geräusche und eine angstvolle Frauenstimme hinter der Tür.

»Was ist denn los?«

»Deutsche Polizei. Machen Sie auf.«

Stille, kaum ein, zwei Sekunden, das Portal öffnet sich einen Spalt, der Anführer schiebt sich mit der Schulter voran hinein, drängt eine alte Frau im Morgenrock, klein, rundlich, langer, weißer geflochtener Zopf auf dem Rücken, bis in ihre Loge. Niemand da. Er reißt das Telefonkabel heraus, treibt die Alte zurück zum Hauseingang und hält ihr seinen deutschen Ausweis unter die Nase. »Wohnt hier Benezet?«

Benommen blickt sie auf das Stück gelbe Pappe. Schubs von hinten. »Ja. Im ersten.«

Loiseau dreht sich zu seinen Männern um. »Morandot, du bewachst die Hintertreppe, damit niemand kommt und uns stört. Nur zur Vorsicht. Ihr zwei kommt mit mir.« Er packt die Alte am Arm. »Komm, Oma, du begleitest uns.«

Monumentaler Treppenaufgang, Holzgeländer mit Schnitzereien, dunkle Täfelung, roter Teppich. Auf dem Treppenabsatz im ersten Stock eine einzelne, zweiflüglige Tür. Sturmklingeln. Dann eine wispernde Frauenstimme hinter der Tür: »Wer ist da?«

»Gestapo.«

Ein Aufschrei, ein lautes Klirren. Hinten in der Wohnung knallt eine Tür, Hektik, laute Stimmen. Falicon, ein unscheinbarer flinker Kerl, zerschießt auf ein Zeichen des Anführers das Schloss, die Männer drücken die Tür auf, stürzen in die Diele, die MP auf ein Mädchen im Nachthemd gerichtet, dunkelbrünett, zerzaust, entgeistert, mit nackten Füßen in den Scherben einer riesigen Porzellanvase. Morandot kommt aus dem hinteren Teil der Wohnung, er schleift den leblosen Körper eines jungen Mannes in Unterhose hinter sich her und lässt ihn mitten in der Diele mit dem Gesicht nach unten fallen.

»Wo ist Benezet?«, brüllt Loiseau und schüttelt das Mädchen.

Sie zeigt auf eine Tür. Er stößt sie auf. Ein alter Mann streift sich gerade eine Hausjacke im Schottenkaro über seinen marineblauen Pyjama. Loiseau treibt ihn in die Diele und schubst ihn in die Ecke zu den beiden Frauen, die Concierge murmelt Gebete.

Die vier Gestapomänner betrachten den leblos daliegenden Körper. Loiseau nagt an seiner Unterlippe. Er dreht sich zu dem Alten um. »Der da, wer ist das?«

»Weiß nicht.« Etwas Schaum im Mundwinkel. »Noch nie gesehen.«

Die beiden Frauen nicken.

»Ein Engländer, würde ich meinen«, sagt Morandot. »Jedenfalls schrie er was auf Englisch. Er schlief in einem kleinen Zimmer hinten in der Wohnung. Ist riesig da, und komplett unbewohnt. Er wollte über die Hintertreppe abhauen, da hab ich ihm mit meiner MP eins übergezogen.«

Loiseau kaut nervös auf seiner Lippe. »Irgend so 'n Pennbruder, der war nicht eingeplant, versaut uns nur das Geschäft, lassen wir ihn laufen.«

Falicon tritt zwei Schritte vor, zwischen Loiseau und den Bewusstlosen. »Bin nicht dafür. Wenn er Engländer ist, bringt er eine hübsche Prämie. Und das Mädchen da stinkt vor Angst, das ist ein gutes Zeichen. Gucken wir doch erst mal, was im Tresor ist, bevor wir entscheiden.«

Loiseau verzieht das Gesicht. Falicon, dieser miese, hinterfotzige Westentaschenzuhälter. Der ist cleverer. Eines Tages wird er den Scheißkerl umlegen. Aber bis dahin … Er packt den Alten am Arm, schiebt ihn Richtung Salon, Falicon ihm auf den Fersen. Ein großer, herrschaftlicher Raum, hohe Decke, drei Fenstertüren zur Avenue Henri-Martin, sorgsam verdeckt von langen braunen Samtvorhängen. Er schaltet einen Kristalllüster in der Deckenmitte ein, bei dem die Hälfte der Glühbirnen fehlt. Louis-XV-Mobiliar, zu dicht gedrängt, viel Art-Déco-Nippes, und an den beige-seiden tapezierten Wänden sorgsam gerahmte und gehängte impressionistische Gemälde, Monet, Pissarro, Renoir, Sisley … Loiseau zählt rasch nach. Vierzehn, wie angekündigt. Er durchquert den Salon, den schlurfenden Alten weiter vor sich hertreibend, bleibt vor Boudins *Regatta in Honfleur* stehen, schwenkt das Bild zur Seite. In der Wand ein Tresor. Er wendet sich zu dem Alten um. »Sie sind illegal im Besitz von Gold. Wie Sie sehen, hat man Sie angezeigt. Wir sind zur Beschlagnahme hier. Öffnen Sie Ihren Tresor.«

Der Alte dreht an den Knöpfen und öffnet ihn seufzend. Ein paar von Gummibändern zusammengehaltene Bündel Briefe und Papiere. Und vier Stoffsäckchen. Nicht dick. Loiseau nimmt sie, wiegt sie in der Hand. Schätzungsweise fünf- bis sechshundert Münzen.

Falicon höhnt: »Doll ist das nicht. Zum Glück haben wir noch den Engländer.«

Zurück in die Diele. Der Mann am Boden kommt zu sich. Morandot hat ihm die Hände mit Handschellen auf dem Rücken gefesselt.

Loiseau richtet sich zu ganzer Größe auf, nagt an seiner Unterlippe. »Wir nehmen alle mit, auch die Concierge. Ab nach Hause in die Rue de la Pompe.«

Auf dem Gehweg dreht sich Morandot noch einmal um.

Der große Altbau, dunkle Fenster, geschlossene Läden, sieht völlig unbewohnt aus. Er streicht zärtlich über seine Waffe, hebt den rechten Arm, stützt die MP auf den linken Unterarm und schickt eine kurze Salve zu den oberen Etagen. »Schlaft gut, ihr Lämmer.«

Eine wahrhaft spartanische Dachkammer im sechsten Stock in der Rue d'Assas. Roher Holzboden, geweißte Wände, ein schmales Eisenbett, ein Spülstein, ein Gaskocher, ein kleiner Tisch, ein Schrank, zwei Veloursessel, ein paar Bücher, nur erlaubte Literatur und eine Bibel. Einziger Luxus: eine Fenstertür, die auf einen winzigen schmiedeeisernen Balkon führt, der blassblaue Himmel, von fliehenden weißen und grauen Wolkenfetzen durchzogen, und die je nach Licht ihre Farben und Formen ändernden Dächer von Paris. Domecq, müde nach einer schlaflosen Nacht, die er damit verbracht hat, dem durch die stille Stadt fegenden Wind zu lauschen, hat seinen Sessel vor die offene Fenstertür gerückt, die Füße aufs Balkongeländer gelegt und genießt mit geschlossenen Augen die Morgensonne. Von Zeit zu Zeit trinkt er kleine Schlückchen eines vorzüglichen brühheißen Kaffees, sehr würzig, nicht bitter, konzentriert sich auf diesen Geschmack, der ihn durchströmt, sich dann langsam in seinem Mund verflüchtigt. Ein Päckchen Kaffee, das der Wirt des *Capucin*, auf anhaltend gutes Einvernehmen mit den Inspektoren von der Sitte bedacht, ihm gestern zugesteckt hat wie jede Woche.

Noch ein Schluck. Am Ende hat es den Krieg und die Besatzung gebraucht, damit ich guten Kaffee schätzen lerne. Plötzlich fliegen irgendwo die Fenster auf, knallen gegen die Hauswand, unbekannte Männer- und Frauenstimmen brüllen: »Die Engländer sind da …«

Domecq richtet sich auf, verschüttet seinen Kaffee, verbrennt sich, beugt sich übers Geländer. Kein Mensch zu sehen. Sechs Stockwerke tiefer liegt die Rue d'Assas ruhig im Sonnenschein.

In der Rue de la Pompe ist der Engländer Mike Owen in eine Art fensterlose Abstellkammer gesperrt, mit Handschellen unten an einen Heizkörper gekettet. Er sitzt mit vorgebeugtem Oberkörper auf dem Boden und horcht auf jedes Geräusch. Im Flur reges Kommen und Gehen, Leute betreten die Wohnung, ein Dutzend verschiedene Stimmen, auch die einer Frau. Gleich nebenan muss das Mädchen sein, von dort kein Laut. Er zerrt an seinen Handschellen – der Schmerz schießt ihm wieder die Arme hoch –, will sich nur vergegenwärtigen, dass er am Leben ist.

Deslauriers hat sich sein Büro in einem kleinen Raum am Ende des langen Flurs eingerichtet, der bestimmt einmal ein Jungmädchenzimmer war: Tapete mit Rosenstraußreihen auf weißem Grund, Fischgrätparkett, sehr wenige Möbel, zwei Metallspinde für die Akten, an einer der Wände ein paar unterschiedliche Stühle. Und auf einem gelb-blauen Teppich ein wuchtiger, kunstvoll geschnitzter Schreibtisch aus dunklem Holz, vier Karyatiden in üppiger Blöße tragen eine große, mit abgewetztem rehbraunem Leder bezogene Schreibplatte. Die Fensterläden der im ersten Stock zur Straße hin gelegenen Wohnung bleiben stets geschlossen, und an diesem Morgen ist der Raum in lichten Schatten getaucht.

Vor dem Schreibtisch aufgereiht stehen starr und stumm die vier Männer von Loiseaus Trupp. Der Boss, groß, massig, zerbeultes breites Gesicht, Nase schon mal gebrochen, Schmarre durch die rechte Braue, das braune Haar sorgfältig mit Pomade frisiert, marschiert von Wand zu Wand, das Jackett seines gut geschnittenen grauen Anzugs offen, Hände in den Hosentaschen, die Augen auf seine hellbraunen englischen Glattlederschuhe geheftet, bloß dann und wann ein kurzer Blick zu seinen Männern, die er nur von hinten sieht. Falicon, dem Fenster am nächsten, ein durchtriebener kleiner Zuhälter, der sich für besonders schlau hält und es vielleicht auch ist, tut so, als blicke er zur Straße hinaus. Neben ihm Martin, rund und wohlgenährt, tüchtiger Malocher, arbeitsloser Anstreicher, kam in die Rue de la Pompe, um die Räumlichkeiten zu reinigen und neu zu streichen, und blieb, Mann für alles, wenn nur die Bezahlung stimmt, nie eine eigene Idee, zieht den Kopf ein, wartet auf das Donnerwetter. Morandot, stämmig, dunkler Typ, bankrottgegangener Bäckermeister, aktives Mitglied der Cagoule, vor dem Krieg eine rechtsextreme Putschistengruppe, schloss sich nach dem Waffenstillstand Doriots Kollaborationspartei an, Antikommunist, scharfer Antisemit, Dienstältester in der Truppe der Rue de la Pompe, hält sich für einen geistigen Führer, Pranken hinterm Rücken verschränkt und Beine gespreizt in der Haltung des Soldaten in Rührt-euch-Stellung. Und schließlich Loiseau, nahe der Tür, der größte von allen, kahler Schädel, stramme Haltung, ewiger Traum: an Stelle vom Boss der Boss sein. Deslauriers brütet vor sich hin. Nichtsnutzige Bande. Haben mich in eine beschissene Lage gebracht, von der diese Idioten keinen blassen Schimmer haben. Und nicht haben sollen. Erst den Ungehorsam bestrafen. Dann sehen wir weiter. Er bleibt stehen, strafft sich.

»Wer hat euch in die Avenue Henri-Martin geschickt?«

Loiseau antwortet: »Der kleine Poncin hatte uns den Tipp gegeben, dass da ein großer Fang mit Goldmünzen zu machen wäre.«

»Und ihr habt von selbst die Initiative ergriffen? Das kaufe ich euch nicht ab. Wer hat euch dorthin geschickt?«

Loiseau schweigt.

»Wer?«

Immer noch nichts. Deslauriers zieht seinen Revolver aus dem Holster, das er praktisch im Rücken trägt, drückt ihn Falicon ins Genick und schießt. Die drei Männer zucken zusammen, stehen starr, Kopf geradeaus, Blicke aus den Augenwinkeln. Der Körper sackt zusammen, schlagartig geschrumpft in zu weiten Kleidern. Langsam bildet sich eine Blutlache bis hin zum Teppich. Deslauriers wirft die Geschosshülse aus, lädt nach.

»Ich frage noch einmal. Wer?«

Martin öffnet den Mund.

»Nicht du, Martin. Ich will's von Loiseau hören.«

Ein Zittern überläuft Loiseau. »Das ist eine Aktion von Lafont. Er hat nicht mehr viele Männer in der Rue Lauriston, fast alle haben sich der Nordafrikanischen Brigade angeschlossen, um die Terroristen außerhalb von Paris zu bekämpfen. Also wendet er sich an uns.«

Lafont, Chef der Carlingue, der wichtigsten Gruppe französischer Gestapohelfer. Ein gefährlicher Rivale. Mein Revier sichern, meine Autorität gegenüber meinen Männern wiederherstellen, aber Vorsicht. Lafont ist mächtig.

»Und du hast eingewilligt, ohne mit mir zu sprechen?«

»Lafont hat Geheimhaltung verlangt. Wir sollten das Gold und den Alten mitnehmen und das Ganze bis acht Uhr früh erledigt haben. Danach sollten wir einfach wieder herkommen.«

Deslauriers deutet mit der Revolvermündung auf die Säckchen auf dem Schreibtisch. »Dafür?«

Loiseau zuckt die Achseln. »Es sollten mindestens fünftausend Goldmünzen dort sein.«

Deslauriers begibt sich hinter den Schreibtisch, setzt sich in einen hohen Lehnsessel, legt seine Waffe vor sich hin, sieht die drei mit gewohntem Unmut an. »Das Gold behalte ich.

Damit ist eure Scharte ausgewetzt. Ihr bekommt eure Prämien für den Engländer, wenn er denn Engländer ist, ihr bekommt sogar die von Falicon. Der Alte gehört mir, und zwar nur mir. Für euch gibt es ihn nicht mehr.« Mit Nachdruck: »Es hat ihn nie gegeben. Ihr zwei schafft euren Kollegen raus, der wird bald unangenehm riechen, und ihr nehmt euch das Mädchen vor. Sie muss etwas über den blinden Passagier in der Avenue Henri-Martin wissen. Der Einzige, der in dieser Angelegenheit für unsere Behörde von Interesse ist, damit das ganz klar ist. Jetzt seid ihr dran. Loiseau, du bleibst hier, ich habe mit dir zu reden.«

Stumm und mit ausweichenden Blicken verlassen die beiden Männer mit dem Leichnam den Raum. Loiseau steht reglos da und wartet.

»Jetzt, wo deine Männer weg sind, sag mir, was du bei Benezet zu suchen hattest.« Nichts geschieht. Deslauriers spielt mit seinem Revolver. »Verkauf mich nicht für dumm.«

»Gemälde. Jemand hatte bei Lafont vierzehn impressionistische Gemälde bestellt, die sich bei dem Alten befanden. Wir sollten ihn und seine Haushälterin wegen illegalem Goldbesitz einbuchten, und Lafont kam und hat die Bilder geholt.«

»Prämie?«

»Eine Million.«

»Und deinen Männern hast du nichts davon gesagt. Eine Million für dich und ein bisschen Klimpergeld für sie. Bei dieser Arbeitsweise wirst du irgendwann hinterrücks abgeknallt.«

Loiseau zieht es vor zu schweigen, blickt unverwandt auf die Blutlache, die inzwischen die Teppichfransen erreicht hat.

»Immerhin habe ich dir Falicon vom Hals geschafft, das gibt dir einen Aufschub. Sieh nach, wie weit sie mit dem Mädchen sind.«

Allein. Er schließt seine Tür ab, öffnet die Klappläden, lehnt sich aus dem Fenster und blickt auf die Straße hinab. Als er sich nach draußen beugt, fällt sein Blick auf die Kastanien in der Avenue Foch, nie waren sie so schön. Dieser Benezet. Ein alter Bekannter, vor dem Krieg einer meiner besten Kunden im *Perroquet bleu.* Spielt den senilen Alten, der mich nicht wiedererkennt. Persönlich befreundet mit der Hälfte des kollaborierenden Unternehmertums, mit drei Vierteln der Männer der Laval-Regierung und ganz sicher mit Bauer, auch wenn er das mir gegenüber nie erwähnt hat. Und er schreit nicht Zeter und Mordio, als man ihn verhaftet ... Er verhält sich unauffällig, hat was zu verbergen. Verwalter einiger amerikanischer Vermögen in Frankreich ... Und die Amerikaner heute ... Lafont schickt meine Leute zu ihm. Um mich zu belasten und meine Geschäfte an sich zu reißen? Denkbar.

Auf der Straße radeln zwei hübsche Mädchen vorbei. Hinter der Tür Schritte und gedämpfte Stimmen, die Bittsteller drängen sich allmählich im Flur. Das wird den ganzen Tag so bleiben. Keine Zeit, der Sache nachzugehen. Deslauriers schließt die Fensterläden wieder. Was den Engländer betrifft, erzähle ich Bauer, dass seine Festnahme ein Zufall war. Routinekontrolle in leerstehenden Wohnungen. Benezet ist unter falschem Namen eingelocht, jetzt heißt es abwarten.

Mike Owen zuckt zusammen. Im Nebenzimmer ist eine Tür zugeschlagen. Gepolter, unverständliche Worte, herrischer Ton. Ein Zischen, ein scharfer Knall. Owen zerrt an seinen Handschellen. Eine Peitsche, das sind Peitschenhiebe. Noch ein Hieb. Langgezogenes, leises Heulen. Laute Männerstimmen, immer noch unverständlich. Ein Hagel von Peitschenhieben, das Heulen hält an. Wieder ein Hieb, jemand stößt einen Schrei aus. Gepolter, prügeln die sich? Dann schlägt ein Mann unter Keuchen und schrillem Quieken rhythmisch zu. Das Heulen wird lauter, schwillt explosionsartig an, bricht dann jäh am höchsten Punkt ab. Ein Mann wimmert, schluchzt. Gepolter, dann gehen die Männer hinaus in den Flur, reden durcheinander. Mit seinem ganzen Gewicht beugt sich Owen nach vorn, hängt sich schwer in seine gespannten Handschellen, spürt einen stechenden Schmerz bis hoch in die Schultern schießen, zerrt stärker, schleichender Schwindel, und sackt bewusstlos zusammen.

Deslauriers öffnet einen der Metallspinde und streicht sich vor einem mannshohen Spiegel an der Türinnenseite das Haar glatt, steckt den Revolver zurück, knöpft das Jackett zu, überprüft den korrekten Sitz von Anzug und Krawattenknoten, runzelt die Stirn, als er den Todesschrei hört. Noch ein Fehler von Loiseau. Der mir in diesem Fall gelegen kommt, keine Spuren bezüglich Benezets Verschwinden. Ich werde mit ihm abrechnen müssen. Ein andermal. Er schließt den Spind wieder und tritt hinaus in den schwach erleuchteten Flur, wo an der Wand die Bittsteller des Tages auf Bänken sitzen und auf ihn warten.

Die erste, Geneviève Fath, hinreißend in einem weißen Kleid mit roten Blumen, Bolero mit Puffärmeln in einem dunkleren Rot, auf dem blonden, zum Chignon hochgesteckten Haar ein weißes, schräg in die Stirn gezogenes Hütchen mit Schleier aus besticktem Tüll, steht auf, tritt hastig ein Stück zurück, um Loiseau vorbeizulassen, blutbespritzter nackter Oberkörper, Jacke über die Schultern gehängt, am ganzen Körper zitternd, verstörter Blick, gestützt von seinen beiden Männern. Die Gruppe stürmt ins Badezimmer. Geneviève Fath betritt Deslauriers' Büro, der ihr die Hand küsst, ehe er ihr einen Stuhl heranschiebt. Sie setzt sich seitlich darauf, schlägt die seidenbestrumpften Beine übereinander, um nicht mit der blutgetränkten Teppichstelle in Berührung zu kommen, streift ihre weißen Handschuhe ab und befördert gekonnt ihren Schleier auf die Hutkrempe.

»René, ich brauche dich.«

Breites Lächeln. »Sonst wärst du nicht hier. Dies ist kein vergnüglicher Ort.«

»Heute in aller Frühe hat mir mein Expedient mitgeteilt, dass meine gesamte Lieferung festgehalten wird.«

»Du weißt, dass heute Nacht einiges passiert ist …«

Sie ignoriert diese Bemerkung und fährt fort: »Ungefähr fünfzig Kleider aller großen Pariser Modehäuser mitsamt ihren Accessoires, die nach Monaco geliefert werden sollen. Kannst du nicht einen Passierschein für mich erwirken?«

Deslauriers schiebt ihr einen Block und einen Kugelschreiber hin. »Schreib Telefonnummer und Adresse deines Expedienten auf. Ich werde sehen, was ich tun kann. Versprechen kann ich nichts. Viele Strecken sind lahmgelegt, und die anderen sind voll ausgelastet mit Militärtransporten. Fünf Prozent des Warenpreises bei Lieferung.«

Geneviève Fath erhebt sich, groß und gertenschlank auf ihren hohen Absätzen, lächelt, lässt ihren Schleier mit geübter Geste wieder hinab, streift ihre Handschuhe über.

»Abgemacht. Sieht man dich heute Abend bei Dora Belle?«

»Im Prinzip ja.«

Auf ein Zeichen von Deslauriers nimmt Letœuf mit unterwürfiger Miene und Schiebermütze in der Hand Platz, nachdem er den Stuhl, auf dem vor wenigen Minuten noch Geneviève Fath saß, an einen anderen Platz gestellt hat, um sich diskret von der Blutlache zu entfernen. Deslauriers bleibt stehen, Hände in den Hosentaschen. Wie Falicon, der ihn in der Rue de la Pompe eingeführt hat, ist dieser Letœuf ein kleiner Zuhälter, verachtenswert, aber ein guter Spitzel, stets umfassend informiert und loyal.

»Ich hab da was außer der Reihe.«

»Ich höre.«

»Das kleine Château der Goulds in Maisons-Laffitte …«

Deslauriers ist sofort hellhörig. Florence Gould hält den berühmtesten literarischen Salon in Paris. Sie schläft mit allen Gästen, den französischen Schriftstellern wie den Wehrmachtsoffizieren. Aber Gould, das ist auch Franck Jay, ihr Ehemann, ein alter amerikanischer Milliardär, der an der Côte d'Azur lebt. Und die Amerikaner heute …

»Red weiter, ich höre immer noch zu.«

»Es wird nur vom Hausmeisterpaar bewohnt. Sie haben Erlaubnis erhalten, zur Hochzeit ihres Sohnes für eine Woche in den Süden zu fahren, morgen reisen sie ab, und ihre Nichte springt für sie ein, ein nettes Mädchen, das hin und wieder für mich arbeitet und mir die Schlüssel geben wird, bevor sie von der Bildfläche verschwindet. Im Keller sind hunderttausend Flaschen, ich habe sie gesehen, sie hat mich durchgeführt. Und nicht irgendwas, nur große Weine und edler Champagner. Meiner Schätzung nach ist das mindestens ein Zehn-Millionen-Geschäft.«

»Warum kommst du damit zu mir? Um Champagner auf dem Schwarzmarkt zu verkaufen, brauchst du mich nicht.«

»Die Sache ist zu groß. Dafür habe ich nicht die Mittel und nicht die Kundschaft. Lieber kassiere ich eine Provision auf zehn Millionen, als dass ich ein paar Dutzend Flaschen selbst verkaufe.« Letœuf rutscht unruhig auf seinem Stuhl hin und her. Deslauriers wartet. Mit gesenkter Stimme: »Danach will ich heim in die Charente, Monsieur Deslauriers.«

Deslauriers dreht Letœuf den Rücken zu, lehnt sich ans Fenster. Unten die Straße, sonnig und ausgesprochen ruhig. Ein paar Fußgänger, Fahrräder, hie und da ein Trupp deutscher Soldaten, ein Auto. Wie überhaupt ganz Paris. Die Landung der Alliierten, von der heute früh im Radio die Rede war, scheint auf einem anderen Planeten stattzufinden. Scheint … Ungewisse Zukunft. Brauche Bargeld, habe aber keins. Ein großer Weinkeller, 100 000 Flaschen, da sind zehn Millionen das Mindeste. Eher schon zwanzig. Er wendet sich wieder Letœuf zu.

»Ich mach's. Aber zehn Millionen bringt das nicht. Die Hälfte, wenn überhaupt. Die Geschäfte werden sich in den nächsten Tagen schwierig gestalten. Komm morgen wieder, dann sage ich dir, wie wir's machen.« Letœuf steht auf. »Apropos, weißt du, wo Falicons Mädchen zu finden sind?«

Er wirkt überrascht, zögert ein wenig, dann: »Im *Capucin*. Rose und Angélique. Ist Falicon etwas zugestoßen?«

Deslauriers antwortet nicht und schiebt ihn zur Tür.

Der Nächste. Clerget, der Großindustrielle und Schuh-König. Schwarzhandel und illegale Lieferungen. Routine. Die Langeweile siegt.

Später Nachmittag. Mike Owen, immer noch in Unterhose, auf der Rückbank eines Citroën zwischen Loiseaus zwei Männern eingekeilt, wird zu einem unbekannten Ziel gefahren. Einschnitte an den Handgelenken und im Kopf das Bild vom flüchtig erblickten Leichnam des Mädchens, an den Füßen aufgehängt, Beine gespreizt, von der Leiste bis zur Bauchmitte ein blutiger Spalt, wie von einer Axt. Lähmende Angst. Mein Gott, hab Erbarmen mit mir. Der Wagen biegt in die Avenue Foch ein, hält vor der monumentalen Fassade des Gebäudes, in dem der Sicherheitsdienst des Reichsführers-SS untergebracht ist. Dieses Gebäude kenne ich. Im Zentrum des Systems, im Zentrum des Schreckens. Die beiden Männer befördern ihn aus dem Wagen. Und vollkommen allein. Das Mädchen ist tot. Sie hat nicht geredet. Der an der Decke aufgehängte gefolterte Leichnam … nicht geredet … die Schreie … nicht geredet. Als die beiden französischen Gestapomänner an der weit geöffneten Tür des Zimmers vorbeikamen, wo sie hing, haben sie gehöhnt: Der Alte ist auch tot, aber der hat nicht so lange durchgehalten. Also sind sie beide tot, keiner hat geredet, keiner weiß mehr, wer du bist. Das eröffnet Möglichkeiten. Du bist am Zug. Spiel um dein Leben.

Im fünften Stock hat sich Otto Bauer vor der Tür seines Büros ganz am Ende des Flurs postiert und wartet auf den Gefangenen, den Deslauriers ihm schickt. Groß, breite Schultern, schmale Hüften, flacher Bauch, ebenmäßiges, ovales Gesicht mit feinen Zügen, zurückgestrichenes blondes Haar, hohe Stirn, große braune Augen, schmale Nase, markanter Mund mit hängenden Mundwinkeln, er hält sich sehr gerade in seiner bis zum Kinn geschlossenen SS-Hauptsturmführeruniform und den tadellos gewichsten Stiefeln. Ein schöner Tag. Die Landung der Alliierten, endlich. Wenn auch in gewissem Grade überraschend. Seit über einem Jahr hat man Tag um Tag so sehr darauf gewartet, so viel darüber geredet, dass schließlich niemand mehr daran geglaubt hat. Auf dem Boulevard de l'Amiral-Bruix den Panzern begegnet, die an die Front fuhren. Die jungen Besatzungen erstrahlten in vollkommener Schönheit angesichts des nahenden Todes. Erinnerungen an die Kämpfe vom September '39 kommen wieder hoch. Im Flugzeug, eng aneinandergedrückt, bevor wir mit dem Fallschirm hinter den polnischen Linien abgesetzt wurden, tauschten wir Blicke, schwiegen miteinander. So heiter, so lebendig wie nie. Diesen Krieg habe ich geliebt. Wehmut. Gewissheit. Die entscheidende Schlacht hat begonnen, der Gefechtsgeruch kommt näher. Bei den SS-Hilfskräften spürt man die steigende Aggressivität. Nur der Führungsstab der Wehrmacht klingt ein wenig hohl, uneins, zögerlich. Aber die deutschen Soldaten werden kämpfen, wie sie zu kämpfen verstehen, tüchtig, bis in den Tod. Und das immer noch ruhige Paris gibt die teilnahmslose Schöne und geht an diesem ungetrübten Spätfrühlingstag ohne Anschlag und Alarm seinen Geschäften nach. Hass weht ihn an.

Zwischen zwei SS-Leuten erreicht der Gefangene das Ende des Flurs. Hände mit Handschellen auf dem Rücken gefesselt. Jung, groß, gut gebaut, zerzaustes braunes Haar, kantiges Gesicht. Eher Amerikaner als Engländer, würde ich sagen. Absolvent einer der großen Ostküsten-Universitäten? Direkter Blick, forscher Schritt, und die Andeutung eines Lächelns. Eine Beute, die noch lebt. Bauer atmet schneller, stoßweise, die Nase zuckt.

Sie stehen sich in Bauers Büro gegenüber. Blicke. Owen spricht als Erster, in perfektem Französisch.

»Sie sind Hauptsturmführer Bauer vom Sicherheitsdienst des Reichsführers-SS, Abteilung wirtschaftlicher Nachrichtendienst Ausland.«

Schock. Bauer bemüht sich, ruhig und tief zu atmen.

»Und Sie?«

»Hauptmann Owen vom Geheimdienst der US-Armee. Ich mache den gleichen Job wie Sie, praktisch in der gleichen Abteilung …«

Jung, schön, beinahe mein Zwilling. Lass ihn reden, aus einem noch unbekannten Grund steht ihm der Sinn danach.

»… und ich habe die gleiche Kundschaft. Ich werde bei den französischen Unternehmern vorstellig, die von Ihnen bezuschusst werden …

Die rechte Gerade kommt mit voller Wucht, unterbricht beim Aufprall auf Kinn und Unterlippe Owens Luftzufuhr, der benommen umkippt. Es hagelt Tritte in sein Kreuz.

»Hoch mit dir, los.«

Er schafft es mit großer Mühe, sich aufzusetzen, dann hinzustellen, aufgeplatzte Lippe, Blut rinnt über seinen nackten Oberkörper. Überleben. Bauer ist hinter ihn getreten und umschließt Owens Hals mit seinen langen, knochigen Händen.

»Wir mögen den gleichen Job machen, aber wir sind nicht in der gleichen Position.«

Angespannt hält Owen still. Die Schlagader pulsiert schnell und kräftig unter Bauers Fingern, der langsam zudrückt, pulsiert immer kräftiger, in immer größeren Abständen, dann ein Krampf, und das Leben pulsiert nicht mehr, der Körper wird schlaff, sehr schwer, Bauer drückt noch einen Moment lang zu, lässt dann los. Owen sackt zu Boden.

Bauer sieht zu, wie langsam wieder Leben in ihn kommt. Geht in die Hocke, packt den Kopf an den Haaren, bringt ihn nah vor sein Gesicht, streift den blutverschmierten Mund mit seinen Lippen, flüstert: »Ich gebe dir genau eine Chance, dein Leben zu retten. Von mir aus kaufe ich dir deine Lügenmärchen ab. Aber das hat seinen Preis. Verrate mir die Organisation, die dich nach Paris gebracht hat. Jetzt.«

2

6. Juni 1944, abends

Bei Einbruch der Nacht enden die Kämpfe. Die Alliierten halten die Strände und haben 155000 Mann mitsamt Ausrüstung an Land gebracht. Sie sind nirgends weiter als eineinhalb Kilometer auf französischen Boden vorgedrungen. Keine der als Ziel für den ersten Landungstag festgelegten Positionen wurde erreicht.

An jedem ersten Dienstag im Monat hält Dora Belle Salon in den Räumen ihres Stadtpalais an der Place des États-Unis. Ihre Gesellschaften sind nicht so literarisch und vornehm wie die von der Wehrmacht frequentierten Salons, etwa der von Florence Gould. Aber die üppigen Buffets in einer Zeit, in der quasi Hunger herrscht, die große Schönheit der Gastgeberin, einer der führenden Stars der Continental, der großen, mit deutschem Kapital betriebenen französischen Filmproduktionsfirma, die Verfügbarkeit zahlreicher junger Damen und die Anwesenheit des Pariser SS-Führungsstabs (eins seiner Mitglieder, SS-Hauptsturmführer Bauer, ist seit fast vier Jahren Doras Liebhaber) locken doch stets eine kleine Schar von Unternehmern, Journalisten, Staatsbeamten, Filmleuten und angehenden Sternchen an, die für eine Information, einen Passierschein, ein Fleischgericht oder eine kleine Nebenrolle zu allem bereit sind.

René Deslauriers trifft gegen neun bei Dora Belle ein, passiert das Portal, einen gepflasterten Hof, eine Außentreppe, und betritt das Entree, einen Rotundenraum ganz aus buntem Marmor. In der Mitte, auf einem runden weißen Steintisch mit einem Fuß aus gemeißelten Akanthusblättern, steht ein bis zur Decke reichendes Orchideengesteck, aus dem sich einige der geflochtenen Ranken gelöst haben und herunterhängen. Weiß und Blau, die Farben von Doras Kleid an diesem Abend. Wie jeden Monat ein Geschenk von Lafont. Lafont, der schon wieder. Er schenkte Dora Belle einen weißen Bentley, als Bauer sie zu seiner offiziellen Geliebten machte, und überhäufte sie bei jeder ihrer Feiern mit Orchideen, was Deslauriers wie ein protziger und geschmackloser Luxus erschien. Ein verbrecherischer Luxus. Eine sehr unliebsame Person. Unbewusst verzieht er das Gesicht. Er überlässt Hut und Handschuhe der charmanten jungen Frau, die sich um die Garderobe kümmert, und betritt den ersten der drei ineinander übergehenden Salons, Zwischentüren weit geöffnet, durch Kristalllüster hell erleuchtet, die Fensterreihe indes mit dicken grünen Vorhängen lichtundurchlässig gemacht. In jedem Salon an der den Fenstern gegenüberliegenden Wand ein üppig mit Viktualien beladenes Buffet, Gänseleber, kalter Braten, Käse, Kuchen, Obst. Champagnerflaschen stapeln sich in Kühlbehältern hinter den Buffets, und auf dem nackten Boden unter den Tischen sind Cognacflaschen verstaut. Ein Orchideenstrauß auf jedem Tisch erinnert an den im Entree.

Schon jede Menge Leute da. Frauen in luftigen, farbenfrohen Kleidern, Männer in dunklen Anzügen speisen in kleinen Gruppen zu Abend, an runden Tischchen sitzend, im Stehen an den Buffets oder ins Gespräch vertieft in den Fensternischen. Im dritten, hinteren Salon sitzt Otto Bauer am Flügel und spielt Schubert, dass es vor Schmalz nur so trieft. Um ihn herum, zwischen dem Klavier und den hohen Fenstern, ein paar der höchstrangigen SS-Männer in Frankreich: Knochen, Nosek, Maulaz, ein Dutzend weitere in ihren schwarzen Uniformen, jung, groß, blond, sportlich, schön, sehr schön, und alle sprechen sie Französisch mit einem entzückenden harten Akzent, die Charme-Staffel der SS. In ihrer Mitte, älter, massiger, Botschafter Abetz, heute Abend der Einzige in Zivil. Die wogenden Schubertklänge übertönen eine lebhafte Diskussion auf Deutsch. Es gilt sich zu vergewissern, dass die Argumentation in Bezug auf die Landung der Engländer und Amerikaner stichhaltig ist, und diejenigen Gruppen von Dora Belles Gästen untereinander aufzuteilen, die man sich ideologisch zur Brust nehmen muss. Wenig Raum zum Improvisieren. Deslauriers blickt auf seine Uhr. Für gewöhnlich haben sie sich um diese Zeit schon abgestimmt. Heute scheint die Aufgabe etwas schwieriger zu sein.

Im zweiten Salon thront Dora Belle inmitten einer Horde junger Männer und Frauen in einem großen Sessel, prachtvoll, üppig, rosig und blond, naturblond, der Gipfel an Raffinesse, mit Kamille gepflegt, die Haarflut zu einem losen Knoten frisiert, aus dem sich ein Kranz von Löckchen hinausgestohlen hat, in einer tief dekolletierten Robe in abgestuften Blautönen, eine Orchidee steckt über der rechten Brust und prangt auf der nackten Haut, eine weitere an der Taille. Hinter ihrem Sessel steht der hochgewachsene Domecq, der kleine Bulle von der Sitte, eher ärmlich gekleidet, Hemd und Hose khakibraun, beigefarbene Jacke. Hübscher Kerl, das dichte schwarze Haar glatt und ungekämmt, darunter ein längliches Gesicht mit ebenmäßigen Zügen, sehr gerade schwarze Brauen quer über wachen, unruhigen blassblauen Augen, die unablässig von einer Gruppe zur anderen wandern, in dieser Welt von Schwadroneuren ist er erstaunlich zurückhaltend und still. Es heißt, er sei ein Jugendfreund der schönen Dora, inzwischen ihr ständiger Begleiter und schüchterner Verehrer. Deslauriers hält ihn für einen gewöhnlichen Schmarotzer.

Er geht zu Dora Belle, um sie zu begrüßen. Nähert sich ihr immer noch verbittert. Sie war vor dem Krieg seine Geliebte, und gemeinsam führten sie das *Perroquet bleu*, eins der berühmtesten Nachtlokale am Pigalle, in dem damals Bauer und ein paar andere deutsche Gäste verkehrten, die sich »geschäftehalber« in Frankreich aufhielten und denen man kein Jahr später in den verschiedenen Abteilungen der Pariser SS wiederbegegnete. Im *Perroquet bleu*, wegen Militärkatastrophe geschlossen, hatte Bauer ihn dann auch gleich im August 1940 aufgesucht. Zunächst, um ihn um Rat zu fragen: Er kenne doch so viele Leute ... Dann, um ihn als Hilfskraft für einen wirtschaftlichen Nachrichtendienst anzuwerben, den er zwecks Ausbootung der Abwehr im Stillen aufbaute. Und um ihm Dora Belle zu nehmen. Ehrlich gesagt war er selbst, Deslauriers, es gewesen, der sie ihm angetragen hatte. Für eine kurze, harmlose Affäre, dachte er, ein Freundschaftsbeweis, sonst nichts. Eine kurze Affäre, die jetzt schon vier Jahre dauerte und die jedwedes Teilen ausschloss. Bauer hat dank seinem Einfluss auf die Continental aus Dora einen Filmstar gemacht, nicht jung und nicht begabt genug, um mit den hauseigenen Stars wie Darrieux oder Delair zu konkurrieren, aber als Nebenrolle sehr gefragt, ein unverhoffter beruflicher Erfolg, der sie überglücklich macht. Und Bauer nutzt ihre Talente als Dame des Hauses und das Renommee ihres Salons, ein Mix aus gesellschaftlicher Drehscheibe des mondänen Paris und Freudenhaus, geschickt zur Pflege seiner Beziehungen mit der französischen Geschäftswelt.

Ein blutjunger Theaterkritiker, der gerade seinen ersten Artikel in *Paris-Soir* veröffentlicht hat, glaubt sich seiner Sache sicher und legt los: »Ich war in der Premiere von *Andromaque*. Jean Marais …«

Dora sieht ihn an, den Kopf leicht nach hinten geneigt, den zwischen den Wimpern schmelzenden Blick auf seinen Mund geheftet, als vergehe sie vor Faszination bereits unter seinen Küssen. Erregend. Ein Kurtisanentrick. Der Wirkung zeigt. Der junge Mann wird unsicher. Deslauriers sucht das Weite und stößt mit Geneviève Fath zusammen, aufsehenerregend in einem figurbetonten, von zwei hauchdünnen Trägern gehaltenen grünen Kleid, die Schultern von einem Tüllbolero bedeckt, am Arm eines kleinen Glatzkopfs, den Deslauriers nicht kennt, sie setzt einen Kuss auf ihre Handfläche und bläst ihn in seine Richtung.

»Alles läuft wie am Schnürchen, René. Du bist der Beste. Hast du Doras Robe gesehen? Sie ist von Jacques. Eine Pracht, nicht wahr?«

Hinter ihr in einem Fenstereck Continental-Boss Greven, groß, massig, kahlköpfig, Lächeln auf den Lippen, und Clouzot, sein Lieblingsregisseur, kleiner, mager, spitzes Gesicht, im Gespräch über die jungen Frauen, die immer wieder an ihnen vorbeidefilieren.

»Die Kleine in Rot, ein Polsterarsch wie ein englischer Clubsessel.«

»Der Blasemund spricht mich mehr an …«

»Perfekt. Nehmen wir beide sie uns heute Abend vor?«

»Abgemacht.«

Auf dem Boden, zu Doras Füßen, sitzt ein pummeliger Mann mit Babygesicht und Genießermund und sagt immer wieder, von seiner Formulierung entzückt: »Zwischen der Katastrophe und uns steht nur noch die Wehrmacht.« Wie einer, der an einer Zuckerstange lutscht, ganz aufgeregt beim Gedanken an die nahende Bestrafung. Literarische Bezugspunkte zuhauf. Der Untergang des Römischen Reichs, die letzten Tage von Byzanz, der außerordentliche Zauber todgeweihter Städte, Faszinosum Apokalypse.

Dora hört ihm zu und lächelt über derlei Belanglosigkeiten. Bauer hat den Schubert gerade mitten im Satz abgebrochen, und die schwarzen Offiziere steuern die Salons an.

»Da kommt das Elitebataillon«, sagt der Pummelige. »Sieh sie dir an. Groß und aufrecht, geschmeidig, der Gang energisch und bestimmt, unter der ausgesuchten Höflichkeit die rohe Gewalt, riesig kultiviert, blauer Blick. Sie wurden gleich reihenweise produziert, um uns zu verführen. Und da glaubst du, wir hätten widerstehen können?«

Dora erhebt sich. »Roland, der Flügel gehört uns. Ich möchte singen.«

Auf der Etage mit den Privaträumen über den Salons liegen zwei Jugendliche bäuchlings nebeneinander quer auf einem Bett und betrachten eine auf steife Pappe geklebte Europakarte. Die Frontlinien sind mit Stecknadeln dargestellt, rote Köpfe für die im Osten, blaue für die im Westen. Mit sehr feierlicher Geste klebt der Junge einen blau-weiß-rot angemalten Papierschnipsel auf eine ganz bestimmte Stelle an der Ärmelkanalküste, die er zuvor mit Bleistift markiert hat, neben Bayeux. Dann küssen sie sich. Das Mädchen, Ambre, fünfzehn, das halblange goldblonde Haar über den Ohren mit zwei Schildpattspangen zurückgesteckt, setzt sich auf, helles Kleidchen, schlicht, knielang. Sie ist barfuß. Das ist Dora Belles Tochter. Rasch schiebt sie die Karte mitsamt Pappe in eine an der Unterseite des Lattenrosts befestigte Halterung.

»Ich habe unten zwei Flaschen Champagner mitgehen lassen, um das Ereignis zu feiern. Wollen wir aufs Dach?«

Jetzt setzt sich auch der Junge auf. Sechzehn, kaum älter, kastanienfarbenes Haar im Bürstenschnitt, Grübchen am

Kinn, kurzärmeliges beiges Hemd, dünne braune Stoffhose. Das ist François, der Sohn von Bourseul, dem Großindustriellen und Freund von Dora Belle, der nur einen Steinwurf entfernt wohnt. Die beiden jungen Leute gehen in Ambres Bad, das an ihr Zimmer angrenzt, öffnen das Dachfenster, steigen aufs Waschbecken und sind schon auf dem grauen Zinkdach, das noch warm ist von dem sonnigen Tag. François lässt routiniert den Korken knallen und füllt die beiden Zahnputzgläser, die Ambre ihm reicht. Sie setzen sich mit dem Rücken zum Dach, die Füße auf die Regenrinne gestützt, und erheben ihre Gläser gen Westen.

François scheint in Andacht zu verfallen. »Dort vor uns sind die Amerikaner.« Und plötzlich, mit Pathos, halb aufgerichtet: »Erhebt euch schnell, ersehnte Stürme, die ihr uns emportragen sollt in die Räume eines anderen Lebens ...«

Ambre lacht. »Geht's nicht etwas schlichter?«

»Doch. Beeilt euch, Jungs, wir erwarten und wir lieben euch.«

Die Gläser klingen, die Kinder trinken. Eine Flasche. Brechen die zweite an. Und schlummern, schläfrig von der Hitze und dem Champagner, auf dem Dach Seite an Seite ein, immer noch gen Westen.

Deslauriers stellt sich zu der Gruppe von Unternehmern, die sich im ersten Salon um das Buffet drängen. Die großen Namen des Champagners neben denen der nordfranzösischen Textilindustrie, der Pariser Bankenwelt, der großen Warenhäuser, dazu die Funktionäre der Arbeitgeberverbände. Die Stimmung ist angespannt. All diese Unternehmer haben die Deutschen 1940 mit offenen Armen empfangen, fanden das mit den Protesten in den Fabriken aufräumende Naziregime lange Zeit ganz wunderbar, doch heute sind sie in Sorge. Sie sind gekommen, um zu erfahren, was es Neues gibt, woher der Wind weht. Und sich nach Möglichkeit beruhigen zu lassen. Bauer und Nosek, einer seiner Stellvertreter, haben die Gruppe in die Zange genommen. Nosek erklärt: Man habe die Landung nicht nur erwartet, sondern erhofft. Die in der Normandie sei im Übrigen nur ein Scheinangriff. »Die ernstzunehmenden Operationen werden in Nordfrankreich stattfinden, und dafür sind wir gerüstet.«

Bauer, dem die strahlenden jungen Panzersoldaten auf dem Weg ins Gefecht nicht aus dem Kopf gehen, übernimmt: »Die amerikanischen Streitkräfte werden in eine großangelegte Falle gelockt, und wir zerschmelzen sie wie Blei in einem Tiegel.« Ein Moment vergeht. Dann, aus tiefster Seele: »Die Wehrmacht ist unbesiegbar.«

Es herrscht Schweigen. Deslauriers schließt die Augen, durchlebt erneut jenen Tag im Juni 1940, als er durch das menschenleere, aufgegebene Paris lief, die heruntergelassenen Rollläden an den zahllosen Geschäften, die verrammelten Zeitungskioske, die geschlossenen Fensterläden in den oberen Etagen. So gut wie keine Autos, alle stadtauswärts auf der Flucht. Er konnte seine Schritte auf den Gehwegen hören. Die wenigen Passanten, denen er hier und da begegnete, mieden seinen Blick. Er setzte sich aufs Geländer des Pont-Neuf und sah zu, wie sich unter einem riesigen Himmel die beiden Seine-Arme vereinten, zu seiner Rechten der Louvre, dessen dunkelgraue Dächer sich über den Bäumen abzeichneten, und er betrachtete den Sonnenuntergang hinter der Glaskuppel des Grand Palais, ein festliches Spiel von Rot- und Grautönen. In jeder Faser seines Körpers eine lähmende Angst. Als er jetzt an diesen Abend zurückdenkt, steigt das Gefühl erneut in ihm hoch, ungemindert, körperlich schmerzhaft. Dann lief er durch die Nacht, Richtung Nordosten, die Strecke der Invasoren, die Rue La Fayette hinauf. Auf der Brücke über die völlig verwaisten Gleise der Gare de l'Est sah er die ersten deutschen Motorradfahrer eintreffen, die einer Paris mitten ins Herz getriebenen Lanze gleich die leicht abfallende Straße auf geradem Weg bis zur Oper hinunterjagten, gefolgt von den ersten Panzern, deren Erschütterungen er im ganzen Leib gespürt hatte. Am Morgen war die Stadt unter engmaschiger Kontrolle, besetzt. Nicht ein Schuss. Eine Stadt in Schockstarre. Keine Niederlage, eine Auslöschung, die unfassbar war. Er brauchte fast einen ganzen Monat, den er eingeschlossen in seinen leeren Nachtclub verbrachte, bis seine Lebensgeister zurückkehrten und er im deutschen Paris ein Abenteuerland erkannte, wo fortan alles möglich war. Also ist die Wehrmacht heute unbesiegbar, gegen jede Logik mag Bauer da durchaus recht haben.

In vertraulichem Ton fährt Bauer fort: »In ein paar Tagen, vielleicht auch Stunden, haben wir die Wunderwaffe, die es uns ermöglicht, die alliierten Truppen gleich auf englischem Boden zu vernichten. Und im Osten die Bolschewikenaufmärsche auszulöschen, noch während sie sich formieren.« Ein Seufzer. »Der Endkampf, aus dem das Europa von morgen hervorgehen wird, hat endlich begonnen, und natürlich werden wir ihn gewinnen.« Lächeln. »Champagner, meine Herren.«

Während Nosek sich anschickt, einigen Gästen technische Details der Wunderwaffe zu liefern, nimmt Bauer Duval beiseite, den Chef eines metallverarbeitenden Unternehmens mit 800 Arbeitern in Aubervilliers, und sagt weithin hörbar: »Gute Neuigkeiten, lieber Freund. Letzte Woche haben wir zusammen mit einer Gruppe von Geiseln die fünf kommunistischen Arbeiter Ihrer Fabrik exekutiert, deren Namen Sie uns gegeben hatten. Sie können also beruhigt sein.« Ein Moment vergeht. »Der Exekutionsbericht wird im Lauf der Woche in Aubervilliers ausgehängt. Und Ihre Rolle in dieser Angelegenheit wird natürlich hervorgehoben werden.« Lächeln. »Wir sind nicht undankbar.«

Duval, dem plötzlich unwohl ist, geht in den angrenzenden Salon und setzt sich.

Dora lehnt sich an den Flügel, räuspert sich. Sie ist von sehr eigentümlicher Schönheit. Ihr Gesicht ist unebenmäßig. Breite Stirn, riesige, weit auseinanderstehende Augen von einem strahlenden, einheitlichen Blau, deren Härte sie durch das Spiel ihrer Wimpern und Brauen mildert, markante Wangenknochen, eine nicht ganz zierliche leichte Stupsnase über einem Mund, der die gesamte untere Partie des eher schmalen Gesichts einnimmt. Sie vermag jedem Mann das Gefühl zu geben, dass sie sich allein an ihn wendet. Anmutig zu dem jungen Pianisten geneigt, der sie begleitet, singt sie jetzt in traulichem Ton, richtig zwar, aber mit dünner Stimme: »Douce France, cher pays de mon enfance …«

Domecq geht an Deslauriers vorbei, zwei Champagnergläser in der einen Hand und einen Teller mit Gänseleber in der anderen. Deslauriers nimmt ihn am Arm.

»Haben Sie, der Sie schon ewig ihr Freund sind, das geliebte Land ihrer Kindheit gekannt?«

Domecq lächelt. »Wir haben in La Plaine-Saint-Denis gelebt, und dem idyllischen Namen zum Trotz gab es dort weder einen Kirchturm noch grünes Gras, Bäume oder Vögelchen. Dafür jede Menge Armut.«

»Sagen Sie ihr, sie soll diesen Unfug lassen.«

»Bauer mag das.«

»Ein Grund mehr. Na, wer kommt denn da …« Raubtiergrinsen. »Polizeipräfekt Bussière höchstselbst. Er will wissen, was es Neues gibt. Kennen Sie ihn?«

»Nein, nicht persönlich. Ich bin nur ein ganz kleiner Inspektor.«

»Ich werde mir ein kleines Späßchen erlauben.« Er zieht ihn am Ellenbogen mit sich und stellt sich Bussière in den Weg. »Herr Präfekt, gestatten Sie, dass ich Ihnen Inspecteur Domecq vorstelle.«

Domecq jongliert mit Teller und Gläsern, um eine Hand freizubekommen. Bussière, sichtlich verärgert, an einem solchen Ort einen kleinen Polizisten aus seiner Behörde zu treffen, macht ein verkniffenes Gesicht, neigt den Kopf leicht zur Seite und stürmt ohne anzuhalten auf eine Gruppe zu, die sich um Knochen drängt, die Nummer zwei der SS in Frankreich.

Deslauriers frohlockt. »Unhöflich ist dieser Saukerl ... Eilen Sie, mein Lieber. Die reizende Dora wird noch verdursten.«

Suzy Solidor, eine hochgewachsene Erscheinung mit Garçonne-Frisur in einem Etuikleid aus violetter Seide, hat Dora abgelöst und singt auf Deutsch *Lili Marleen.* Diese raue, dunkle Stimme ist der Wahnsinn, denkt Deslauriers, tief ergriffen wie jedes Mal, wenn er sie hört. Erinnerung an ihre Konzerte im *Perroquet bleu*, das gehobene Bürgertum vergötterte sie, wenn sie ihre Javas sang. Bauer ist verstummt und lauscht ihr mit geschlossenen Augen. Aber im Bett taugt die Solidor wie alle Lesben wenig, dem Vergleich mit Dora hält sie nicht stand.

Brinon, der Repräsentant der französischen Regierung, stürmt herein. Ein Blick in die Runde, dann eilt er grußlos zu dem Fenster, wo Abetz, Knochen und Bussière mit konzentrierter Miene über die Aufrechterhaltung der Ordnung sprechen.

Deslauriers erspäht den Alkoholhändler Anselme, ein alter Komplize, der allein in einer Ecke sitzt und in Ruhe einen Cognac trinkt. Er zieht einen Sessel neben ihn und setzt sich. Der andere hebt zur Begrüßung sein Glas.

»Sehr guter Cognac. Keine Ahnung, wo Dora ihn herhat. Ich habe ihn ihr nicht verkauft.«

»So allein?«

»Doras hysterische kleine Höflinge töten mir den letzten Nerv, und die offizielle Ansprache deines Chefs ödet mich an. Ich glaube nicht mehr daran. Du vielleicht?«

»Paul, ich möchte dir ein hübsches Geschäft vorschlagen, plusminus zwanzig Millionen für uns zwei, abzüglich der Unkosten.«

»Just heute habe ich den Laden dichtgemacht, René. Alle meine Jungs entlassen, meine Lager geschlossen, und in zwei Tagen reise ich ab nach Monaco. Jetzt stehe ich, oder besser gesagt stehen wir, weil du an einem Gutteil der Geschäfte beteiligt bist, vor dem Problem, dass das Geld gewaschen werden muss. Man darf es nicht mehr riechen, sehen, schmecken. Dazu brauche ich etwas Zeit. Und ich hoffe, die Wehrmacht verschafft mir genug. In dem Punkt habe ich allerdings ziemliches Vertrauen in sie. Sind schon gute Jungs, diese deutschen Soldaten.«

Deslauriers angelt sich einen Stumpen, zündet ihn an, nimmt den ersten tiefen Zug, atmet aus, das beruhigt, beugt sich dann zu Anselme. »In zwei Tagen, sagst du. Mehr brauche ich nicht.«

In einer Ecke hat sich eine Pokerrunde gebildet, mit Greven und Clouzot, der Einsatz ist also sehr hoch. Knochen hat sich zwischen Jean Luchaire – den kleinen Journalisten, der sich in einer solchen Partie, denkt Bauer, nicht lange halten wird – und Bussière gesetzt. Interessant, ihm zuzusehen, Spiel und Mensch sind eins. Bauer tritt näher und stellt sich hinter ihn. Bourseul gesellt sich zu ihm, sehr aufrechte Erscheinung, schmal, elegant in seinem dunklen Anzug, Pomade im Haar, gepflegter kleiner Oberlippenbart, Lächeln auf den

Lippen. In vier Jahren Besatzung ist er der vermögendste Textilfabrikant Nordfrankreichs geworden. Über die gemeinsam getätigten Geschäfte hinaus – Aufträge des deutschen Militärs, Übernahme jüdischer Unternehmen – sind die beiden Männer Freunde, haben viele gemeinsame Abende in den Pariser Luxusbordellen verbracht, und Bourseul informiert Bauer zuverlässig über die tatsächliche Lage der französischen Unternehmen. Bauer zieht ihn beiseite.

»Ich habe einen amerikanischen Nachrichtenoffizier festgenommen.« Er hält einen Moment inne. Bourseul zeigt keine Reaktion. »Er sagt, einige deiner Freunde hätten bereits Kontakt zum amerikanischen Generalstab aufgenommen.«

»Derzeit wird viel geredet.«

Bauer versteht: Du bist nicht Herr der Lage.

Bauer versteht: Ich schulde dir nichts. Und bebt vor Zorn.

»Erinnere deine Freunde daran, dass sie an zwei Wahrheiten nicht vorbeikommen, Maurice: In dieser Stadt liegt die Macht über Leben und Tod, vor allem den Tod, immer noch bei mir. Und sollten die Amerikaner siegen, werden nicht sie das Sagen haben. Sollten wir abziehen, werden die Kommunisten die Macht übernehmen.«

Bourseul registriert die verzerrten Mundwinkel, den beinahe irren Blick. Schließt für einen Moment die Augen. »Wollen wir uns morgen treffen? Mir reicht's für heute Abend. Wir hatten alle einen vollen Tag.«

Im hinteren Salon tanzen einige Paare zur Klaviermusik. Die Sperrstunde naht. Die Salons leeren sich allmählich, als Galey, der Filmbeauftragte der Regierung, aufgeregt und voller Mitteilungsdrang hereinschneit. Er eilt auf Dora zu, beide sind schnell umringt.

»Ich komme gerade aus Vichy …« Ein Raunen. »Wir sollten dem Marschall *Carmen* vorführen. Heute in aller Frühe sind wir mit dem Wagen aufgebrochen. Um zehn machen wir Halt bei einem Landgasthof und hören dort von der Landung der Engländer und Amerikaner. Ich wollte nach Paris zurück, in Vichy wird jetzt alles in Aufruhr sein, die haben jetzt anderes im Kopf als eine Filmvorführung, bringt doch nichts, die ganze Reise umsonst zu machen. Aber Christian-Jaque besteht darauf, wir kommen also nach Vichy, und dort ist alles vollkommen ruhig. Die Leute scheinen der Ansicht zu sein, dass die Landung vermutlich eine Falschmeldung ist, oder aber eine Nachricht ohne Belang. Oder jedenfalls nicht so sehr von Belang wie die Vorpremiere von *Carmen*. Die Vorführung fand im Beisein des Marschalls statt ...«

»Hat es ihm gefallen?«

»Er hat die ganze Zeit geschlafen, und es hat ihm sehr gefallen.« Gelächter. »Ich wollte, dass Sie es als Erste erfahren.«

Der Kreis löst sich auf. Greven und Clouzot steigen, begleitet von einem Dutzend Mädchen, zur unterhalb der Salons im Gartengeschoss errichteten Orangerie hinab. Inmitten der Bäumchen und Blumen stehen, durch Paravents voneinander abgetrennt oder auch nicht, Betten für jene bereit, die zur Sperrstunde nicht den Heimweg antreten möchten. Dieser nächtliche Ausklang, bei dem potenzielle Filmsternchen für Stimmung sorgen, steht für gewöhnlich hoch im Kurs. Heute Abend ist die Zahl der Gäste rückläufig. Alle gehen heim, um den englischen Sender zu hören, sagt Jocelyne Gaël, eine Schauspielerin, die sich auf zahlreiche Liebschaften mit Gestapomännern eingelassen hat, halblaut und mit verstecktem Lächeln.

Deslauriers legt Geneviève Fath, die zusammen mit ihrem Mann gerade aufbrechen will, die Hand auf die Schulter. »Lass ihn allein nach Hause gehen. Treib ein weiteres Mädchen für mich auf und kommt dann beide zu mir runter.«

Galey nimmt Dora beiseite. »Ich brauche Sie, Dora. Ich

habe große Mühe, den Film in Paris auf die Leinwand zu bringen. Er wurde von den Italienern finanziert, die bei der deutschen Zensur nicht mehr gut angeschrieben sind. Wenn Sie mir Ihre Anwesenheit bei der Premiere zusagen könnten«, Blick zu Bauer, »Sie verstehen, würde mir das helfen, meine Genehmigung zu bekommen …«

»Aber sicher. Sie können ganz auf mich zählen.«

3

Freitag, 9. Juni

Die Alliierten haben zwei künstliche Häfen errichtet, eine Pipeline durch den Ärmelkanal gelegt, die Stadt Bayeux genommen und einen 50 Kilometer langen Landstreifen erobert, der 10 bis 15 Kilometer weit ins Landesinnere reicht. Die deutschen Truppen leisten überall sehr starken Widerstand, insbesondere in der Gegend um Caen. Die für den ersten Landungstag gesteckten Ziele sind immer noch nicht erreicht.
Von den für den Tag der Landung geplanten 1050 Sabotageakten (Telefonleitungen, Eisenbahnschienen, Brücken usw.) hat der innerfranzösische Widerstand 950 ausgeführt. Sabotageakte und Bombardierungen behindern das Vorankommen deutscher Truppen- und Munitionstransporte erheblich. Die 11. Panzerdivision, die innerhalb von acht Tagen von der Ostfront nach Straßburg verlegt wurde, wird 23 Tage brauchen, um die Normandiefront zu erreichen. Die SS-Panzerdivision »Das Reich« benötigt 17 Tage, um aus dem Raum Toulouse an die Normandiefront zu gelangen.

Loiseau sitzt in kurzärmeligem Hemd und Drillichhose zwischen zwei Sträuchern auf der grasbewachsenen Böschung. Er beißt auf seiner Lippe herum, bis sie blutet. Die Nacht ist mild. Zu seinen Füßen laufen zwei schmal zwischen den Hochebenen liegende Täler zusammen. An jedem der Talflüsse verläuft eine Straße, und wo sie sich treffen, ist ein Dorf. Kaum fünfzig Bauernhäuser, weißer Stein und schräge

Ziegeldächer, reihen sich mitsamt ihren rückwärtigen Gärten entlang der Straße. In dem Garten, der ihm am nächsten ist, erkennt Loiseau deutlich Bohnenstangen, ein Tomatenbeet, ein Dutzend Obstbäume. Der Geschmack von mittags in praller Sonne vom Baum gepflückten Kirschen steigt ihm in den Mund. Er bekommt eine Erektion. Reibt sich die Augen, die Wangen, wie um wach zu werden. Tief in den Tälern ist es finster und still. Morandot und Martin werden von Norden und Nordwesten her kommen, auf den Straßen von Méru und Gisors. Und Genet von Süden her, auf der Straße von Paris. Genet, der kleine Neue, der diesen Vollidioten Falicon ersetzt, lebloser Haufen vor dem mit Schnitzereien verzierten Schreibtisch. Deslauriers ... Trockene Kehle. Hinter ihm auf der Hochebene schreit ein Nachtvogel. Er steht auf. Zieht seine Hose zurecht, um Platz zu schaffen für seinen zusammengedrückten Sack, sein erigiertes Glied. Vertritt sich die Beine. Feuchte Hände. Blickt auf die Uhr. Zwei Minuten vor Mitternacht. Im Norden wird eine Fackel entzündet, eine weitere im Süden. Jetzt.

Mit festem Schritt stürmt Loiseau den Hang hinab, auf den runden Dorfplatz zu, wo die Straßen sich treffen und das Kriegerdenkmal steht, auf der einen Seite das Rathaus, auf der anderen die Schule. Loiseau hat sich die Schule ausbedungen.

Bewaffnete Männer holen eilig die Bewohner aus ihren Häusern, mit Fußtritten, Kolbenhieben, Schüssen, und treiben sie unter strenger Bewachung auf den Dorfplatz. Kaum Schreie, kein Aufbegehren, panisches Entsetzen.

Loiseau ist durch den Klassenraum im Erdgeschoss in die Schule eingedrungen, ordentlich aufgeräumt, schwarze Tafel. Er steigt mit der Pistole in der Hand in großen Sätzen etwas kurzatmig in den ersten Stock, trifft oben an der Treppe auf einen Mann im Schlafanzug, erschießt ihn, läuft ins Schlafzimmer, eine Frauengestalt sitzt auf dem Bett, weit aufgerissene Augen, offener Mund, stumm, reglos, wirft sich auf sie, schlägt sie mit einem Kolbenhieb bewusstlos, presst ihr mit einem Arm das Kopfkissen aufs Gesicht, öffnet mit der anderen Hand hastig den Reißverschluss seiner Hose und kommt, noch während er in sie eindringt. Im Nebenzimmer weint ein Baby, unerträgliches Geschrei. Verstört bringt Loiseau seine Kleider in Ordnung, packt das Baby am Bein und schleudert es aus dem Fenster, das Geschrei hört auf. Jetzt fühlt er sich klarer im Kopf. Steigt in den Keller hinab, macht Licht. Eine Reihe Benzinkanister, wie von Morandot angekündigt. Er verteilt die Kanister, kippt sie aus, wickelt Zündschnur ab bis hoch ins Erdgeschoss, steckt sie an, kehrt dann zu den gefangenen Dorfbewohnern und ihren Bewachern auf den Platz zurück.

Morandot führt die Gruppe der Möbelpacker an, die von Méru her kommt, gefolgt von zwei Planenlastwagen. Er zeigt zuerst auf das Haus von Lanternier, dem stellvertretenden Bürgermeister, praktisch ein Analphabet und Besitzer der größten Herde im Dorf, und lotst seine Männer direkt zum Keller. Hinter einer von leeren Lattenkisten verdeckten Tür die in Fässern gelagerten Buttervorräte, Kanister mit Milch, Käselaibe in Regalen. Binnen Minuten ist alles in die Lastwagen verladen. Oben im Haus schleppen die Männer Leinenwäsche weg, kippen Schubladen aus, lassen ein paar edle Tropfen mitgehen. Man kann sich nicht lange aufhalten. Schon dirigiert Morandot sie zum Haus der alten Blanchot, das kleinste im Dorf, ganz mit wildem Wein bewachsen. Er hat den Hühnerstall entdeckt, rund dreißig Hühner, die geköpft werden wollen, im Halbdunkel, inmitten von Federn und schrillem Gegacker. Die Männer lachen und drängen mit hochgekrempelten Ärmeln heran, Kindheitserinnerungen werden wach. Und in der Anrichte im Esszimmer stehen etwa fünfzig

Flaschen Obstler, die in Paris ein Vermögen wert sind. Dann das Haus von Vauvert und das der Petitots. Die Laster immer hinterher.

Schließlich gelangt Morandots Kolonne auf den Dorfplatz, wo sie sich mit der von Martin zusammenschließt, die die Straße von Gisors heruntergekommen ist. Als die auf dem Platz zusammengepferchte kleine Schar in Schlafanzügen und Nachthemden sie eintreffen sieht, macht sich Unruhe breit. Die beiden da kennen wir doch. Den einen mit den schwarzen Knopfaugen, den muskelbepackten Armen, den kräftigen Arbeiterhänden, und den anderen, etwas rundlich, beginnende Glatze, rötlicher Schnauzer, ein netter Kerl, etwas einfältig, beide angeblich Arbeiter in einer Metallfabrik in Aubervilliers, kamen zwecks kleiner Schiebergeschäfte hergeradelt, um ihre Werkskantine mit Lebensmitteln zu versorgen, zweitägige Geheimverhandlungen, hier ein Gläschen, da ein Gläschen. Und jetzt Gestapo, sagt einer der Dorfbewohner, der die Ausweise an den Windschutzscheiben der Lkws erkannt hat. Waren bloß als Maquisards verkleidet, bestätigt die alte Blanchot. Ruhe, brüllt einer der Bewaffneten und feuert eine Salve in die Luft.

Jetzt trifft auch der dritte Trupp ein. Loiseau steht auf den Stufen des Rathauses und überwacht das Ganze. Die Operation ist beendet. Die Lastwagen ordnen sich zu Kolonnen, Fahrtrichtung Paris. In der brennenden Schule kommt es zur Explosion, die Flammen schlagen tosend bis zum Dach empor. Die Männer drängen in die Lastwagen. Die drei Truppführer geben ihnen Deckung, indem sie ihre Maschinenpistolen auf die Menge richten, die grollt und zittert. Morandot eröffnet das Feuer, Martin, gegen ein Lkw-Rad gelehnt, die Hand um den Kolben der Waffe geklammert, betrachtet die Szene, schießt aber nicht. Hat noch nie getötet. Eiskalt die MP in seiner feuchten Hand. Gebannt sieht er zu. Die Kugeln bohren sich in die Menge, die Wucht der Einschläge spritzt sie auseinander. Menschen rennen auf die Häuser zu, Körper brechen im Zeitlupentempo zusammen, in zu Einzelbildern aufgelösten Bewegungen. Schreie, tosendes Feuer, durchsetzt mit dem Lärm der MP-Salven. Dann gleitet seine Hand zum Abzug, drückt ab. Zu voller Größe aufgerichtet und breitbeinig hat er die ruckende Waffe im Griff, auf den Lippen ein unbestimmtes Lächeln, erleichtert, befreit. Oben im Dorf bricht ein zweiter Brand aus. Morandot und Martin hören auf zu schießen und springen in die anfahrenden Lkws. Beim Verlassen des Dorfs nimmt ein Mann, der eben den ersten Schluck aus einer Flasche der alten Blanchot getrunken hat, das Ortsschild unter Beschuss: Mortemart.

Als Loiseau bei Deslauriers erscheint, ist er gewaschen, umgezogen und sorgfältig gekämmt. Er wirkt fast entspannt, und das ist selten.

»Wie das Dorf heißt, wussten wir nicht, aber anhand der Angaben von Hauptsturmführer Bauer haben wir die Organisation, die die Fallschirmspringer aus England und ihre Ausrüstung in Empfang genommen hat, identifiziert und zerschlagen.«

Schweigen. Ende des Berichts? Deslauriers, ans Fenster gelehnt, lächelt. »Kann ich ein bisschen mehr erfahren?«

»Das Gebiet, das Hauptsturmführer Bauer im Visier hatte, war der südliche Vexin français.« Deslauriers nickt. »Wir haben die Hochebenen abgesucht und ziemlich schnell ein Fallschirmabsprunggelände entdeckt. Daraufhin haben wir unter dem Vorwand von Schwarzmarktgeschäften Agenten in die drei nächstgelegenen Dörfer eingeschleust. Und dank der Schwatzhaftigkeit einiger Personen haben wir die Namen der Anführer der Organisation erfahren.«

»All das in zwei Tagen?«

Gelassen: »Es war das Lehrerehepaar im Dorf Mortemart.« Er hält einen Moment inne. Deslauriers verdreht die Augen, Loiseau, aus dem Dienst entfernter Grundschullehrer, hat auf ewig eine Rechnung mit seinem Berufsstand offen, aber er sagt nichts. »Also haben wir letzte Nacht eine Razzia in dem Dorf veranstaltet. Bei den Lehrern fanden wir die Signallichter, englische Zigaretten und ein Radiofunkgerät. Wir haben das Ehepaar vor den Augen des gesamten Dorfes erschossen, und ihr Haus wurde niedergebrannt. Die Informationen von Hauptsturmführer Bauer haben sich bestätigt, und das ist ein Sieg über die Terroristen, den errungen zu haben wir stolz sind.«

»Hast du deinen Bericht auswendig gelernt?«

Loiseau, merkwürdig ruhig und selbstsicher, streichelt mit den Fingerspitzen die Brust einer der Schreibtischkaryatiden und antwortet nicht.

Deslauriers blickt zur Straße hinaus. Sonne, Ruhe. Ein Satz will ihm nicht aus dem Kopf: Ich glaube kein Wort, und ich pfeif drauf. Ich glaube kein Wort, und ich pfeif drauf.

Bauer wird entzückt sein. Er kann weiter mit seinem Amerikaner spielen, und mehr verlangt er nicht. Dann: Dieser Frühling ist der schönste, den ich in Paris erlebt habe ... Stopp. Dreht sich um.

»Sehr gut. Ich werde deinen Bericht noch etwas ausschmücken und ihn dann an Hauptsturmführer Bauer weiterleiten, der hochzufrieden sein wird. Mach mir eine Liste der Männer, die bei der Expedition dabei waren, ich sorge dafür, dass sie bezahlt werden.«

Gegen Mittag geht Domecq ins *Capucin* in der Rue Blanche. Die Bar ist noch geschlossen, und im Keller ist man mit Saubermachen beschäftigt. Der Wirt steht hinter der Theke und ist dabei, seine Flaschen zu zählen und die Kasse zu kontrollieren.

»Tag, Inspecteur. Was darf's sein?«

»Kaffee, danke.«

»Doch wohl mit einem Schuss Cognac …«

»Von mir aus auch mit Cognac.«

»Ich trink einen mit, aber ohne Kaffee.«

Der Wirt unterbricht das Schweigen nicht, trinkt in kleinen Schlucken und wirft hin und wieder einen Blick zu Domecq, der nicht von seiner Tasse aufsieht. Dann: »Angélique ist nicht mehr hier.« Domecq zeigt keine Reaktion. »Letzten Sonntag war Deslauriers da und hat Falicons Mädchen abgeholt, Angélique und Rose. Kein Wort der Erklärung, keine Entschädigung. Und ich sitze in der Scheiße, wenn die Kunden kommen.« Beugt sich zu Domecq, halb spöttisch: »Wenn du zum Schuss kommen willst, musst du noch mal wiederkommen, Inspecteur.«

Das Wetter ist sehr schön, schon ein wenig heiß. Der Tisch ist im Sommer-Esszimmer im Gartengeschoss gedeckt, die Türen zu Terrasse und Garten stehen weit offen. Ein runder Tisch, weißes Tischtuch, drei Gedecke, rot-weißes Porzellangeschirr, Kristallgläser, Silberbesteck. In der Mitte ein Strauß roter und weißer Orchideen. Auf der Anrichte steht unter schützenden Glasglocken ein kaltes Mahl für drei Personen bereit. Im Garten betätigt sich Dora Belle im Schatten einer Linde. Mit Gummihandschuhen und einer großen Gartenschere gerüstet, schneidet sie hier und da eine verwelkte Rose ab, liest ein paar vertrocknete Blätter auf. Sie ist ganz in Weiß, trägt eine Bluse, die einen großen Teil der Schultern unbedeckt lässt, eine weite Leinenhose, flache Sandalen und auf dem Haar einen großen Strohhut.

Im Erdgeschoss klingelt es. Dora entledigt sich des Huts

und der Gartenhandschuhe, legt alles in der Orangerie ab, aus der die Betten wieder entfernt sind, mit der sie beim Fest am 6. Juni vollgestellt war, und geht hinauf, um ihren Gast Pierre Laval zu empfangen. Dora kennt ihn seit langem. Vor dem Krieg war er Stammkunde im *Perroquet bleu*, und sie mochte ihn nicht. Er hielt sich stets viel auf seine Eleganz zugute, aber Dora fand ihn immer vulgär in seinen Anzügen mit den gepolsterten Schultern, den weißen Hemden und weißen Krawatten, gedrungene Gestalt und verschlagenes Lächeln. Doch sie geht mit einem professionellen Strahlen auf ihn zu. Er küsst ihre Hand.

»Herr Präsident, es ist mir eine Ehre, Sie hier zu empfangen …«

»Gnädige Frau, ich bin es, der sich geehrt fühlen darf, eine große Schauspielerin wie Sie zu begrüßen.« Sie nimmt ihm Hut, Stock und Handschuhe ab. »Sie wissen, welch großes Interesse ich unserem Film entgegenbringe.« Sie geleitet ihn zur Treppe. »Und folglich Ihnen, deren glühender Bewunderer ich bin.« Sie führt ihn hinunter ins Esszimmer. »Wann haben wir das Vergnügen, Sie wieder in unseren Kinos zu sehen?«

»Ich drehe zurzeit nicht. Es herrscht eine gewisse Flaute … Champagner, Herr Präsident?«

»Gern.«

Dora füllt zwei Gläser. Sie gehen ein paar Schritte im Garten, Dora spricht über ihre Blumen. Erneutes Klingeln. Deslauriers, der wie immer gelangweilt wirkt. Laval und er geben sich reserviert die Hand. Dora lässt sie allein auf der Terrasse stehen, nebeneinander, dem Garten zugewandt, und macht sich im Esszimmer zu schaffen, überprüft den gedeckten Tisch, füllt das Wasser in den Vasen auf, richtet eine Blume. Hin und wieder wirft sie einen Blick zu den beiden Männern, Deslauriers, groß, breit, aufrecht, und der kleinere Laval, leicht gebeugt, vorgereckter Kopf.

»Vor zwei oder drei Tagen wurde Monsieur Benezet verhaftet.« Deslauriers verzieht keine Miene. »Einer meiner allerbesten Freunde.« Immer noch keine Reaktion. »Ich bin hier, um Sie zu bitten, Ihr Möglichstes zu tun, damit er freigelassen wird.«

»Warum wenden Sie sich an mich? Wir kennen uns doch kaum ...«

»Bei den französischen Polizeibehörden weiß niemand, wo er gefangen gehalten wird.« Ein Moment vergeht. »Ich habe Henri Lafont davon erzählt ...«

Rückblende: Laval und Lafont, der Regierungschef und der Gestapomann, essen gemeinsam, duzen sich, sind dicke Freunde, Spießgesellen, Komplizen. Eine Falle?

»Der Lafont, mit dem Sie befreundet sind.«

»Genau. Und er hat mir geraten, Sie aufzusuchen. Er meint, nur Sie wüssten, wo sich Benezet befindet. Ich bin zu einem Handel bereit.«

Konstatiere: Der große Lafont, der glaubte, über Paris zu herrschen, hat die Lage immer weniger im Griff. War klug, Benezet vorsorglich unter falschem Namen einzusperren. Jetzt, mit Loiseaus Bericht, hat Bauer freie Hand. Du wirst zahlen, du armseliges Würstchen.

»Fünf Millionen.«

Laval zuckt zusammen. »Das ist eine ... enorme Summe. Ich dachte, dass unter Franzosen ...«

Deslauriers, nunmehr belustigt: »Mal im Ernst, Herr Präsident. Ihr Freund hat einen amerikanischen Offizier in seiner Wohnung versteckt. Das ist in Zeiten wie diesen sehr kompromittierend. Ich habe Hauptsturmführer Bauer nichts davon gesagt, was Ihrem Freund vermutlich das Leben gerettet hat. Ihnen liegt an ihm. Und ich kann mir ziemlich gut vorstellen, warum. Amerikaner stehen dieser Tage hoch im Kurs.« Eine Pause. »Aber natürlich nicht bei Hauptsturmführer Bauer.« Erneute Pause. »Kurz: Fünf Millionen, und Sie bekommen ihn von mir in aller Diskretion zurück. Wenn nicht, übergebe ich ihn Bauer.«

Laval macht ein paar Schritte in den Garten, schleudert sein Champagnerglas in ein Blumenbeet, kehrt in Richtung Deslauriers zurück und stößt im Vorbeigehen hervor: »Morgen haben Sie das Geld.« Dann betritt er das Esszimmer. »Ich kann unmöglich bleiben, gnädige Frau … Meine Tage in Paris sind derart ausgefüllt … Nehmen Sie es mir nicht übel …«

Dora schenkt ihm ein breites Lächeln und geleitet ihn ins Erdgeschoss zur Tür. Geht wieder hinunter. Deslauriers steht immer noch reglos auf der Terrasse.

»Den wären wir los.«

»Ich verschwinde auch, Dora. Für ein Tête-à-tête bist du mir eine zu gefährliche Frau.«

Dora hat sich nicht umgezogen. Sie hat sich lediglich eine sehr weitmaschige Baumwollstrickjacke über die Schultern geworfen. Im Boudoir im ersten Stock, ein ganz in Rosa und Weiß gehaltenes Schmuckkästchen, Louis-XV-Sessel und Klavier, spielt sie mit Domecq Dame. Dessen klarer blauer Blick unter den dichten schwarzen Brauen fixiert das Spielbrett, dann Doras Gesicht, als entschlüssele er dort seine Strategie. Vergeblich. Das zur Straße hin gelegene Fenster ist geöffnet, der späte Nachmittag ist drückend heiß, und die Tür des kleinen Boudoirs, die zur Treppe und zum Flur führt, steht ebenfalls offen, um Durchzug zu machen.

Neben dem Spielbrett eine Flasche Champagner und zwei halbvolle Gläser sowie ein Tablett mit Petits Fours, vor Zucker blitzenden Fruits déguisés, Makronen, Törtchen, bei denen Domecq munter zulangt.

»Der Konditor vom *Ritz* lässt sie mir bringen. Vermutlich, um sich Bauer warmzuhalten, als hätte ich irgendwelchen Einfluss auf ihn.« Im Takt ihrer Worte putzt sie in einem vernichtenden Spielzug alle Domecq noch verbliebenen Steine weg und lacht. »Drei Partien zu null, Fortschritte machst du keine.«

Domecq steht auf, Hemd und Hose khakibraun, ziemlich zerknittert, reckt und streckt sich. Sie betrachtet ihn erstaunt.

»Wie stellst du es an, bei dem, was du verdrückst, so schlank zu bleiben?«

Domecq muss laut lachen. »Ganz einfach, wie jeder hier in der Stadt komme ich vor Hunger fast um, wenn ich mich nicht gerade bei dir vollstopfe.«

»Laval war heute zum Mittagessen hier.« Der vor ihr stehende Domecq stockt in seiner Bewegung. Sie nimmt eine Zwetschge mit Marzipanfüllung, beißt langsam hinein, leckt sich die Fingerspitzen. Kostet diesen Moment aus, in dem sie ihn in der Hand hat. Und er lässt sie das Tempo bestimmen, den Augenblick genießen, das ist seine Art, sie zu achten. »Er wird René fünf Millionen zahlen, um einen gewissen Benezet freizubekommen, ein Freund von ihm, der verhaftet wurde, weil er einen amerikanischen Offizier bei sich einquartiert hatte.« Unschlüssig, dann Erdbeertörtchen. »Benezet, das sagt mir irgendwie was. Er muss vor dem Krieg häufiger im *Perroquet bleu* gewesen sein.«

Auf der Straße Schreie, Tumult. Domecq tritt ans Fenster. Auf dem Gehweg eine Gruppe von vier Männern, die einen sich heftig zur Wehr setzenden Mann in Handschellen und mit blutverschmiertem Gesicht prügeln, schleppen, mit sich schleifen. Ein letzter Revolverhieb schlägt ihn bewusstlos, und die Gruppe verschwindet eilig ein paar Häuser weiter im Eingang von Nummer 3a an der Place des États-Unis.

Domecq wendet sich wieder Dora zu. »Stört es dich nicht, so dicht bei Lafonts Gefängniszellen zu wohnen und regelmäßig zu sehen, wie unter deinen Fenstern Menschen in den sicheren Tod gehen?«

Dora steht auf, schließt das Fenster. Das Spiel der weiten Baumwollmaschen auf ihren Schultern, ihren Armen, der Schattenwurf auf ihrer Haut, perlrosa, perlgrau.

»Manchmal verstehe ich dich nicht.« Die weit geöffneten emailleblauen Augen wirken riesig in ihrem Gesicht, nehmen ihm das Runde, machen die Züge hart. »Findest du deine Bemerkung in diesem Haus nicht deplatziert? Und unnötig aggressiv mir gegenüber?«

Die Haustür fällt ins Schloss, Fußtrappeln auf der Treppe, Ambre in der Uniform der Klosterschülerin des Couvent des Oiseaux, marineblauer Plisseerock, hellblaue Hemdbluse, weiße Kniestrümpfe, bleibt auf der Schwelle zum Boudoir ruckartig stehen. Schön. In gewisser Weise das Abbild ihrer Mutter. Das goldene Haar, die riesigen tiefblauen Augen, die markanten Wangenknochen, das dreieckige Gesicht. Der unbekannte Vater hat nicht viele Spuren hinterlassen. Aber ihre Züge sind feiner, ebenmäßiger als Doras, die Nase gerade, der Mund unauffällig, das Gesamtbild deutlich kühler. Er liegt genau darin, Doras unumschränkter Charme, in der Summe ihrer unvollkommenen kleinen Asymmetrien und anrührenden Rundungen.

»Sieh an, der neue Liebhaber meiner Mutter. Wenigstens ist der da Franzose. Bulle, aber Franzose.«

Sie verschwindet in den Flur, und man hört ihre Zimmertür knallen. Dora nimmt es wortlos hin, steht da, rührt sich nicht. Dann: »Urteile nicht schlecht über sie. Es ist nicht leicht, die Tochter einer ehemaligen Hure zu sein.«

Noch weniger leicht ist es, wenn die ehemalige Hure ein neues Leben beginnt, indem sie die offizielle Mätresse eines Pariser SS-Führers wird. Aber das kann ich ihr nicht sagen.

Domecq fühlt sich hoffnungslos allein.

Langer Marsch durch Paris, um das Unbehagen loszuwerden, das sein Nachmittag mit Dora und die kurze Begegnung mit ihrer Tochter hinterlassen haben. Außerdem muss er die Zeit herumbringen. Läuft hinunter zur Place de l'Alma, dann gemächlich am Ufer entlang. Die Atmosphäre in der Stadt wandelt sich kaum merklich. Unverändert das schöne Wetter und die augenscheinliche Unbekümmertheit all der Menschen, die hin und her laufen, als wären sie sehr beschäftigt. Aber die Männer und die Lkws der Wehrmacht, die auf dem Platz vor dem Invalidendom Halt gemacht haben, kehren vielleicht gerade von der Normandiefront zurück, sie wirken verbraucht. Der Krieg rückt näher. Erste Risse im Erscheinungsbild der Sieger. Ein Stück weiter, nahe der Place de la Concorde, immer noch unvermindert viele Straßensperren, bewaffnete Soldaten, Hakenkreuzfahnen. Aber weniger, deutlich weniger Touristen in Uniform.

Um kurz vor 18 Uhr erreicht er das Inspektorenzimmer des Sittendezernats. Ein relativ langgezogener, nicht sehr hoher Raum, dessen Fenster auf einen Innenhof gehen und fahles Licht spenden. Die Farbe an den Wänden ist schmutzig und grau, die Schreibtische stehen dicht gedrängt und etwas planlos im Raum, und nur im Slalom gelangt man ganz nach hinten zu den beiden Milchglastüren der Büros vom Chef und seinem Stellvertreter. Hinter diesen Scheiben ist immer Licht, aber wenig Leben, und man weiß nie, ob der Chef da ist oder nicht. Das Inspektorenzimmer betritt er ziemlich selten.

Auf den nicht eben vollen Schreibtischen keine zwei gleichen Lampen und dahinter altersschwache Stühle. Heute sind nur wenig Leute da. Ein paar vereinzelte Inspektoren arbeiten an einem Bericht, lesen Zeitung, unterhalten sich. Bordelle, Nachtclubs, Glücksspiel, Drogen, Prostitution, alles in Händen der französischen Gestapo unter Aufsicht von Lafont, und das Leben im Sittendezernat spielt sich in einer höchst eigentümlichen Atmosphäre ab, eine Art Konservierungskammer für Tätigkeiten und Gebräuche aus der Zeit, in der das Dezernat tatsächlich eine Funktion hatte.

Domecq setzt sich an seinen Schreibtisch etwa in der Raummitte und macht sich an einen Bericht über den Vorabend im *Bagatelle.* Bereits seit Tagen kursierte das Gerücht, dass dort im Lauf des Abends eine Lieferung Kokain eintreffen würde. Folglich war der Nachtclub schon um 21 Uhr gerammelt voll. Die übliche Pariser Schickeria ...

Blickt auf. Nur noch zwei Inspektoren im Raum. Die anderen sind wohl einen trinken gegangen, übungshalber, bevor sie reihum die Nachtclubs und Bordelle abklappern, die sie überwachen sollen. Doch diese zwei scheinen sich hier einnisten zu wollen. Also muss er sich weiter beschäftigen.

Vertieft sich wieder in seinen Bericht, listet auf: Sacha Guitry, Cocteau, Jean Marais, Serge Lifar, Drieu ... Schreibt dann weiter: Um zehn Uhr abends betreten Villaplana und Clavié, zwei von Lafonts Männern, das *Bagatelle.* Marthe Richard, die sich ebenfalls in der kleinen Schar tummelt, erkennt in Villaplana den ehemaligen Torwart der französischen Fußballnationalmannschaft und küsst ihn. Die Gäste jubeln ihm zu, es kommt zu einem wahren Tumult, um neben dem Kokain auch ein Autogramm von Villaplana zu ergattern, der seinen Schriftzug gleich auf die Tütchen setzt, während Clavié die Geldscheine entgegennimmt.

Domecq hält inne. Sieht sich nach allen Seiten um. Endlich allein. Es ist 19:30 Uhr. Er ist in der Zeit. Er schreibt einen abschließenden Satz: Wie soll ich in Anbetracht dessen, dass das *Bagatelle* unter Lafonts Schutz steht, in der Angelegenheit weiter vorgehen? Lässt den Bericht gut sichtbar auf seinem Schreibtisch liegen und eilt zu den Toiletten.

Hinterste Kabine. Nicht verriegeln. Er steigt auf den Toilettensitz, packt den Rand des Dachfensters, Klimmzug, macht über einem Innenhof zwei Schritte auf der Dachkante, lässt sich dann durch die nächste Luke in einen Abstellraum voll Eimer und Besen hinab, die die Putzfrauen morgens vor dem Eintreffen der Polizisten benutzen. Er nimmt einen Karton vom obersten Regal, holt ein sperriges Radiogerät heraus, wickelt das Antennenkabel ab und legt es in der Dachrinne aus, nimmt Kartons und Lappen zu Hilfe, um die Geräusche zu dämpfen, und setzt sich auf einen Hocker. Er macht sehr bedächtige, sehr verhaltene Bewegungen, um den Kokon aus Stille und innerem Frieden nicht zum Platzen zu bringen, der ihn im Herzen der Polizeipräfektur umgibt, dem sichersten Ort von Paris. Dies ist ein Augenblick des Glücks. Dann wartet er, 20:07 Uhr, der Zeitpunkt seiner Verabredung mit London. Der Kontakt ist hergestellt. Die Gestapo verhaftet (den mir unbekannten) Benezet in seiner Wohnung und mit ihm einen amerikanischen Offizier, den er beherbergt hat. Laval zahlt Deslauriers fünf Millionen für Benezets Freilassung. Instruktionen? Hockt auf seinem Schemel und wartet, während er versonnen an London denkt und an jene unbekannten Stimmen, die laut durch die Rue d'Assas hallten: Die Engländer sind da … Da kommt die Antwort: Nachricht empfangen. Höchste Priorität. Wir wollen alles über den amerikanischen Offizier, Benezet und die Kontakte zu Laval wissen.

Auf dem Rückweg ein etwas kitzliger Moment: sich beim Balancieren auf der Dachkante vergewissern, dass die Toilettenkabinen leer sind. Dann, allein im Inspektorenzimmer, überfliegt er nochmals seinen Bericht und legt ihn auf den Stapel für den Chef. Rückblende: Dora in ihrem Boudoir, ihre Tochter, es ist hart, die Tochter einer ehemaligen Hure zu sein. Irgendwie könnte er kotzen. Oder liegen ihm die Petits Fours schwer im Magen? Er geht ohne Umwege nach Hause.

Nichts zu essen. Da muss er eben bis morgen früh mit Doras Törtchen auskommen. Domecq macht sich einen Kaffee mit einer neapolitanischen Kaffeekanne, wie die Kaffeepäckchen ein Geschenk vom Wirt des *Capucin*, dann setzt er sich, Füße auf dem Balkongeländer, Blick auf Paris, das grau in grau im Zwielicht liegt.

Zehn Monate arbeitet er jetzt beim Sittendezernat. Kommissar Nohant hat ihn letzten August auf Wunsch des gaullistischen Geheimdiensts als Inspektorenanwärter eingeschleust, unter falscher Identität, mit falschem Lebenslauf. Nohant, eine beleibte bäuerliche Gestalt mit Filzhut auf dem Kopf, ein guter Polizist und Widerstandskämpfer der ersten Stunde. Im November '43 zusammen mit drei anderen Kommissaren während einer geheimen Zusammenkunft in einem Kellerraum des *Café Zimmer* von Lafont und seinen Freunden verhaftet. Wer hatte sie denunziert? Brigadiers, die keine Kommissare mochten? Kommunistische Brigadiers, die keine nicht-kommunistischen Kommissare mochten? Kellner des Cafés, die auf eine Prämie aus waren? Ein pflichteifriger Polizist, der keine Widerstandskämpfer mochte? Ausgeliefert an die Deutschen, gefoltert, deportiert. Zum jetzigen Zeitpunkt wahrscheinlich tot.

Und er stand bei der Sitte schlagartig auf einsamem Posten. Er solle bleiben, hatte London verfügt, er sei hier ideal platziert, um die Kreise der Kollaboration zu beobachten. Er sei niemals Polizist gewesen und habe auch nie den Wunsch danach verspürt? Nebensächlich. Vor dem Krieg sei er Ägyptologe gewesen, einsames Arbeiten und genaues Hinsehen also gewohnt. Während seines zehnjährigen Aufenthalts in Kairo sei er regelmäßiger Gast am ägyptischen Hof und bei Botschaftsempfängen gewesen, eine hervorragende Annäherung an das Leben der High Society, dabei aber schön weit weg von den entsprechenden Kreisen in Paris, was das Wiedererkennungsrisiko in Grenzen halte. Er musste sich an totale Einsamkeit gewöhnen, und sein einziger Kontakt zur Résistance war allabendlich zwischen 20 Uhr und 20:10 Uhr die Funkverbindung nach London. Ohne je zur Aktion überzugehen, was noch frustrierender wurde, als die Kämpfe näher rückten. Und er hat Nohants Spitzel geerbt.

Darunter zwei Topleute. Chaves, einer von Lafonts Handlangern. Domecq hat viel nachgedacht. Hinter der Razzia im *Café Zimmer* kann auch er gesteckt haben. Deshalb hat er ihn noch nicht kontaktiert, aber ein paar von Nohants Aufzeichnungen gut verwahrt.

Und Dora Belle, die offizielle Geliebte eines der wichtigsten SS-Hauptsturmführer in Frankreich. Dora Belle, ein Star der Continental. Dora Belle, eine schmutzige Geschichte, in einem heruntergekommenen Viertel am Pariser Stadtrand auf der Straße geboren, Eltern unbekannt, mit zwölf Jahren Prostituierte, mit vierzehn Mutter und mit sechzehn Mörderin. Nohant wirbt sie an, legt die Mordsache ad acta und lenkt behutsam ihre Schritte. Er lehrt sie lesen und schreiben, sich zu kleiden, als Edelnutte zu arbeiten. Er hält die Zuhälter von ihr fern und hat ein Auge auf die Erziehung ihrer Tochter. Dora begleicht ihre Schuld, indem sie gewissenhaft den Spitzel gibt. Auch als Deslauriers sie zu sich ins *Perroquet bleu* holt, macht sie weiter. Sie ist zu diesem Zeitpunkt der beste Spitzel, über den die Sitte in Paris verfügt. Nach 1940 ändert sich die Lage. Dora, fasziniert von der virilen Schönheit und dem Charme der siegreichen SS-Hauptleute wie auch von der materiellen und moralischen Sicherheit, die das Naziregime ihr verschafft, hat nichts übrig für die Terroristenlümmel der Résistance, und Nohant geht vorsichtshalber auf Distanz zu ihr. Als Domecq an ihre Akte gelangt, beschließt er, den Kontakt zu erneuern. Er stellt sich als der geistige Sohn von Nohant vor, der leider Gottes an einer unheilbaren Krankheit leide und sich zum

Sterben in die Charente-Maritime zurückgezogen habe. Mimt den Hingerissenen, was ihm umso leichter fällt, als er hingerissen ist, erwähnt nebenher, welche Unannehmlichkeiten es mit sich brächte, sollte Deslauriers von ihrem Verhältnis zu Nohant erfahren, wär doch schade, wo das Leben gerade so angenehm ist, und schlägt ihr vor, die französische Polizei auch weiterhin über das Tun und Treiben von Deslauriers und seinen Freunden zu informieren. Sie lässt sich darauf ein, denn ist man erst Teil des Räderwerks, kann man nicht mehr aufhören, zudem ist dies ein Spiel, das einiges Vergnügen bereitet. Gemeinsam erarbeiten sie eine Geschichte von Kindheitsfreunden, die sich zufällig begegnen, ein Wiedersehen, das sie mit viel Gefühl in Szene setzen. Und inzwischen zählt Doras Salon zu Domecqs Hauptwirkungsstätten. Bilanz: ausgesprochen positiv. Jede Menge Informationen über die Kollaboration französischer Unternehmer mit den deutschen Besatzungsstellen, über den tatsächlichen Zustand der französischen Wirtschaft, über die kleine Welt der Kollaborateure aus Kultur und Politik …

Doch heute Abend hat ihn der Ekel gepackt. Dora, die schöne Dora, die bezaubernde Dora ist gefangen in einer Scheinwelt, die auf eine Katastrophe zusteuert. Ist sie sich dessen bewusst? Oder nicht? Wie auch immer. Nicht nur unternehme ich nichts, um sie davon abzuhalten, ich ermuntere sie sogar zum Weitermachen, ich treibe sie weiter auf ihrer schiefen Bahn. Ich verhalte mich wie ein Zuhälter. Ein schrecklich kluger zwar, aber ein Zuhälter. Nicht viel anders als Nohant oder Deslauriers. Lass das Grübeln sein. Es herrscht Krieg. Trinkt seinen Kaffee aus. Kalt. Steht auf. Hebt mit der Messerspitze ein Dielenbrett an, holt ein paar akkurat gefaltete Zettel hervor. Nohants Aufzeichnungen über Dora Belle. Hat er nicht im Büro lassen wollen, es kann immer jemand neugierig sein, zu riskant. Nimmt ein Päckchen Streichhölzer und verbrennt die Blätter eins nach dem andern über dem Spülstein. Einer Freilassung gleich. Rein symbolisch. Und geht schlafen.

Die Tür zu seiner Zelle wird geöffnet. Mike Owen unterdrückt den Impuls zurückzuweichen. Wie viele Stunden oder Tage in dieser Zwei-mal-zwei-Meter-Zelle, ständig hell erleuchtet, die Handgelenke an einen Ring in der Wand gekettet, gerade so in der Lage, aufrecht zu stehen oder sich auf dem nackten Boden auszustrecken? Er kann es nicht sagen. Ohne ein Wort macht der SS-Mann ihn los und treibt ihn im Flur vor sich her. Owen bewegt Hände, Arme, schmerzhaft, schwankt. Der SS-Mann öffnet eine Tür. Owen bleibt reglos auf der Schwelle stehen. Sieht zunächst nur die festliche Tafel in der Mitte des Raums, weißes Tischtuch, Porzellan, Silberbesteck, verschiedene Kristallgläser, vier Gedecke. Der SS-Mann stößt ihn hinein, schließt die Tür hinter ihm, dreht den Schlüssel, einmal, zweimal, dreimal, wie in der Zelle. Vorm Fenster sind Gitter. Aus dem Nichts taucht Bauer auf, in Uniform, ein Mädchen an jedem Arm, eine Dunkle, eine Blonde, in roten Miedern und schwarzen Netzstrümpfen, Brüste, Geschlecht, Gesäß entblößt. Ihm schwindelt. Bauer packt ihn am Arm.

»Mein lieber Mike, der Name des Dorfs, in dessen Nähe du mit dem Fallschirm abgesetzt wurdest und an den du dich nicht erinnern konntest, ist Mortemart. Die Organisation, die dich in Empfang genommen hat, wurde zerschlagen, die Anführer exekutiert und das Dorf niedergebrannt. Eigentlich eine gute Nachricht, oder?« Er reicht ihm eine Champagnerschale. »Du hast für dein Recht zu leben bezahlt, zumindest vorerst.« Er hebt sein Glas. »Auf unsere Kollaboration, um einen sehr französischen Terminus aufzugreifen.«

Weiter, mach weiter. Was kannst du anderes tun? Mortemart,

diesen Namen kennst du nicht, hast ihn nie ausgesprochen. Hör nicht auf das, was er sagt. Wiederhole: Kohle, Unternehmer, Banken – das, und nur das, ist deine Welt. Er leert sein Glas auf einen Zug.

Später sitzt er nackt auf einem Stuhl, eins der Mädchen auf den Knien, die ihn löffelchenweise mit Kaviar füttert und ihm aus Bordeauxgläsern Wodka einflößt. Klammert sich an das quadratische Stück Nacht jenseits des Fensters, an den Schmerz, den er spürt, wenn er sein Knie gegen die Tischkante schlägt. Und er trinkt. Sehr wenig getrunken, sehr wenig gegessen seit seiner Verhaftung, seit wann? Schwindelgefühl. Tournedos Rossini, schwere Feinschmeckerkost. Das Mädchen verschwindet unter dem Tisch und fängt an, ihm einen zu blasen. Er verschluckt sich und erstickt fast, kommt ohne Lust, verliert das Bewusstsein, Kopf auf dem Tisch.

Jemand hat ihn geweckt, indem er ihm eine eiskalte Flüssigkeit in die Nase gesprüht hat. Ein Brennen, regenbogenfarbener Funkenregen. Er fühlt sich wie ein Berg in einer klaren Winternacht. Eins der Mädchen tanzt Cancan und summt dazu. Sie hat ein riesiges blauviolettes Geschlecht. Wo ist Bauer?

Das Mädchen sitzt auf der Tischkante. Er nimmt sie, forschend, leicht distanziert, sein Geschlecht dringt in ihres ein, keinerlei Empfindung. Kalte Hände. Bauer, hinter ihm, an ihn gepresst, über seine Schulter gebeugt: Nichts ist schöner als der Arsch eines virilen jungen Mannes. Er packt seine Hüften und dringt in ihn ein, während er ihm in die Schulter beißt. Owen brüllt auf, stürzt das Mädchen, den Tisch, eine randvolle Schüssel Erdbeer-Burgunder-Bowle um. Bauer zerschießt die Lampen mit zwei Schuss. Die Mädchen verstecken sich hinter dem umgekippten Tisch, die Dunkle ist durch Glassplitter verletzt und blutet stark am

Oberschenkel. Vier SS-Männer kommen herein, nehmen Bauer mit, jagen die Mädchen mit Tritten davon und lassen Owen auf dem Teppich liegen, inmitten von zerbrochenem Geschirr, mit Wein und Sperma besudelt, zwischen mehrfach verriegelten Schlössern und vergitterten Fenstern längst weggedriftet.

4

Sonntag, 11. Juni, morgens

An der Normandiefront wird auf der Linie Caen-Cherbourg der Brückenkopf auf 80 Kilometern Länge und etwa 10 Kilometern Tiefe gehalten.
Rund um Caen geht die Schlacht weiter.

In einem bürgerlichen Wohnhaus am Boulevard Haussmann steigt Domecq vier Stockwerke hoch, roter Teppich auf den Stufen, klingelt an einer Tür. Angélique öffnet ihm im Schlafanzug, unfrisiertes blondes Haar, mürrisch und mit bedrückter Miene.

»Ach, du bist es. Wie hast du mich gefunden? Hat dir der Wirt vom *Capucin* meine Adresse gegeben?«

»Nein. War nicht einfach …«

»Komm rein, Hübscher, wo du schon mal da bist, biete ich dir ein Gläschen an, aber nicht mehr.«

Die mahagonigetäfelte Diele ist düster. Eine Glastür führt ins Wohnzimmer, hell und geräumig, möbliert mit einfachen, bequemen Sesseln und einem Sofa mit großgeblümtem Stoffbezug. Ein paar Grünpflanzen, an einer Wand ein gut gefüllter Bücherschrank, und vor dem Marmorkamin ein Couchtisch mit Flaschen und Gläsern darin. Ein ziemlich luxuriöses und einladendes Interieur, tipptopp aufgeräumt, das nicht zu Angélique passt.

Er setzt sich neben den Kamin. Sie greift nach einer Flasche Cognac.

»Kannst du mir nicht lieber einen Kaffee machen?«

Träger Blick, Seufzer, dann verschwindet sie Richtung Küche und kommt wenige Minuten später mit einer Tasse zurück, die sie vor ihn hinstellt. Domecq betrachtet die dünne braune, nicht mal lauwarme Flüssigkeit.

»Siehst nicht gerade fit aus, Ange, was ist los mit dir?«

Sie rollt sich in einem Sessel zusammen, ihre Miene wird bitter. »Falicon ist offenbar tot. Das sagt jedenfalls Deslauriers, der Rose und mich Sonntagabend aus dem *Capucin* weggeholt und uns hier einquartiert hat.«

»Hübsche Wohnung.«

»Ist seine. Uns gefällt sie nicht. Wir fühlen uns hier nicht wohl. Und er hat uns ins *One Two Two* gesteckt.«

Das bekannteste Luxusbordell von Paris. Domecq pfeift bewundernd. »Toller Aufstieg.«

»Hast du 'ne Ahnung … Freitagabend, kleine Sexparty bei der SS in der Avenue Foch. Ein Hauptsturmführer fordert zwei Mädchen an. Wir waren als Letzte ins *One* gekommen, also mussten wir natürlich ran. Der Hauptsturmführer hat mit einem Amerikaner eine Party gefeiert. Hat sich total gehen lassen. Zum Schluss hat er wild um sich geballert, und Rose hat 'ne Kugel in den Oberschenkel gekriegt.« Domecq öffnet den Mund. »Es geht noch weiter. Gestern kommt Deslauriers vorbei, um Rose zu besuchen, fragt, wie die Wunde heilt. Danach trinkt er ein Glas mit mir, sitzt friedlich in dem Sessel, wo du jetzt sitzt. Ich sage ihm, dass ich keine Extranummern bei deutschen Militärs mehr machen will, dass ich zu große Angst hatte. Ohne ein Wort steht er auf, geht ins Bad, ich höre Wasser laufen, er kommt mit einem nassen Handtuch zurück, reißt mir den Morgenrock runter und verpasst mir die Tracht Prügel meines Lebens, immer noch ohne ein Wort.« Als sie Domecqs verdutzte Miene sieht: »Mensch, ein nasses Handtuch hinterlässt keine Spuren, du bist Polizist und weißt das nicht?« Sie fährt fort: »Ich lag dort neben dem Kamin auf dem Boden. Ich habe versucht stillzuhalten und nicht zu weinen. Als er mit Prügeln fertig war, hat er zu mir gesagt: ›Seit wann sucht sich eine Nutte ihre Kunden selbst aus?‹ Er brachte das Handtuch zurück ins Bad. Ich lag da neben dem Kamin, hab mich unauffällig verhalten. Als er ging, hat er die Wohnzimmertür noch mal aufgemacht und gesagt: ›Zwei Tage Auszeit. Montagmittag erwartet man dich im *One*. Kümmere dich um Rose.‹ Dann fiel die Tür ins Schloss. Mir tut noch alles weh.« Ein Moment vergeht. »Gut möglich, dass ich Falicon am Ende vermisse.«

»Wer ist dieser schießwütige Hauptsturmführer?«

»Nach dem, was die Mädchen im *One* sagen, die ihn gut kennen, ist das Hauptsturmführer Bauer, ein Stammkunde. Nicht sonderlich übergeschnappt oder schwierig.«

»Und was machte der Amerikaner dort?«

»Darüber weiß ich nichts. Er war ein Gefangener, du weißt schon. Wir waren in einer Zelle, mit Wachen vor der Tür und Gittern vorm Fenster. Champagner, Kaviar, alles da, aber eben eine Zelle. Bauer nannte ihn Mike, sagte, er würde den Beginn ihrer Verbindung feiern. Und er hat ihn in den Arsch gefickt, bevor er dann rumgeballert hat.«

Domecq schiebt die Tasse zurück, die er nicht angerührt hat, steht auf, beugt sich zu Angélique hinab, die klein und elend in ihrem Sessel hockt, nimmt ihre Hand, küsst ihre Fingerspitzen. »Liebe Ange, was kann ich für dich tun?«

»Versuch wenigstens rauszukriegen, was Falicon zugestoßen ist.«

Mike Owen betritt unter höflichem Geleit eines SS-Wachsoldaten Bauers Büro im fünften Stock, auf Höhe der Baumkronen der Avenue Foch. Kleiner Raum, sehr hell, auf dem Bücherregal tanzen grüne Schatten, die Bände stehen dicht gedrängt, zuweilen doppelreihig, streng alphabetisch sortiert, ausschließlich französische Autoren, Brasillach, Céline, Chardonne, Cocteau ... Bauer steht hinter einem sehr eleganten Louis-XV-Sekretär und erwartet ihn. Er lächelt ihm zu, seltsames Lächeln, Lippen geschlossen, horizontal.

»Ich versuche mich auf dem Laufenden zu halten, was die Männer, denen ich in den Salons begegne, geschrieben haben. Wie es scheint, sind sie in Frankreich meinungsbildend ...« Er verzieht zweifelnd das Gesicht. »Besiegtenliteratur.«

Bauer bedeutet ihm, sich auf das Ledersofa zu setzen, das unter vier Dürer-Zeichnungen an der Wand steht, nimmt eine Flasche Cognac, schenkt zwei bauchige Gläser halbvoll, reicht ihm eins und lässt sich ihm gegenüber in einem Lehnsessel nieder. Owen stellt das Glas auf den Boden und rührt es nicht mehr an. Bauer wärmt seins, indem er es mit den Händen umschließt, schwenkt die Flüssigkeit langsam, beugt sich über den Cognac, um in kurzen Zügen sein Aroma zu atmen.

»Warum warst du bereit, mir zu antworten?«

»Weil du alles, was ich weiß, schon weißt. Muss man kein Drama draus machen.«

»Ich bin nicht sicher, dass die Bewohner von Mortemart das auch so sehen.«

Mortemart. Er erinnert sich so undeutlich daran wie an den Rest des Abends. Vermeide unbedingt jeden Gedanken an Mortemart, wenn du überleben willst. Er zuckt die Achseln. »Wir sind im Krieg.«

»Jetzt musst du mir noch die Organisation verraten, die dich in Paris aufgenommen hat.«

Owen, Ellbogen auf die Schenkel gestützt, beugt sich mit ernster Miene vor. »So läuft das nicht. In Paris gibt es keine Organisation. Ich bin allein. Mein Auftrag ist es, ein paar einflussreiche Männer zu treffen und ihnen klarzumachen, dass die Amerikaner ein besseres Bollwerk gegen den Kommunismus darstellen als die Deutschen und dass wir durchaus in der Lage sind, den gaullistischen Widerstand auszuschalten. In der Regel hören sie mir zu. Und ich werde meinen Vorgesetzten Bericht erstatten, wenn sie in Paris eintreffen.« Ein Lächeln. »In wenigen Tagen. Bis dahin habe ich mich auf gut Glück in leerstehenden Wohnungen der feineren Viertel einquartiert, wo deine Polizei mich dann entdeckt hat.«

»Ich will die Namen dieser Kontakte.«

»Aber die gebe ich dir ja, kein Problem. Dassonville, zum Beispiel. Eine deiner treuesten Stützen. Du hast ihn damit betraut, dir Informationen über die französischen Wirtschaftskreise zu liefern, die den Amerikanern nahestehen. Das tut er und sucht bei der Gelegenheit unsere Nähe.«

Mit geschlossenen Augen trinkt Bauer seinen ersten Schluck Cognac. Bourseul hat ihm schon davon erzählt.

Owen wendet nicht den Blick von ihm. »Und sag mir nicht, du hast das nicht geahnt. Willst du weitere Namen? Bourseul und Patenôtre, deine persönlichen Freunde, zwei Mitglieder der Familie Gillet, Ardant, euer Fels in der Bankenwelt, Tiberghien, der Vorsitzende im Organisationskomitee Textilindustrie. Selbst der Champagner wankt. Allerdings glauben sie, dass wir nicht so gute Kunden sein werden wie ihr. Aber vielleicht lernen wir ja, wie die Franzosen zu trinken.«

Er weiß viel. Der kriegt mich noch dahin, wo er mich haben will. Muss nachdenken. »Du wirst gleich zurück in deine Zelle gebracht, bekommst Zettel und Stift und machst mir eine Liste der Leute, die du in Paris getroffen hast, mit Ort und Zeitpunkt dieser Treffen.«

Bleib dran. Schnell. »Jetzt habe ich aber noch eine Frage. Wieso hast du mich nicht längst abgeknallt? Ich habe da eine Vermutung. Du bist korrupt bis ins Mark, Bauer.« Ausdruckslose Miene, starrer Blick, leg nach. »Gemeinsam mit deinen Handlangern, mit deinem Kumpan Bourseul hast du in Frankreich ein Riesenvermögen angehäuft, und jetzt fragst du dich, wie du deine Kohle über die Niederlage rettest. Du denkst, ich bin vielleicht deine Chance.«

Bauer nimmt einen Schluck Cognac, behält ihn im Mund, lässt ihn langsam durch seine Kehle rinnen, herabgezogene Mundwinkel, undurchdringlicher Blick. »Du verstehst gar nichts, Amerikaner. Ja, ich habe viel Geld angehäuft. In einem besiegten Land ist das eine Methode der Kriegsführung, weiter nichts. Ich frage mich nicht, wie ich dieses Geld über die Niederlage rette, weil ich es mir verbiete, die Niederlage in Betracht zu ziehen. Es gibt nur Sieg oder Tod. Ich lasse dich am Leben, in meinem Zugriff, weil ich dich um dieses Leben zappeln sehen will. Eines Tages werde ich dich abknallen.« Und nach einem letzten Schluck Cognac: »Ich bin stolz darauf, dass ich so anders bin als du.«

Montag, 12. Juni

General Montgomery verkündet: »Die Schlacht um die Strände ist gewonnen.« Aber die für den ersten Landungstag gesteckten Ziele sind immer noch nicht erreicht. Die Alliierten haben binnen einer Woche 326 000 Mann und 54 000 Fahrzeuge an Land gebracht, haben aber nicht genug Raum zum Ausschwärmen.

Domecq liegt auf dem Rücken, den leeren Blick zur Decke gerichtet, und lässt langsam die Beklommenheit entweichen, die der letzte Traum der Nacht hinterlassen hat: Er versinkt bis zur Taille in einer Düne aus tiefem, brennend heißem, nahezu weißem Sand und löst sich auf. Erst die Füße, dann Beine und Geschlecht, er spürt ein unerträgliches Brennen im Unterbauch, schweißgebadet wacht er auf. Und wartet jetzt, dass ihm der Mut kommen möge, sich für einen neuen Arbeitstag im Sittendezernat von dem durchnässten Bett loszureißen.

Er geht die Rue d'Assas hinunter, am Jardin, dann am Palais du Luxembourg entlang. Verschanzte deutsche Truppen, Bunker und Sandsäcke. Die Blicke der Soldaten unter den Helmen, lange Zeit unbeteiligt und gelangweilt, sind jetzt wachsamer.

Im Inspektorenzimmer vergeht der Vormittag schleppend. Hier und da ein paar vorsichtige Bemerkungen über die Normandiefront. Die Engländer und Amerikaner wurden nicht ins Meer zurückgeworfen … Aber sie kommen nicht voran … Oder nur so langsam … Und nach jedem Satz ein ausgedehntes Schweigen.

Ricout stürmt herein, Domecq sieht ihn schnurstracks auf seinen Schreibtisch zusteuern. Ganz junger Inspektor, gerade mal vierundzwanzig, vor zwei Jahren in den Polizeidienst eingetreten, aus Berufung und Familientradition. Der Vater Kommissar im Ruhestand und ein älterer Bruder Inspecteur beim 1. Sonderdezernat der Renseignements Généraux, des Zentralen Nachrichtendiensts, wo er gut angeschrieben ist und mit Feuereifer auf alles einprügelt, was nach kommunistischem Terroristen riecht. Zudem ist der Kollege ein tüchtiger junger Mann, lebensfroh, nicht groß schwierig, mit dem Domecq regelmäßig zusammenarbeitet, ohne dass er klagen könnte.

Ricout nimmt einen Stuhl und setzt sich vor Domecqs Schreibtisch. »Ich bin gestern Abend im *Schéhérazade* zufällig an einen ziemlich kuriosen Tipp gekommen.«

»Schieß los.«

»Erst zeigte mir jemand eine Flasche Champagner der Marke Mumm Cordon Rouge, Jahrgang 1933.«

Domecq verzieht das Gesicht. »Von Wein verstehe ich nichts. Kein Fall für mich.«

»Lass mich zu Ende erzählen. In einer Ecke des Etiketts war in einem Medaillonrahmen das Foto einer ziemlich hübschen, lächelnden Frau aufgedruckt, und handgeschrieben stand da: Als Hommage für Florence, mit einem Namenszug, der von einem Mitglied der Familie Mumm stammen könnte.«

Höflich, uninteressiert: »Und diese Florence?«

»Laut meiner Quelle aus dem *Schéhérazade*, die sie sehr gut kennt, handelt es sich um Florence Gould, kein Zweifel möglich.«

Domecq springt immer noch nicht darauf an. Ricout lässt nicht locker.

»Florence Gould, die Frau des amerikanischen Milliardärs, in deren Salon die Hälfte der französischen Schriftsteller und drei Viertel der Wehrmachtsoffiziere verkehren.«

»Lass mich raten. Sie verkauft ihre Sammlerflaschen, um irgendwie über die Runden zu kommen, und du schlägst jetzt vor, dass wir eine Spendenaktion veranstalten, um sie zu unterstützen.«

Ricout fährt unbeirrt fort. »Die Flasche ist in der Nacht vom 9. zum 10. im *Schéhérazade* aufgetaucht. Aber nicht allein. Sondern mit 800 weiteren, verschiedene Weine, allesamt von sehr hoher Qualität. War mehr oder weniger ein Zwangskauf. Trotzdem waren es Flaschen für über 200 000 Franc.«

»Allerhand. Und? Was geht uns das an?«

»Wie! Diebstahl, möglicherweise Schutzgelderpressung, mit Sicherheit Schwarzhandel, in unserem Revier, und das soll uns nichts angehen?«

Domecq brummt etwas. Zweihundert Kilometer weiter der Krieg. Aber du bist nun mal Inspektor bei der Sitte, bleib glaubwürdig. Schneller Blick zu Ricout. »Was schlägst du vor?«

»Wir könnten zunächst den Umfang des Geschäfts überprüfen, indem wir in unserem Revier ein bisschen herumfragen. Sind es 800 schwarz gehandelte Flaschen, lassen wir die Sache auf sich beruhen. Sind es mehr, fangen wir an zu graben.«

Bereits am Nachmittag haben Domecq und Ricout an die 20000 Flaschen gezählt, die innerhalb von vierundzwanzig Stunden an rund die Hälfte der Nachtclubs am Pigalle verkauft worden sind. Die Sache nimmt hübsche Ausmaße an. Sie beschließen daher, dass es an der Zeit ist, Madame Gould kennenzulernen.

Die beiden Polizisten gehen zu Fuß vom Pigalle zu den »Reichenvierteln« rund um die Place de l'Étoile. Florence Gould wohnt in der Avenue de Malakoff, wo sie auch Salon hält, nur einen Katzensprung von den Champs-Élysées, wo jeden Tag die deutschen Truppen marschieren, nur einen Katzensprung von der Avenue Foch, wo der Sicherheitsdienst des Reichsführers-SS seinen Sitz hat, von der Rue Lauriston und der Place des États-Unis, dem Reich von Lafont und seiner Bande, der gefürchteten Carlingue, von der Avenue Kléber und dem *Hôtel Majestic*, wo die Militärverwaltung der Wehrmacht untergebracht ist. Die Viertel der Reichen: breite, gerade Prachtstraßen, wuchtige Quadersteinbauten, zur Hälfte unbewohnt, strotzend vor Luxus, und überall Hakenkreuzfahnen, bewaffnete Wachsoldaten, feldgraue oder schwarze Uniformen, die zu Fuß oder im Wagen unterwegs sind. Hier sind die Deutschen keine Besatzer, hier sind sie zu Hause.

Ein junges Zimmermädchen, schwarzes Kleid, weiße Schürze und Spitzenhäubchen, macht ihnen auf. Ricout zeigt seinen Ausweis. »Polizei.« Ein Moment vergeht. »Französische Polizei.« Sie scheint unbeeindruckt, studiert gründlich den Ausweis, mustert dann ihn. Er ist jung, freundlich und bemüht sich um eine treuherzige Miene. »Wir würden gerne mit Madame Gould sprechen.«

»Madame Gould ist nicht in Paris. Sie ist an der Côte d'Azur, bei ihrem Mann. Sie beabsichtigt, am Donnerstag zurückzukommen.«

»Vielleicht können Sie uns weiterhelfen.« Erneut freundlich-aufmunternder Blick. »Madame Gould besitzt einen berühmten Weinkeller …«

Zögernd: »Ich glaube schon …«

»Es ist dieser Keller, der uns interessiert. Wir möchten lediglich einen kurzen Blick hineinwerfen. Befindet er sich hier im Haus?«

»Nein, hier lagern wir nur einige wenige Flaschen für den täglichen Bedarf.«

»Wo ist er dann?«

»In Maisons-Laffitte. Im Château. Na ja, ein richtiges Château ist es nicht … Aber die Weinkeller sind erstklassig. Sie können hinfahren, es gibt einen Hausmeister. Wenn Sie ihm sympathisch sind …«

Die beiden Männer gehen Seite an Seite, Domecq vermeidet es, die unzähligen Hakenkreuzfahnen anzusehen. »Für Maisons-Laffitte ist es heute zu spät. Ich hole dich morgen früh ab, gegen zehn?«

Ricout nickt zustimmend.

»Sag mal, Bernard, ist dein Bruder immer noch bei den RG? Ich würde ihn gern um Informationen über einen meiner Kunden bitten. Meinst du, ich könnte morgen mal bei ihm vorbeischauen?«

»Kein Problem, ich sage ihm, dass du kommst.«

Deslauriers betritt das *Deux Cocottes* immer mit dem gleichen Behagen. Ein Gefühl, als schlüpfe man in bequeme, vertraute Kleider. Ein ganz schlichter, großer Raum, Fenster mit halbhohen weißen Gardinen, wenig Dekor, die Wände zum Teil holzgetäfelt, Fliesenboden, auf den Tischen kleinkarierte rotweiße Decken, in den Gläsern dazu passende fächerförmig gefaltete Servietten, Stühle mit geflochtener Sitzfläche, kupferne Deckenlampen, die immer brennen. Hinten neben der Küche eine kleine Bar und die Kasse, wo die Wirtin thront, eine kräftige Vierzigerin mit blond gefärbtem Kraushaar, die Aperitifs und Kaffee ausschenkt und, alles im Blick, die Rechnungen schreibt. Neben der Bar zwei Schwingtüren zur Küche, das Reich von Wirt Gégène und Hochburg der traditionellen gutbürgerlichen Küche nach Art der Pariser Auvergner. Gégènes Kochkunst ist Glück pur.

»Tagesgericht ist Bœuf Carottes«, verkündet die Kellnerin.

»Bestens. Das nehme ich zweimal. Mit einer guten Flasche Burgunder, die Wahl überlasse ich dem Wirt. Bring mir bis dahin einen Teller Hartwurst.«

Deslauriers setzt sich an seinen gewohnten Tisch in der Ecke neben dem Fenster. Sieht sich geistesabwesend um, halb voll, es ist noch früh. Ganz hinten, im Halbdunkel, das kreideweiße Gesicht von Dita Parlo. Leiser Stich ins Herz, die Erinnerung an die rührende Bäuerin in *Die große Illusion* ist noch wach. Heute halb Nutte, halb Geschäftsfrau. Der Krieg ist ihr nicht bekommen. Bauer sitzt an ihrem Tisch, neigt sich zu ihr, küsst ihre Hand. Feixen. Er macht sich an sie ran. Da wäre er von der SS-Führung der Einzige, der noch nicht über sie rüber ist. Der Kommissar des 18. Arrondissements sitzt allein an einem großen Achtertisch. Er erwartet eine größere Runde. Deslauriers grüßt ihn von fern.

Lafont stößt die Eingangstür auf, manövriert sich zwischen den Tischen hindurch, drückt hier eine Hand, verliert da ein paar Sätze, schaukelt dann auf Deslauriers zu. Vertraute Erscheinung. Seit die Besatzer Paris in den Wilden Westen verwandelt haben, herrscht zwischen ihnen ständige Rivalität, mitunter auch Krieg, zwei Kaimanmännchen im selben toten Flussarm. Messerscharfer Blick. Deslauriers registriert den plumpen, gebeugten Körper, das leichte Hinken. Es heißt, die Nordafrikanische Brigade, jene kleine Privatarmee, die der in seinen Träumen verfangene Lafont gegen den Maquis aufgestellt hatte, sei in die Flucht geschlagen und er selbst bei dem Fiasko verletzt worden. Verbraucht, gedemütigt, ich habe ihn in der Hand. Lafont lässt sich schwer auf einen Stuhl fallen. Die Kellnerin bringt die Bœuf Carottes. Deslauriers füllt die Gläser mit Wein. Schweigend beginnen die beiden Männer zu essen, Lafont mit langsamen, ungenauen Bewegungen.

Als sie Lafont eintreten sieht, beugt sich Dita über ihren Teller hinweg zu Bauer und erzählt lebhaft und schmunzelnd: »Weißt du, vor ein paar Monaten wollte ich mit Henri einen Film drehen. Ich kenne ihn gut, wir haben ein paar Geschäfte miteinander gemacht. Er ist ein aufregender Mann, aufregender als die Schauspieler jedenfalls. Ich hatte einen Produzenten gefunden, einen Regisseur, die Einzelheiten erspare ich dir. Schließlich standen wir beide für einen kurzen Probedreh auf einer Bühne. Eine Liebesszene. Film ab! Er beugt sich zu mir runter«, sie spielt die Szene nach, »schließt mich in seine kräftigen Arme und sagt etwas wie«, jetzt fistelnd, »›Ich liebe Sie seit dem Tag, an dem ich Sie zum ersten Mal sah‹, mit seiner Eunuchenstimme. Der Tonmeister, der ihn nicht kannte, war so überrascht, dass er anfing zu lachen, sein Lachanfall hat die ganzen Techniker angesteckt, und auch ich habe in seinen Armen Tränen gelacht und konnte nicht aufhören.«

Lächeln. »Und das Lafont ... Hat es in einem Blutbad geendet? Hat er Tonmeister und Regisseur niedergemetzelt?«

»Wir haben den Dreh abgebrochen, und das Projekt ist ins Wasser gefallen. Er hat mich mit zu sich nach Hause genommen und mit der Reitpeitsche verprügelt. Seitdem grüßt er mich nicht mehr.« Schräger Blick. »Ich habe noch Narben davon.« Sie nimmt Bauers Hand, schiebt sie unter ihren Rock. »Kannst du sie fühlen?«

Als er sein Bœuf Carottes so gut wie aufgegessen hat, kommt Deslauriers auf den Zweck dieses Abendessens zu sprechen.

»Du hast Männer von mir abgeworben, Henri, um sie in einer faulen Sache loszuschicken, in der es darum ging, bei einer relativ protegierten, relativ hochgestellten Person Goldstücke und Gemälde sicherzustellen.«

Unbestimmte Handbewegung. »Bin nicht im Bilde, René. Wende dich an Bonny. Als Verwaltungsleiter der Rue Lauriston ist er fürs Personal zuständig.«

»Bring mich nicht zum Lachen. Nicht im Bilde darüber, was bei dir läuft ... Und warum hast du Laval zu mir geschickt, der ebenjenen Kerl freikriegen wollte, auf den du meine Männer angesetzt hattest? Was wird hier gespielt?«

Lafont sieht ihn eine ganze Weile prüfend an, geschwollene Lider über blutunterlaufenen Augen. »Die Kuh ist tot, René, so wie die in Gégènes Tagesgericht. Die *Fritz* sind erledigt, begreift das ein so kluger Bursche wie du denn nicht? Du warst immer klüger als ich, René. Siehst du nicht, dass wir alle beide aufs falsche Pferd gesetzt und verloren haben? Und bald ist Zahltag. Da sind mir deine Gemäldegeschichten«, schallendes, sehr hohes Lachen, »zum jetzigen Zeitpunkt scheißegal.«

Lafont legt seine Serviette auf den Tisch, winkt der Kellnerin freundschaftlich zu und steht auf. Deslauriers sieht ihm nach, wie er das Lokal verlässt, hinkend, zwischen den Tischen hindurchwankend, schwerfällig, betrunken, noch bevor er richtig mit Trinken angefangen hat. In seinen Träumen sah er sich als Polizeipräfekt, dann als Armeegeneral, jetzt ist er nur noch ein größenwahnsinniger und müder Ganove, der nicht mehr spielen mag. Von dieser Seite ist definitiv nichts zu befürchten. Deslauriers kippt seinen Stuhl nach hinten, lehnt sich gegen die Wand, sein Blick wandert durch den jetzt brechend vollen Schankraum. Mit jedem Auf- und Zuschwingen der Küchentüren strömen die Wärme und die Wohlgerüche der vor sich hin köchelnden Kasserollen in Schwaden in den Raum, angeregtes Stimmengewirr, in dem hin und wieder lautes Frauenlachen ertönt. An einem der Tische diskutieren zwei SS-Offiziere lebhaft mit zwei wohlgenährten, stoppelbärtigen Zivilisten. Schwarzmarkt. Einer der beiden bestellt eine Flasche Champagner: Man ist im Geschäft. Am Achtertisch lauscht der Kommissar des 18. Arrondissements Clavié und Villaplana, zwei von Lafonts Männern, die ihm ihre Heldentaten im Krieg gegen den Maquis des Limousin erzählen. Dass ihr Boss deprimiert ist, berührt sie offenbar wenig. Jocelyne Gaël hat ihren Liebhaber Tony mitgebracht, einen Gestapomann aus Lyon, der an diesem so pariserischen Ort ein wenig verloren wirkt. Bauer erhebt sich, nickt Deslauriers von fern unauffällig zu und verlässt das *Deux Cocottes* mit Dita Parlo am Arm. Alles in Ordnung, das Leben geht weiter. Deslauriers macht der Kellnerin ein Zeichen.

»Eine Crème caramel, Maryvonne.«

5

Dienstag, 13. Juni

Die Wunderwaffe kommt zum Einsatz. Die ersten zehn V1, auch Höllenhunde genannt, unbemannte Flugkörper, acht Meter lang, zwei Tonnen schwer, mit 850 Kilo Sprengstoff beladen, Fluggeschwindigkeit 600 Stundenkilometer, abgefeuert von den Küsten Nordfrankreichs, sind in London eingeschlagen.
An der Normandiefront bei Caen deutscher Gegenangriff.
Im Osten greifen die sowjetischen Truppen ins Geschehen ein und starten an der Nordfront eine Offensive gegen die mit den Deutschen verbündeten finnischen Truppen.

Ricout, der keine hundert Meter von der Place Clichy in einer winzigen und sehr ungemütlichen Zweizimmerwohnung haust, hat sich im *Wepler*, der größten Brasserie am Platz, praktisch häuslich niedergelassen. Die Wirtsleute umsorgen ihn, wer weiß, wozu es noch gut ist. Domecq stößt dort zu ihm, als er gerade ein Kaffee genanntes Heißgetränk hinunterkippt.

Über eine Stunde Fahrt in ihrem lahmen Dienstwagen, um nach Umwegen, Kontrollen, Straßensperren endlich Maisons-Laffitte zu erreichen. Zwei Militärkonvois in Richtung Normandie kreuzen ihren Weg. Im Park von Maisons-Laffitte herrscht friedliche Stimmung, gut gekleidete Menschen sind mit dem Fahrrad unterwegs, eine ganz in Grau gekleidete Amazone kehrt im Schritt mit langen Zügeln von einem Ausritt zurück, und die Rennpferde kommen schweißnass mit gesenkten Köpfen eins hinterm andern von ihrem Training im Wald. Die beiden Polizisten halten an, um sie vorbeiziehen zu sehen.

Das Gould'sche Haus ist ein großer weißer viereckiger Kasten, ziemlich majestätisch, zwei Stockwerke, darüber eine Terrasse, und liegt unweit eines der Verkehrsrondelle im Park in einem von blühenden Sträuchern überwucherten Garten. Alle Fensterläden sind geschlossen, das Haus wirkt verlassen.

Ricout klingelt an dem schmiedeeisernen Tor. Nichts rührt sich. »Der Hausmeister hat sich wohl davongemacht.«

»Gehen wir einmal rundrum?«

Links des Anwesens eine breite Allee und parallel dazu eine asphaltierte Straße. Auf Höhe der Seitenwand des Hauses sind der Gitterzaun und die ihn tragende Mauer auf mehreren Dutzend Metern Länge niedergerissen, im Garten sind die Blumenbeete und der gepflegte Rasen von Lkw-Reifen zerdrückt, am Haus selbst ist dicht über der Erde das Mauerwerk aufgebrochen. Die beiden Polizisten sehen sich an, betreten dann das Grundstück und gehen zum Haus. Beeindruckend. Hier muss einmal ein Kellerfenster gewesen sein, das beträchtlich vergrößert wurde, Gartenebene und Kellerboden hat man durch eine Rampe verbunden und vor dem klaffenden Mauerloch eine Seilwinde im Boden verankert. Ein Kellergewölbe erstreckt sich über die gesamte Grundfläche des Hauses. Es ist leer. Geblieben sind ein paar Weinkisten und die Metallregale, in die die Flaschen einsortiert waren. Neben dem herausgebrochenen Kellerfenster führt eine Treppe offenbar zu einer zweiten Ebene hinunter, die genauso leer sein dürfte wie die erste. Es juckt sie nicht, nachzusehen.

»Guter Riecher, Kollege. Hier drin müssen weit mehr als 20 000 Flaschen gewesen sein, zumal wenn der zweite Keller auch leergeräumt wurde.«

»Denkst du, der Hausmeister hat das Ding gedreht?«

»Allein jedenfalls nicht. Hast du gesehen, was da für Gerät benutzt wurde?«

Sie kehren zur Straße zurück. Die aus dem Garten herausführenden Lastwagenspuren sind bis zum Rondell deutlich zu erkennen.

»Befragen wir die Nachbarn?«

»Versuchen kannst du's ja, du bist der Polizist von uns beiden. Ich folge dir, mache Notizen und schreibe die Berichte.«

Die Häuser stehen weit voneinander entfernt einsam inmitten ihrer Gärten. Eins liegt dem Gould'schen Haus genau gegenüber, auf der anderen Seite der Allee, ein großer Fachwerkbau im pseudo-normannischen Stil. Die beiden Polizisten klingeln am Gartenportal. Keine Reaktion. Das Erdgeschoss ist komplett verrammelt, aber hinter einem Fenster im ersten Stock lässt sich eine flüchtige Bewegung erahnen. Ricout beginnt mit sehr lauter Stimme einen Monolog.

»Französische Polizei. Wir wollen nicht stören. Nur ein paar Fragen stellen. Es wäre besser, wenn wir nicht so schreien müssten. Es ist nicht mal nötig, dass wir reinkommen, wir könnten im Garten bleiben. Wenn ich brülle, ist das nicht sehr diskret.«

Ein Fenster wird geöffnet, eine Frau bedeutet ihnen: Warten Sie! Einige Sekunden, elektrischer Toröffner. Die beiden Polizisten stellen sich unter das Fenster, in dem die Frau nun wieder aufgetaucht ist, hager, grau, mittelalt und sehr reserviert.

»Was wollen Sie?«

»Mit Ihnen über den leergeräumten Weinkeller der Goulds reden.«

»Ich habe nichts gesehen. Die Allee ist sehr breit, mit vielen Bäumen. Und ich kümmere mich nicht um die Nachbarn. Ich bin allein hier, meine Herrschaften sind Gott weiß wohin ...«

»Gewiss, aber Sie müssen doch Lärm gehört haben, nachts ist es hier ruhig, und in jener Nacht sind hier gut und gern dreißig Lastwagen vorbeigekommen, um den Keller leerzuräumen.«

»Ja, die habe ich natürlich gehört, die sind die ganze Nacht hier rumgefahren.«

»Wann war das? Erinnern Sie sich noch?«

»Vor etwa einer Woche.« Sie sieht den zu ihr hochblickenden Ricout an, ein kleiner Polizist wie aus alten Zeiten mit seiner Ausstrahlung des idealen Schwiegersohns. Wenn ihre Tochter nicht auf die schiefe Bahn geraten wäre … »Das war letzte Woche in der Nacht von Mittwoch auf Donnerstag.«

»Franzosen oder Deutsche? Haben Sie sie vielleicht reden gehört?«

»Und ob. Rumkrakeelt haben die, die haben nicht mal versucht, nicht aufzufallen. Franzosen.«

»Und die Lkws, was waren das für welche?«

»Ich sage Ihnen doch, ich habe nichts gesehen.«

»Während diese Männer die Gartenmauer und die Hauswand eingerissen und den Keller geplündert haben, Madame?«

»Antoinette.«

»… Madame Antoinette, schön. Hier stehen Bäume. Aber sehen Sie, die Lkws fuhren auf der Straße und haben an diesem Rondell gewendet, genau unter Ihren Fenstern, und da stehen keine Bäume. Folglich haben Sie sie gesehen.«

»Ja, in dem Moment habe ich sie gesehen. Wenn es dieselben waren. Planenlastwagen.« Zögern. Der ideale Schwiegersohn mit seinem engelsgleichen Lächeln ist immer noch da. »Auf der Plane stand ein Name, von einer Person, einer Marke oder einer Firma, ich weiß nicht, mit weißer Farbe übermalt.«

»In welche Richtung sind sie gefahren, Madame Antoinette?«

»Paris natürlich.«

Natürlich. Die Stadt der vierzigtausend Diebe …

»Wie viele Lkws?«

»Das kann ich nicht sagen. Es ging die ganze Nacht. Kann sein, dass manche mehrmals fuhren.«

»Und Sie hatten gar nicht das Bedürfnis, die Polizei zu verständigen?«

»Die Polizei verständigen …« Sie schließt einen Fensterflügel. »Was kann die Polizei heutzutage schon ausrichten? Macht mir keine Scherereien, ihr zwei, mehr verlange ich nicht. So lang wird der Krieg nicht mehr dauern, und ich will sein Ende noch miterleben.« Sie schließt den zweiten Fensterflügel und zieht den Vorhang vor.

»Danke, Madame«, brüllt Domecq, »verlassen Sie sich auf uns, und viel Glück.«

Die beiden Männer sitzen im Wagen, der neben dem eingerissenen Zaun auf der Straße parkt.

»Eine Bande, die praktisch in aller Öffentlichkeit agiert, Arbeiter, Lastwagen, mit Sicherheit Passierscheine, Kontakte, um die gestohlene Ware irgendwo zwischen Schwarzhandel und Schutzgelderpressung an den Mann zu bringen, zudem Franzosen – ich würde sagen, eine Bande von Gestapo-Hilfskräften.«

»Sehe ich auch so. Und zwar ein großer Trupp. Und damit eine Menge Kohle. Mindestens zehn Millionen. Also ein mächtiger Gestapotrupp. Mächtiger als wir. Willst du trotzdem weitermachen?«

»Wir handeln genau im Rahmen unserer Aufgaben, die Bekämpfung des Schwarzhandels steht landesweit an erster Stelle, unser Vorgehen ist völlig legal – diese Frage stelle ich mir gar nicht.«

»Schön. Dann füge ich hinzu: Es gab Hinweise auf die

Existenz dieses Weinkellers, eine Riesenmenge Flaschenkisten für den Transport, die Rampe, die Winde, die Planen-Lkws mit übermalter Firmenaufschrift, die Gestapoleute haben das Ding nicht allein gedreht, sie haben mit einer Firma aus der Wein- und Spirituosenbranche zusammengearbeitet.« Rückblende: Deslauriers in Doras Salon, etwas abseits mit dem Wein- und Spirituosenhändler Anselme, langes Gespräch in gedämpftem Ton. »Und ich habe eine Vermutung: auf Gestaposeite Deslauriers und seine Truppe von der Rue de la Pompe, zusammen mit seinem Freund, dem Spirituosenhändler Anselme, einem der vermögendsten Männer der Branche.« Ricout sieht ihn verdutzt an. »Ich habe auch meine Spitzel.«

»Warum nicht? Versuchen wir's mit Anselme.«

»Auf zu den Lagerhallen von Bercy.«

Anselmes Lagerhallen in Bercy sind verschlossen. Schon seit über einer Woche, sagen die Arbeiter und Fahrer, denen sie in den umliegenden Straßen über den Weg laufen. Tipp vom Wirt der Eckkneipe: Es gibt eine Sekretärin, sie wohnt in einem Häuschen ein paar hundert Meter von den Lagerhallen entfernt über den Büros der Anselme AG.

Die Sekretärin der Anselme AG ist eine große Frau um die vierzig von strenger, klassischer Schönheit, vermutlich sowohl die Geliebte des Chefs als auch die Sekretärin der Firma. Das braune Haar ist zu einem straffen Knoten gebunden, sie trägt ein einfach geschnittenes marineblaues Sommerkleid und weiße Espadrilles. Mit gerunzelter Stirn und misstrauischem Blick führt sie die beiden Polizisten in ihre geräumige, hübsch eingerichtete Wohnung, eine dunkle Diele, ein Wohnzimmer, durch dessen zwei Fenster man ins Laub der Bäume blickt, die das Häuschen umgeben und den ganzen Raum mit einem schönen grünen Licht erfüllen. Das Radio, ein großes, sehr modernes Gerät, sendet eine Schubertsinfonie, daneben ein aufgeschlagenes Buch. Domecq wirft einen verstohlenen Blick darauf, Drieu la Rochelle, die Dame ist kultiviert, aber nicht umstürzlerisch. Wie immer ist Ricout derjenige, der das Wort führt.

Wurden die Firmen-Lkws vor kurzem benutzt, und bei welchen Gelegenheiten? Verschiedene Stoßrichtungen, nur eine Antwort: Die Firma ist seit Samstag, dem 3. Juni geschlossen. Seit diesem Datum hat niemand die Lagerhallen betreten. Ricout hat Mühe, eine Lücke zu finden. Domecq schlendert durchs Wohnzimmer, besieht sich die sehr schöne Fotosammlung von den Lagerhallen, die in schlichten schwarzen Rahmen an den Wänden hängt. Schiebt sich langsam in Richtung Diele, hört, wie Ricout in Rage gerät.

»Hier geht es um Schwarzhandel, Madame. Das ist eine ziemlich ernste Angelegenheit, und Sie weigern sich, mit der Polizei zusammenzuarbeiten, um einen Arbeitgeber zu schützen, der Sie mitten im Krieg sitzen lässt …«

»Soviel ich weiß, sind wir nicht im Krieg.«

»… und sich mit den Firmengeldern ins Ausland absetzt.«

Das kann Ricout sonst besser. Die herablassende Selbstsicherheit der Dame scheint ihn aus der Fassung zu bringen.

»Haben Sie einen Durchsuchungsbeschluss? Nein? Nun, dann werden Sie die Lagerhallen nicht betreten, und damit basta.«

Während er weiter die Fotosammlung bewundert, verdrückt sich Domecq in die Diele, tritt vor ein hohes, schmales Mahagonimöbel mit Schubladen. Die oberste ist abgeschlossen. Er schiebt die Klinge eines kleinen Taschenmessers ins Schloss, das Gespräch nebenan eskaliert, stößt fest zu, hustet, um das Knacken des Holzes zu übertönen, ein Mahagonisplitter fliegt durch die Luft, aus dem Wohnzimmer keine Reaktion. In der Schublade mehrere Schlüsselbunde, jeder mit einem Schildchen versehen. Auf einem: Lkw-Garage. Steckt ihn ein, hebt den Splitter auf, fügt ihn ein, wo er hingehört. Rascher Blick auf den Inhalt der anderen, unverschlossenen Schubladen: gestapelte Aktenmappen. In einer: Liste des aktiven Personals. Lässt die Mappe zurück, steckt die Zettel ein, geht dann ins Wohnzimmer, wo Ricout kurz vorm Ausrasten ist. Domecq legt ihm die Hand auf die Schulter und wendet sich der vor Feindseligkeit komplett widerborstigen Sekretärin zu, lächelt sie an.

»Großartig, Ihre Fotos.« Zu Ricout: »Komm, wir gehen, am Ende stören wir Madame noch.«

Kaum haben sie das Häuschen verlassen, zieht Domecq ihn in Richtung Lagerhallen, öffnet die Garage. Ein Dutzend Planen-Lkws, deren Schriftzug »Anselme Wein- und Spirituosenhandel« weiß übermalt worden ist.

Ricout dreht sich zu Domecq um. »Chapeau, Kollege.«

»Ich habe auch die Liste der Fahrer. Da finden wir bestimmt ein oder zwei, die zu einer Zeugenaussage bereit sind.«

Woher Domecq Schlüssel und Liste hat, fragt Ricout lieber nicht, um nicht wissentlich gegen das Gesetz zu verstoßen.

Verabredung mit Ricouts Bruder beim 1. Sonderdezernat des Zentralen Nachrichtendiensts RG. In der Polizeipräfektur von Paris, Südflügel. Den Blick starr aufs Kopfsteinpflaster geheftet, überquert Domecq den großen Hof. Zweiter Stock. Steigt mit leerem Kopf Stufe um Stufe nach oben. Das Sonderdezernat, 3500 verhaftete Terroristen in vier Jahren … In diesen Räumen … Denk an nichts … nichts … nichts … und versuch zu atmen. Er stößt die Abteilungstür auf, ein langer Flur, von dem zu beiden Seiten Diensträume abgehen, und bleibt stehen. Verdreckter grünlich-grauer Anstrich, kein Zweifel, hier ist man bei der französischen Polizei. Aber dies ist eine andere Welt als das Sittendezernat. Männer, ein paar Frauen, jung, gut gekleidet, gehen von Büro zu Büro, verständigen sich lauthals, lachen, die Hände voll mit Champagnerflaschen, Pastetenterrinen, einer kommt mit einer Steige Kirschen, ein anderer bringt einen Armvoll Baguettes. Übertriebene Demonstration von Feststimmung am Rande der Hysterie. Eine Blondine steigt auf einen Tisch und nimmt einen Vorhang ab, der sich prima als Tischdecke machen wird. Kurzer Rock, hübsche Beine, draller Hintern, stimulierend. Rückblende: im *Capucin*, Angélique von hinten, nackt, hebt die Arme, steigt auf die Zehenspitzen, der Hintern nichts als Muskeln, um an eine Flasche ganz oben auf einem Schrank heranzukommen. Domecq bekommt eine Erektion.

»Suchen Sie jemanden?«

»Ich bin mit Inspecteur Jacques Ricout verabredet.«

»Ein Stück weiter im Inspektorenzimmer, Raum 37, und wenn er da nicht ist, gehen Sie durch die Tür ganz hinten und sehen in Raum 36 nach.«

In Raum 36 herrscht Gedränge. Zwei große, schwere Holztische sind auf beiden Seiten des Raums an die Wände geschoben worden, in die mehrere Eisenringe eingelassen sind. Um die Gefangenen festzuketten. Die hübsche Blonde deckt gerade ihren weißen Vorhang über das abgenutzte, ramponierte, stellenweise dunkelfleckige Holz. Getrocknetes Blut. Champagnerkorken knallen, der Schaum läuft über das getrocknete Blut und rötet sich leicht, die Tische füllen sich mit Lebensmitteln, ein Mann, sehr dandyhaft in seinem gestreiften Anzug, weißer Seidenschal à la Sacha Guitry um den Hals, hebt sein Glas: »Auf die künftigen zum Tode Verurteilten.«

»Auf uns«, antwortet die Menge im Chor.

»Auf dass wir eines natürlichen Todes sterben«, ertönt eine tiefe Stimme aus einer Ecke.

Dann wird angestoßen. Ohne Domecq, der den Becher, den ein Unbekannter ihm gereicht hat, nicht genommen hat. Mit seiner zugeschnürten Kehle könnte er sowieso nicht schlucken.

»Inspecteur Jacques Ricout. Ich glaube, du suchst mich?«

Das Ebenbild seines Bruders, nur reifer. Erleichterung. Ricout nimmt ihn am Arm und zieht ihn auf den Flur.

»Wir feiern auf unsere Art das erste Jubiläum der Landung der Engländer und Amerikaner. Schon eine Woche, und sie wurden noch nicht ins Meer zurückgeworfen. Dann werden sie's auch jetzt nicht mehr ... Uns allen in dieser Abteilung ist der Tod sicher, aber was soll's ... Komm mit ins Inspektorenzimmer, da haben wir mehr Ruhe.«

Sie setzen sich in den leeren Raum. Die Party ist nur noch fernes Stimmengewirr.

»Sag mir erst mal, warum du dich für besagten Benezet interessierst.«

»Meiner Meinung nach könnte er gemeinsam mit einem ranghohen Gestapomann in die verdeckte Übernahme von Pariser Nachclubs verwickelt sein. Genügt dir das?«

Ein Moment vergeht. »Das haut unter Umständen hin.« Er schiebt ihm ein paar doppelt gefaltete Zettel hin. »Das ist ein Auszug aus seiner Akte, den mir ein Freund aus der nachrichtendienstlichen Einheit besorgt hat. Absolute Diskretion, das muss ich wohl nicht betonen?«

»Musst du nicht. Danke.«

Wieder der Flur. Die Tür zur Abteilung wird aufgestoßen, eine kompakte Gruppe von drei Männern um die fünfzig, groß, korpulent, nach hinten gestrichenes Haar, dunkle Dreiteiler, Abzeichen der Ehrenlegion, weiße Hemden, dunkle Krawatten, kommt mit großen Schritten und undurchdringlichen Mienen heran. Die Chefs. Jacques Ricout drückt sich gegen die Wand. Die Gruppe macht Halt. Bussière, der Polizeipräfekt, dem er bei Dora Belle begegnet ist, wirft Domecq einen tödlichen Blick zu.

»Was haben Sie in dieser Abteilung verloren? Ständig dort, wo Sie nicht hingehören.«

Dann setzt die Gruppe ihren Weg fort, durch die Schwingtür, in Raum 36 ist es schlagartig still. Jacques Ricout löst sich von der Wand.

»Hau ab, solange der Weg frei ist.«

Domecq verlässt die Polizeipräfektur und läuft im Sturmschritt nach Hause in die Rue d'Assas. Fängt langsam wieder an zu atmen.

Eingeschlossen in das kleine Zimmer liegt er auf dem Bett, liest die vier mit großer Federschrift bedeckten Karopapierseiten, blaue Tinte, bedächtige Auf- und Abstriche. Aus der Originalakte abgeschriebene Informationen. Vorsortiert, manipuliert? Der diskrete Charme von Polizeiquellen. Das getrocknete Blut auf dem Tisch, vom Champagnerschaum wieder aufgefrischt, die Beine der Blondine, Angéliques Hintern, die tiefe Stimme: Auf dass wir eines natürlichen Todes sterben, sich konzentrieren fällt schwer.

Benezet, Antoine, geboren 1869 in Paris, Vater Amerikaner, Diplomat mit Einsatzort Paris (Nachfahr eines französischen Offiziers des Lafayette'schen Expeditionskorps, der in den Vereinigten Staaten hängengeblieben war), Mutter Französin, Tänzerin an der Oper. Zunächst amerikanischer Staatsbürger, studiert Jura in den Vereinigten Staaten, wo er sich niederlässt. Berufliche Tätigkeit: Bankier. Reist sehr häufig nach Europa, insbesondere nach Frankreich. 1914 wird er zum Botschaftsattaché der Vereinigten Staaten in Paris ernannt. Nach Kriegsende lässt er sich dauerhaft in Paris nieder und erhält die doppelte Staatsbürgerschaft.

Domecq hält einen Moment inne. Ein unter Napoleon III. in Paris geborener Amerikaner namens Antoine Benezet. Ist ja wohl ein Witz. Mutter Tänzerin, schon ist Angéliques Hintern wieder da. Reiß dich am Riemen. Der Tag geht zur Neige. Er steht auf, schließt die Vorhänge, macht Licht und liest weiter.

Benezet eröffnet eine internationale Wirtschaftskanzlei mit Schwerpunkt franko-amerikanische Beziehungen. Bevorzugte Geschäftsfelder: der internationale Baumwollhandel und die Automobilindustrie. Er ist außerdem Verwalter von in Frankreich angelegten amerikanischen Privatvermögen. Benezet ist Kapitaleigner der Zeitschrift L'Auto, *wodurch er die Interessen der amerikanischen Automobilindustrie wahren kann und Kontakt zum Pressekonzern von Raymond Patenôtre hat.*

Domecq setzt sich aufrecht hin. Achtung. Raymond Patenôtre ist kein kleines Licht. Milliardär, Chef eines riesigen Pressekonzerns, steht ebenfalls den Amerikanern sehr nahe und gehört zu den tragenden Säulen einer umfassenden Kollaboration mit Deutschland. Sehr selten bei Dora Belle getroffen, weil er sich in diesen unsicheren Zeiten lieber in Sicherheit an der Côte d'Azur aufhält, ein vorsichtiger Mensch, sagen die einen, ein Hasenfuß die anderen. Aber er ist persönlich mit Bauer befreundet, der ihn regelmäßig in Südfrankreich besucht, um Informationen und Einschätzungen von ihm einzuholen. Der Fall Benezet wird richtig interessant. Vertieft sich wieder in seine Lektüre, nun endlich hochkonzentriert.

Über Patenôtre, vor 1940 Abgeordneter und Bürgermeister von Rambouillet, kam Benezet mit zahlreichen französischen Politikern in Kontakt, vom links-liberalen Parti radical bis hin zu verschiedenen Parteien der parlamentarischen Rechten … Also Laval. *1938 und 1939 befürwortete er die Appeasement-Politik gegenüber Deutschland. Im Mai und Juni 1940 hielt er sich in den Vereinigten Staaten auf. Er nahm an dem Galadiner teil, das die in New York ansässigen deutschen Wirtschaftsver-*

treter am 26. Juni 1940 für ihre amerikanischen Kollegen im Waldorf Astoria *ausrichteten, um den deutschen Sieg über Frankreich zu feiern. Als einziger Franzose. Vermutlich wegen seiner amerikanischen Staatsbürgerschaft. Er saß an einem Tisch mit einigen seiner wichtigsten Klienten, darunter James Mooney von General Motors, Henry Ford und der Milliardär Strassburger. Wenig später kehrt er nach Frankreich zurück und verwaltet bis heute mit dem Segen der deutschen Behörden die in Europa angelegten Vermögensgüter seiner amerikanischen Klienten.*

Benezet ist auch Kunstliebhaber und besitzt eine hübsche Sammlung von Gemälden französischer Impressionisten. Seine Kanzlei spielt im Übrigen eine aktive Rolle im Kunsthandel zwischen Frankreich und den Vereinigten Staaten.

Kanzlei: Avenue des Champs-Élysées 140. Privatadresse: Avenue Henri-Martin 50.

Innehalten. Die Informationen sacken lassen. Kaffee. Benezet: ein großer Fisch. Und ganz verschiedene Fährten. Amerikaner, Deutsche, Laval: Zurzeit sind alle Kombinationen denkbar. London: eilt.

Faltet die vier Blätter sorgfältig zusammen und steckt sie unters Dielenbrett, zu denen über Chaves. Zehn Uhr abends. Gerade noch Zeit, wieder nach Pigalle zu spurten. Im *Capucin* muss für Angélique inzwischen ein Ersatz da sein.

6

Mittwoch, 14. Juni

Im Osten haben die sowjetischen Truppen die finnischen Linien durchbrochen und dringen tief nach Karelien vor.

Im Inspektorenzimmer des Sittendezernats ist es morgens gegen zehn sehr ruhig. Ricout hat einen Kuchen mitgebracht, Geschenk eines entfernten bretonischen Cousins. Er breitet eine rot-weiß karierte Serviette auf Domecqs Schreibtisch aus, holt ein Taschenmesser hervor und schneidet den Kuchen auf, der mächtig krümelt, unter seiner braunen Kruste ist er tiefgelb und macht Fettfinger. Es müssen Eier und Butter im Teig sein. Sie essen schweigend eine Scheibe nach der anderen, klauben dann Krümel um Krümel von der Serviette, während sie von einem Loire-Weißwein träumen und Wasser trinken. Ricout wirkt optimistisch.

»Ich rekapituliere: die gestohlenen Flaschen, die wir von den Bordellen und Nachtclubs zurückverfolgt haben, der verwüstete Gould'sche Weinkeller, die Aussage der Nachbarin, die Lkws, mit denen das Ding gedreht wurde. Wir können die Akte abschließen und dem Chef vorlegen.«

»Ich glaube, da täuschst du dich. Die Betreiber der Nachtclubs werden nicht aussagen. Sie sind bereit, mit uns zu reden, weil wir harmlose nette Burschen sind und weil man es sich für die Zukunft nicht verderben darf. Aber dass sie gegen Deslauriers oder Lafont aussagen, davon brauchst du nicht zu träumen. Die Nachbarin wird auch nicht aussagen. Was bleibt uns dann? Der zerstörte Keller? Was wettest du, dass die Gould keine Anzeige erstattet? Die übertünchten Lastwagen. Aber nichts beweist, dass sie bei dem Coup benutzt wurden. Meiner Meinung nach müssen wir zwei oder drei Fahrer auftreiben, die zu einer Aussage bereit sind. Dann wäre das Ganze stichhaltiger, und der Chef wäre gezwungen zu reagieren.«

Ricout übernimmt das Abklappern der Fahrer, Domecq hat anderweitig zu tun. Er muss sich um seine Spitzel kümmern, sagt er.

Alles sammeln, was über Benezet im Umlauf ist. Besuch beim Kommissariat des 16. Arrondissements. Domecq fühlt sich heimisch. Wie bei der Sitte glaubt man sich auch hier im Dornröschenschloss. In fast allen Straßen des Arrondissements gibt es ein oder mehrere von den Deutschen requirierte Gebäude, Wachsoldaten, bewaffnete Männer, Patrouillen. Die deutsche Präsenz schreckt ab. Keine Kleinganoven mehr, die alten Damen die Handtasche klauen. Was die anderen angeht … Kurz, es herrscht Ordnung, und die Polizisten schlagen die Zeit tot.

Domecq findet daher mühelos einen Brigadier, der gern bereit ist, ausführlich über das Leben im Viertel zu plaudern, und der Benezet gut kennt. »Vor dem Krieg zahlte er regelmäßig Beiträge an das Hilfswerk für Polizeiwaisen. Inzwischen ist das aus der Mode. Komisch, dass Sie auf ihn zu sprechen kommen, nachdem er gerade vor ein paar Tagen hier war … ja, genau zwei Tage ist das her. Eine Wut hatte der … Er hat Anzeige erstattet. Angeblich hat man ihm vierzehn Gemälde gestohlen. Er hatte sie aufgelistet, machte detaillierte Angaben …« Er sucht in einer dürren Akte – »Da ist sie ja« –, reicht Domecq eine getippte Liste der Gemälde, Titel des Werks, Name des Künstlers, Kaufdatum, Name des zu Rate gezogenen Sachverständigen. »Und zwei Stunden später kam er wieder, nein, es sei ein Irrtum, es habe sich alles wieder angefunden.« Mit einem gutmütigen Lächeln kommt der Brigadier zu dem Schluss: »Wahrscheinlich irgendeine Schutzgelderpressung, und er hat gezahlt. Sie wissen ja, wie die Zeiten sind.«

Dora trägt ein nachtblaues Kostüm, langschößige Jacke und kurzer Plisseerock, einen dezenten Hut und farblich passende lange Handschuhe aus feinem Leder, eine hinreißende Spätnachmittagsgarderobe. Bei ihr untergehakt Domecq in seiner ewig gleichen Montur aus Khakihose, Khakihemd und beiger Jacke. Nicht Doras Niveau. Aber die misst dem keinerlei Bedeutung bei. Und in gewissem Sinn kränkt Domecq das. Sie kommen von Dora und gehen Richtung Champs-Élysées, zum *Cinéma Le Balzac*, dort läuft *L'Île d'amour*, und Dora hat Jocelyne Gaël, die neben Tino Rossi die Hauptrolle spielt, neulich Abend versprochen, sie sich anzusehen.

Das Paar kommt an der Zweigstelle der Rue Lauriston vorbei, Place des États-Unis 3a. Der Ort, wo Lafonts Bande ihre Gefangenen in den meisten Fällen foltert, der Ort, wo sie sie einkerkert. Das kleine Gebäude wirkt verlassen. Drinnen rührt sich nichts, die Haustür steht halb offen, kein Bewaffneter hält auf dem Gehweg Wache. Dora verlangsamt ihren Schritt, wirft einen verstohlenen Blick in den leeren, dunklen Eingang.

»Es steht nicht gut um Lafont …«

Ihr nicht reinreden, niemals Fragen stellen, an diese Regel hält er sich bedingungslos.

»René war wütend auf ihn. Es ging um gestohlene Gemälde« – Domecq schafft es, nicht zusammenzuzucken –, »um Übergriffe auf sein Territorium.« Ein Lächeln. »Eine Männersache, du weißt schon. Er hat sich mit ihm getroffen, und als er zurückkam, war er überzeugt, dass Henri erledigt ist.«

Er zieht sie weiter, schweigend setzen sie ihren Weg fort.

Sie bleibt stehen, sieht zu ihm hoch, genau in die Sonne, ihm in die Augen, ein ungekünstelter, direkter Blick, in dem leichte Verwunderung liegt. »Es berührt ihn viel mehr, als er zugeben will. Und das schmerzt mich.«

»Beeilen wir uns. Dein Freund Tino Rossi als Bandit aus Liebe, der korsische Liedchen trällert, das möchte ich mir nicht entgehen lassen.«

Donnerstag, 15. Juni

An der Normandiefront rücken die amerikanischen Truppen auf der Halbinsel Cotentin langsam vor. Caen ist weiterhin heftig umkämpft. General de Gaulle hat die befreiten Städte Bayeux und Isigny besucht.

Domecq steht nackt vor einem kleinen runden Spiegel, den er ins Abtropfgestell über dem Spülstein gesteckt hat, und rasiert sich. Kaltes Wasser, kein Strom. Das Seifenstück ist mickrig und schäumt nicht. Die Gesichtshaut schält sich und brennt. Draußen leichter Nieselregen. Blöder Tag. Tritt dichter an den Spiegel heran. 35 Jahre. Eine tiefe Falte im Augenwinkel, jetzt schon. Alternder Mädchenschwarm. Siehst aus wie ein schmarotzender Zuhälter. Legt den Spiegel umgedreht in den Spülstein und zieht sich an.

Fassen wir zusammen. Was will ich? Dass Benezet anbeißt. Was er sicher tut, wenn ich seine Gemälde aufspüre. Laut Dora gestohlen von Lafont und ein paar von Deslauriers' Männern.

Verlässliche Quelle. Für mich gibt's nur einen Zugang zu Lafonts Bande: Chaves, genannt Feuernase, Nohants Spitzel, dessen Akte er mir hinterlassen hat.

Sechs vergilbte Blätter, von Nohant eigenhändig beschrieben. Michel Chaves, genannt Feuernase. Geboren 1913. Anlaufstelle in Paris: das Bordell in der Rue Fontaine, das seine Schwester betreibt, Noémi Chaves, die älter ist als er und ihn an Stelle der verstorbenen oder verschwundenen Mutter großgezogen hat. Was den Vater betrifft … Seit 1938 Nohants Spitzel. Ganz kleiner Ganove, bis er 1939 Abel Danos begegnet, mit dem zusammen er sich '39 und '40 an ein paar blutigen Raubüberfällen beteiligt. Er ist es, der Danos im Februar '41 wegen der Geschichte mit dem Überfall auf den Crédit Lyonnais und der Ermordung von zwei Kassierern an Kommissar Nohant verrät. Als Danos wenige Tage nach seiner Verhaftung von Lafont befreit wird, schließt er sich der Carlingue an, Lafonts Bande, und bringt Chaves mit, der auch weiterhin Nohants Informant bleibt. Mehr oder weniger … Sehr hitzig, neigt zu fürchterlichem Jähzorn (Kokain?), den Lafont bändigt, indem er mit der Pistole ein paar Millimeter neben seine Beine schießt. Strohdumm. Lafont setzt ihn als Killer ein. Bei seinem ersten Auftrag – ein Unternehmer aus Toulouse, der eine gelieferte Ware nicht bezahlt hatte – erschoss Chaves einen Unbekannten. Lafont bemerkte den Irrtum erst zwei Wochen später. Seither hat Chaves es sich zur Gewohnheit gemacht, den Kopf der exekutierten Person zwecks Überprüfung mitzubringen. Auf sein Konto gehen rund hundert Morde in nicht mal zwei Jahren. War im Juli '43 auch an der Verhaftung von Geneviève de Gaulle beteiligt und an der Zerschlagung der Widerstandsgruppe Défense de la France, der sie angehörte.

Das dürfte er inzwischen für einen Fehler halten.

Er ist ein gefährlicher Kerl.

Was weiß ich noch? Meiner Meinung nach ist er es, der '43 Nohant und seine Kollegen aus dem Widerstand an Lafont verraten hat, um einen lästigen Zeugen loszuwerden. Wenn Lafont oder Danos erfahren, dass er den Bullenspitzel gespielt hat, ist er ein toter Mann. Er war bei dem jämmerlichen Feldzug der Nordafrikanischen Brigade, Lafonts Privatarmee, gegen den Maquis im Limousin dabei, ohne je einen Rang zu bekleiden. Lafonts Laden ist in Auflösung begriffen, das weiß er, und er ist nicht in der Position, sich das groß zunutze zu machen. Gut für mich. Riskant, aber machbar.

Bei dem Wetter lieber einen Regenmantel als die beige Jacke.

Rue Fontaine. Ein bürgerlich wirkendes, noch verschlafenes Haus. Ein Zimmermädchen in schwarzem Kleid und weißer Schürze öffnet Domecq die Tür und führt ihn in eine Bar im ersten Stock. Beim Eintreten verkündet er, er wolle im Auftrag von Kommissar Nohant mit Michel Chaves sprechen. Eine gemütliche Bar, Edelholz, dicker Teppichboden und niedrige Ledersessel. In einem dieser Sessel hat Chaves es sich in Pyjama und Pantoffeln bequem gemacht und trinkt Cognac. Nohants Geist wiederkehren zu sehen bereitet ihm sichtlich Unbehagen. Das ist ein gutes Zeichen. Ein untersetzter, massiger Mann, halb Fett, halb Muskeln, enorm dicker Hals, der übergangslos in Wangen voller geplatzter roter Äderchen mündet, konturloser Kiefer und in der Mitte des Gesichts eine große, leuchtend rote Nase, zweigeteilt durch eine tiefe Furche, weite Nasenlöcher wie bei einer Büffelschnauze, schwarze Äuglein, spitzer Schädel, der zwischen spärlichen und sehr kurzen Haaren hervorscheint. Der Mann der hundert Morde. Streng dich an.

»Ich kenne Sie nicht. Was wollen Sie von mir?«

Domecq zieht seinen nassen Regenmantel aus, legt ihn auf den Tresen, die Pistole gut sichtbar im Holster, und setzt sich auf einen Hocker, genau über Chaves, der etwas tiefer in seinen Sessel rutscht. »Können wir hier reden?«

Chaves nickt.

»Ich darf mich vorstellen. Inspecteur Domecq. Als Kommissar Nohant verhaftet wurde, habe ich seine Akten übernommen.«

Chaves hat sehr glänzende, starre Augen. Pass auf, er gilt als dumm, aber Intelligenz ist äußerst relativ, unterschätz den Burschen nicht.

»Wie kommt es, dass ich Sie in dieser ganzen Zeit nicht ein Mal gesehen habe?«

»Ich habe dir nie getraut. Ich glaube, hinter der Razzia im *Café Zimmer* steckst du.«

»Warum kommen Sie zu mir und erzählen mir das?«

»Weil sich die Zeiten sehr geändert haben und du das genau weißt. Die Rue Lauriston geht den Bach runter. Und deine Lage ist nicht rosig. Bei der Nordafrikanischen Brigade warst du deinen Chefs gerade mal gut genug fürs Schießen, aber Beförderungen gab's keine, und auch nicht die damit verbundenen Vergünstigungen.« Chaves faltet die Hände im Schoß, angespannt, Blick unverändert starr. »Danos hat sich davongemacht, ohne dir eine Adresse zu hinterlassen. Das Kokain, ein dickes Geschäft, das auch noch laufen wird, wenn der Krieg vorbei ist, ist an Clavié und Villaplana gegangen, nicht an dich.«

»Sie sind gut informiert.« Die Fingerknöchel sind weiß. Einmal mehr steigt unbändige Verbitterung in ihm hoch. »Der Chef hat mir 50 000 Franc rübergeschoben. Als Demobilisierungsprämie, hat er gesagt. 50 000 Franc ... Wenn man an die Hunderte von Millionen denkt, die wir ihm für die Carlingue eingetrieben haben ...«

Dann igelt er sich wieder ein, kauert reglos. Du musst ihn aufscheuchen.

»Wenn er wüsste, dass du Danos '41 an Nohant verraten hast, hättest du keine 50 000 Franc gekriegt, sondern zwei Kugeln in den Pelz.« Treffer. Ein Moment vergeht. »Doch das ist jetzt Vergangenheit. Die Alliierten kommen, es ist nur eine Frage von Tagen oder Wochen, und deshalb rechnet Lafont, der ein schlauer Junge ist, jetzt ab. Könnte also sein, dass du mich bald brauchst.«

Chaves schiebt seine Füße im langsamen Wechsel auf dem Boden hin und her. »Was wollen Sie?«

»Hat die Carlingue die Gemälde eines gewissen Benezet gestohlen, Avenue Henri-Martin 50?«

»Nicht wirklich gestohlen. Man hat die Bestellung geliefert, die man zuvor in einer leerstehenden und offenen Wohnung abgeholt hat.«

»Wer hat die Bestellung aufgegeben?« Ein Name, und du verfällst in deine alten Spitzelgewohnheiten. Vorgebeugt, mit Nachdruck: »Wer, Chaves?«

»Hauptmann Bender, früher bei der Abwehr. Wir haben damals viel mit ihm zusammengearbeitet. Jetzt ist er im Führungsstab der Wehrmacht, aber seine Methoden sind noch die gleichen.«

Bravo, Spitzeldresseur Nohant.

»Wohin hast du sie geliefert?«

»Ins *Lutetia*, wie üblich, wenn wir mit Bender zusammenarbeiten.«

Domecq sieht die hohe Hotelfassade an der Ecke Raspail und Rue de Sèvres vor sich, weithin sichtbar, mächtig viel Dekor, Hakenkreuzfahnen an den Balkonen der oberen Stockwerke, bewaffnete Soldaten auf dem Platz, in den Straßen, an allen Ausgängen.

Langsam kommt Leben in Chaves, in den Augenwinkeln wird ein Lächeln sichtbar. »Soll ich hingehen und sie Ihnen wiederholen?«

Fragwürdiger Scherz? Domecq schweigt und wartet ab.

»Das kann ich nämlich. Ich habe meinen Gestapoausweis, und der macht Eindruck auf die Wehrmacht. Ich brauche aber Sicherheiten.«

»Ich höre.«

»Ich habe Nohant nicht verraten. Sie haben mich vorhin bloß veräppelt.«

»Einverstanden. Ich habe dich veräppelt.«

»Und dann werde ich in den nächsten Tagen vielleicht verreisen, warten, dass die Aufregung sich legt. Passen Sie auf meine Schwester auf. Dies ist ein gutes Haus. Ihr darf nichts geschehen.«

»Einverstanden. Ich kümmere mich darum.«

»Gut. Kommen Sie morgen Abend wieder her. Wenn Ihre Gemälde noch in Frankreich sind, bringe ich sie Ihnen zurück.«

Domecq verlässt Chaves mit blankliegenden Nerven und einem Gefühl der Erschöpfung. Ein Killer, der ganz wie einer aussieht, ein unkontrollierbarer Verräter. Wie konnte ich an so eine Type herantreten? Fährt sich mit der Hand durchs strubbelig getrocknete Haar. Sämtliche Schädelnerven tun ihm weh. Es regnet nicht mehr. Ein Seiltänzer auf seinem Draht zwischen den beiden Türmen der Notre-Dame, der plötzlich das Gefühl hat, nicht mehr zu wissen, wie man einen Fuß vor den anderen setzt.

Das *Capucin* ist nicht weit, und die blonde Lily hat die Nachfolge der blonden Angélique angetreten. Mit ihr eine Zeitlang weniger einsam sein, weil sich die Körper berühren, im selben Zimmer, im selben Bett, sie sind zwei und sie reagieren aufeinander. Und die Bewegungen rufen andere Bewegungen wach, andere Momente rauschhafter Liebe, wilder Lust. Lilys Brüste streicheln heißt mich an die Brüste meiner Liebsten erinnern, wie sie sich aufrichteten, unter meinen

Lippen, unter meinen Fingern erbebten, mein Geschlecht in deinem, unsere Münder vereint, gemeinsam diese Leidenschaft, Erschütterung, Glut, und dann der tiefe Frieden der nebeneinanderliegenden Körper. Mit Lily, Angélique, all den andern, versuche ich, Liebste, die Erinnerung an deinen Körper wachzurufen, an dich überhaupt, die der Krieg mir nahm. Oder aber du hast mich verlassen. Wie kann ich das wissen? Und es spielt auch keine Rolle. Egal was ich tue, die Erinnerung verblasst mit jeder Wiederholung, meine Bewegungen werden immer mechanischer, immer ausdrucksloser. Mein Weg führt in die Wüste.

Er drückt die Tür des *Capucin* auf. Spätestens in einer halben Stunde spüre ich meine Schädelnerven nicht mehr. Dann bin ich wieder ruhig. Wir sind im Krieg. Was will ich da mehr?

Freitag, 16. Juni

Innerhalb von drei Tagen wurden 244 V1 auf London abgefeuert. Die Schäden sind gravierend. Churchill erklärt: »Das Unpersönliche der neuen Waffe hat etwas Deprimierendes.«

Die »Firma Chaves« hat zwei Citroëns gemietet. Michel fährt den ersten, Noémi den zweiten, und die Mädchen haben sich so gut es ging hineingequetscht. Fahrtziel *Lutetia*, Dienstboteneingang. Straßensperren, Kontrollen, die »Firma Chaves« ist nicht nur »autorisiert«, sondern wird erwartet und feierlich empfangen. Frühling '42, die schönste Zeit der Besatzung, die Blütezeit der Carlingue. Leichter verdientes Geld, glanzvollere Feste. Die Männer der Abwehr kontrollierten den Schwarzmarkt. Chaves, nicht arbeitsscheu, anständiger kleiner Killer, allseits geschätzt, hatte damals einen Außer-Haus-Vertrag unterbreitet. Einmal pro Woche kutschierte er Noémis Huren ins *Lutetia*, damit sie dort die einfachen Soldaten hernahmen, die das riesige Hotel bevölkerten. Das war weit besser als die Schlachthöfe von Montmartre, und alle kamen auf ihre Kosten, allen voran Feuernase und seine Schwester. Als dann die Kontrolle über den Schwarzmarkt und die französischen Hilfskräfte an die SS überging, wurde an den Absprachen nicht gerüttelt. Die »Firma Chaves« bereitete den Landsern im *Lutetia* auch weiterhin schöne Stunden.

Das hohe Eisentor wird vom Wachposten, der die Damen begrüßt, zur Seite gerollt, und die beiden Citroëns parken in einem überdachten kleinen Hof, von dem die Vorratslager, die verschiedenen Betriebsräume, Keller und weitere Wirtschaftsgelasse abgehen. Die Damen steigen aus, strecken sich lachend. Noémi zählt ihre Schäfchen, dann geht's an die Arbeit. Für die »Firma Chaves« sind zwei kleine Zimmer reserviert. Eins für die, die's klassisch machen, ein Mann, eine Frau, keine Zuschauer, schnelle Wichsnummer, zwei Betten mit einer Trennwand dazwischen. Im andern diejenigen, die es, so die auf Ertrag bedachte Noémi, »à la Parisienne« machen, gruppenweise. Der Durchsatz ist höher, aber die Mädchen müssen sich mehr verausgaben. Etwa dreißig Soldaten stehen bei Noémi, die gelassen lächelnd alles im Blick hat, reißen Witze und drängen sich vor den Türen.

Chaves strebt durch einen menschenleeren Flur zu den Betriebsräumen. Eine Tür. Er klopft zweimal lang, dreimal kurz. Riegelgeräusch, die Tür geht auf, ein deutscher Soldat in Arbeitskleidung, kurze Umarmung, Chaves tritt ein, die Tür schließt sich hinter ihm. Eine Tischlerei. Hier werden die Kisten, die Spezialverpackungen hergestellt für die unzähligen

Dinge, die sich die Abwehr unter den Nagel gerissen hat und die jetzt nach Deutschland wandern.

»Lass uns schnell machen«, sagt Chaves, »ich muss mich mit den Mädchen zeigen. Hast du die Bilder aufgetrieben?«

Der Tischler führt ihn zu einer hohen schmalen Kiste, die in vierzehn Fächer unterteilt ist, in jedem Fach eine Papprolle mit einer zusammengerollten Leinwand darin. »Die soll dieser Tage verschickt werden. Wie willst du die Bilder hier rauskriegen?«

»Ich hab da so eine Idee.«

Man hört jemanden auf Deutsch im Hotelflur herumbrüllen.

»Ein niedriger Dienstgrad, frisch von der Ostfront. Er hat sich noch nicht eingewöhnt. Und die Chefs haben ihn wohl nicht über euren Besuch informiert. Wie es aussieht, ist der Krieg im Osten nicht derselbe wie hier. Sieh dich vor.«

»Darum kümmert sich Noémi schon.« Das Gebrüll hört auf. »Mach die Rollen fertig.«

Chaves stiehlt sich in eine kleine Küche gegenüber der Tischlerei, in der sich gerade niemand aufhält. Ein Servierwagen, ein darübergeworfenes langes weißes Tischtuch, Gläser. Er schiebt ihn in die Tischlerei. Die gerollten Leinwände werden unten in dem Wagen verstaut, mit der Decke verhängt.

»Guck mal.« Aus einem Berg Hobelspäne am Fuß der Werkbank holt der Tischler eine Diamantgarnitur hervor, Collier, Ohrringe, Armband, prachtvoll.

Chaves stößt einen Pfiff aus. »Diesmal hast du dich selbst übertroffen.«

»Halbe-halbe, wie gehabt.«

Die Diamanten verschwinden in Chaves' Taschen.

»Wirst du keinen Ärger kriegen?«

»Ach was. Es gab einen ganzen Haufen von dem Zeug und nicht mal ein Inventar. Da machen die Bilder vielleicht schon eher Probleme. Die Kiste wird leer auf Reisen gehen, und ich habe sie extra instabil gebaut, damit sie beim Transport auseinanderfliegt. Mit ein bisschen Glück …«

Chaves geht und schiebt seinen Servierwagen zu den Spermakloaken der deutschen Garnison, stellt ihn genau neben die Ausgangstür, darauf ein paar Flaschen Cognac, die er zu diesem Zweck mitgebracht hat. Ein kleiner Schluck zur Stärkung vor oder nach dem Fick, und schon sieht alles nicht mehr so deprimierend aus.

Beim Aufbruch bleibt Noémi mit dem Fuß in einem am Boden liegenden Koppel hängen, knickt um und jammert wie in einem Boulevardstück. Mit Unterstützung der Mädchen setzt Chaves sie auf den Servierwagen und schiebt sie bis zu den Autos. Die Mädchen drängen sich um das Vehikel, alle helfen, die Puffmutter auf die Rückbank eines der Citroëns zu befördern. In dem Gewühl wandern die Leinwandrollen ungehindert in die hinteren Fußräume, und eins der Mädchen rutscht für Noémi hinters Steuer. Die Karawane setzt sich in Bewegung, zurück bleiben leere Cognacflaschen und Kriegserinnerungen.

»Bis nächste Woche, Männer …«

»Wenn wir dann noch da sind«, brummt einer der Soldaten.

In Ambres großem Zimmer, dessen offene Fenster zum Garten hinausgehen, sitzen sie und François sich an dem quadratischen, mit Büchern und Heften bedeckten Tisch gegenüber und arbeiten. Sie, im vorletzten Jahr an der Klosterschule des Couvent des Oiseaux, über die *Lettres* der Marquise de Sévigné gebeugt, lässt ihre Gedanken schweifen. Er, Jesuitenschüler an der École Loyola und kurz vor seinem Abschluss mit Schwerpunkt Mathematik, feilt an einer eleganten Lösung eines rechnerischen Problems. Er blickt auf, sieht auf seine Uhr: Es ist vier.

»Um wie viel Uhr kommt deine Mutter zurück? Ich habe keine Lust, ihr zu begegnen.«

»Sie ist bei einer Modenschau, eine extrem zeitraubende Betätigung, vor sechs wird sie nicht hier sein.«

»Das passt, ich bin fast fertig.«

Er vertieft sich wieder in seine Mathematik, sie schaut aus dem Fenster.

»Ich male mir gerade aus, wie sie mit ein paar ihrer Freundinnen, Nutten wie sie, Champagner trinkt und über die Modetrends des nächsten Winters plaudert. Der nächste Winter!!!« Ein Moment vergeht. Heiser: »Ich hasse meine Mutter. Aus tiefstem Herzen.«

François steht auf, geht um den Tisch herum, nimmt sie in seine Arme. »Ich weiß. Glaubst du, ich habe Achtung vor meinem Vater?« Ihr Kopf in seiner Schulterbeuge, fährt er ihr mit der Hand durchs Haar. »Du darfst nicht verzweifelt sein, gerade jetzt nicht.« Ein Moment vergeht. »Ich sag's dir einfach, ich habe mich diese Woche einer Widerstandsgruppe angeschlossen.«

Sie richtet sich auf, sieht ihn an, ihr Herz pumpt wie wild, ihr Gesicht glüht. »Du hast es getan. Ich wollte doch auch so gern …«

Sie nähert sich mit ihren Lippen seinem Mund, Kuss, pochende Schläfen. Kämpfen, all das hinwegfegen. Eine neue Welt. Und eins wird jetzt sofort erledigt. Lächelnd löst sie sich von ihm und steht auf, öffnet ihre Bluse, streift ihren Büstenhalter ab, François blickt sprachlos auf den glatten, runden, noch kaum entwickelten Busen mit den rosa Brustwarzen. Sie lässt ihren Rock hinabgleiten, ihr Höschen, kupferblonde Behaarung blitzt auf, und springt, sich das Laken über den Kopf ziehend, ins Bett, Körper verkrampft, trommelndes Herz, hin- und hergerissen zwischen Neugier und Angst. Er kommt zu ihr unters Betttuch. Die nackten Körper sind schnell von

Schweißtröpfchen bedeckt, streifen sich, meiden sich. Sie schließt die Augen, um sein Geschlecht nicht zu sehen. Scheu, Unbeholfenheit, er dringt sehr schnell in sie ein, brennender Schmerz, ein Reißen in ihrem Bauch, sie war darauf gefasst, erstickt einen Schrei mit ihrem Arm. François bewegt sich, den Kopf in ihrem Haar vergraben, er scheint ihr kilometerweit weg, sie selbst empfindet nichts, Körper eisstarr, nur dieser leise ziehende Schmerz im Bauch, nicht einmal stark, er röchelt halblaut, fällt dann auf sie, einen Moment reglos, bevor er sich zur Seite rollt und ihr einen Schwall von Worten ins Ohr flüstert, von denen sie nicht eins versteht. Sie lächelt ihn tapfer an, wickelt sich ins Laken und schließt die Augen.

»Geh jetzt. Dora könnte zurückkommen.«

Und sie bleibt auf dem Rücken liegen, in dem mit Schweiß, Blut, Sperma getränkten Laken, und betrachtet durchs Fenster die Baumwipfel. Das ist also Liebe machen. Ein Betrug. Dora weiß das, Dora lebt davon, und sie hat mir nichts gesagt. Sie ist für diesen ganzen Mist verantwortlich.

Mit Tränen in den Augen schläft sie ein.

7

Montag, 19. Juni

An der Normandiefront haben die Amerikaner die Westküste des Cotentin erreicht. 40 000 deutsche Soldaten sind in der Nähe des Tiefseehafens Cherbourg im Norden der Halbinsel eingeschlossen. Der Sturm hat die künstlichen Häfen der Alliierten schwer beschädigt. Caen ist immer noch in deutscher Hand.
Im Osten nehmen die sowjetischen Truppen an der Nordfront Wyborg ein.

Domecq hat seine Kleidung mit Bedacht gewählt, weißes Hemd, blaue Krawatte, zur Jacke passende beige Stoffhose. Eine Garderobe, die er für besondere Anlässe in petto hat. Und viel Pomade, um das schwarze Haar zu bändigen. Nur die ausgetretenen Schuhe sind zum Gotterbarmen. Als er bei Benezet klingelt, öffnet ihm eine kleine, junge Brünette.

»Französische Polizei.« Er zeigt ihr seinen Ausweis, den sie nicht ansieht. »Monsieur Benezet hat wegen eines Gemäldediebstahls Anzeige erstattet. Kann er mich empfangen?«

»Einen Moment, bitte.«

Sie führt ihn in die Diele und verschwindet durch die Tür zur Linken. Domecq öffnet rasch die zur Rechten, langer Flur, halboffene Türen, Dunkelheit, dieser Teil ist unbewohnt. Benezet. Ein Greis, üppiges weißes Haar, buschige weiße Brauen, tief in den Falten liegende, pechschwarz glänzende Augen, die sauber rasierte rosige Haut vom Alter gezeichnet, aber nicht schlaff. Der Mann ist ein wenig krumm, sein Gang langsam, schlurfend, aber nicht zögernd, eine stattliche Erscheinung. Er mustert Domecq eingehend, beschnuppert ihn fast, ohne ein Wort.

»Inspecteur Domecq.« Er reicht ihm seinen Ausweis, den der Alte einen Moment lang betrachtet, bevor er ihn zurückgibt. »Vom Sittendezernat.«

»Bitte, kommen Sie herein.«

Er führt ihn in den Salon, weist ihm eine Sitzgelegenheit zu, setzt sich ihm gegenüber, ohne ein Wort, ohne ihn aus den Augen zu lassen. Reich ausgestatteter Bürgersalon, eine Anhäufung von Stilmöbeln und teuren Nippesfiguren, die Gemälde haben hellere Flächen an den Wänden hinterlassen. Komisches Gefühl, wie auf einer Zeitreise. Domecq sitzt in seinem Louis-XV-Sessel, Krawatte um den Hals, wie früher in den Kairoer Salons, früher, vor dem Krieg. Der Alte belauert ihn, kein einfacher Gesprächspartner.

»Vor etwa zwei Wochen wurden Ihnen Gemälde gestohlen.«

»Ich habe keine Anzeige erstattet, oder genauer gesagt, ich habe meine Anzeige zurückgezogen.«

»Ich bin in der Lage, sie Ihnen wiederzubeschaffen.«

Das Gesicht des Alten zittert, die Augen glänzen womöglich noch stärker. »Ich frage Sie nicht, wie Sie das anstellen würden, aber warum?«

»Um Ihnen meine Fähigkeiten zu demonstrieren und Ihr Vertrauen zu gewinnen.«

»Na, dann tun Sie das, junger Mann.«

Domecq steht auf, geht zum Fenster. Auf der Straße parkt ein schwarzer Citroën, am Steuer Chaves. Auf Domecqs Zeichen fährt er behutsam an und biegt in die Zufahrt ein.

»Veranlassen Sie, dass das Hoftor Ihres Hauses geöffnet wird.«

Ein paar Minuten später sind Benezet und Domecq zurück

im Salon, auf Sesseln, Tisch, Canapés liegen die entrollten Leinwände. Der Alte geht von einer zur nächsten, er berührt sie, den dicken Farbauftrag, die rauen Flächen, all die verborgenen Geschichten, die einsamen Empfindungen, sämtlich da, unversehrt. Er hat Tränen in den Augen. Bleibt vor Domecq stehen.

»Ist bekannt, dass ich sie wiederhabe?«

»Nein.«

»Gut. Ich werde sie so lange wie nötig verstecken.«

Er schiebt Domecq zu einem Canapé, räumt eine Leinwand beiseite, um etwas Platz zu schaffen, setzt sich neben ihn, legt ihm seine Hand auf den Arm, eine zitternde Hand.

»Erzählen Sie mir diese unglaubliche Geschichte.«

Verstecktes Lächeln. Jetzt hat er ihn am Haken. »Zumindest das, was ich Ihnen erzählen kann. Es war Lafont, der Deslauriers' Männer losgeschickt hat, um Ihre Gemälde zu stehlen, nicht Deslauriers selbst. Er handelte im Auftrag von Hauptmann Bender.«

So dicht neben ihm kann Benezet nicht verbergen, wie sein Gesicht erstarrt, der Mann ist überrascht, traurig. Bender steht ihm also nahe.

»Man hat sie im *Lutetia* abgeliefert, wo sie mit Zielort Deutschland verpackt wurden. Ich habe sie sichergestellt, und die Kiste wurde leer verschickt.«

Kurzes Schweigen. Der Alte fasst sich wieder, schätzt die Lage ein. »Wer sind Sie und was wollen Sie?«

»Ein Inspektor vom Sittendezernat. Und ich will wissen, warum Laval Deslauriers fünf Millionen für Ihre Freilassung gezahlt hat.«

»Was geht das Sittendezernat das an?«

»Müsste ich diese Frage beantworten, könnte ich Ihnen etwas von illegalem Kunsthandel, von Schutzgelderpressung oder zur Not auch von Rennen und Glücksspielen erzählen.

Da habe ich reichlich Auswahl. Ich bin allerdings nicht sicher, dass ich sie beantworten muss. Sie schulden mir Laval.«

»Den kann ich Ihnen ohne weiteres liefern. Will sagen, ohne mich allzu sehr in Kalamitäten zu bringen, wer auch immer Sie sind. Laval glaubt nicht mehr an den deutschen Sieg, das weiß jeder, sogar die Deutschen. Seine einzige Sorge besteht darin, im Rennen zu bleiben, wenn die Amerikaner eintreffen. Er bemüht sich verzweifelt, als Chef einer rechtmäßigen Regierung anerkannt zu werden – von jedem, der sich irgend dazu bereitfindet. Deshalb lenkt er heimlich und von fern verschiedene Komitees ehemaliger Abgeordneter der Republik und sucht die Nähe zu Herriot und Jeanneney, den Präsidenten der beiden 1940 von ihm aufgelösten Parlamentskammern. Herriot ist ein sehr guter Freund von mir, und ich habe seit seiner Internierung durch die Deutschen Kontakt zu ihm gehalten. Daher erhofft sich Laval, dass ich ihn dazu bringe, sein Spiel mitzuspielen. Und er ist offenbar der Ansicht, das sei fünf Millionen Franc wert. Aber es ist rausgeworfenes Geld. Ich werde Herriot nichts davon sagen. Laval ist bei allen unten durch, und ich lege keinen Wert darauf, wegen ihm ins Gerede zu kommen.« Eine Pause, dann erhebt er sich. »Ich hole etwas zu trinken.«

Im Vorbeigehen wandern seine Blicke, seine Fingerspitzen zärtlich über die Leinwände, dann kehrt er mit einer Flasche gut gekühltem Champagner und zwei sehr eleganten Kristallgläsern zurück.

»Das ist das Mindeste, um ihre Heimkehr zu feiern. Ich fange gerade erst an, mich an die Vorstellung zu gewöhnen.« Mit dem Glas in der Hand und einem frohen Lächeln lässt er sich aufs Canapé sinken. »Und nun raus mit der Sprache. Sie haben doch nicht Arsène Lupin gespielt, nur um von mir über Laval zu hören, was alle Welt schon weiß. Wie lauten also die anderen Fragen, junger Mann?«

»Als Deslauriers' Bande bei Ihnen aufgekreuzt ist, stieß sie auf einen amerikanischen Offizier, den sie an Bauer ausgeliefert hat. Und Sie nicht. Warum? Dieser amerikanische Offizier scheint sich bereit erklärt zu haben, mit Bauer und folglich mit der SS zusammenzuarbeiten. Er ist komfortabel in der Avenue Foch untergebracht, Bauer beschafft ihm Nutten und vögelt ihn dann und wann. Trotzdem sind Sie immer noch nicht beunruhigt. Hauptmann Bender, der zum Führungsstab der Wehrmacht gehört und dafür bekannt ist, dass er der SS, sagen wir, misstraut, ist ein guter Freund von Ihnen, was ihn nicht daran hindert, Ihnen Ihre Bilder zu stehlen. Und als Sie wiederum bei Ihrer Rückkehr aus dem Gefängnis feststellen, dass die Bilder gestohlen wurden, erstatten Sie keine Anzeige. Meine Fragen sind schlicht: Wer sind Sie, wer ist dieser amerikanische Offizier, welches Spiel spielen Sie, und wen decken Sie?«

Benezet denkt in Ruhe nach. »Ich bin erstaunt, wie umfassend Sie informiert sind, und ich meine zu verstehen, wo Sie auf der politischen Bühne von Paris einzuordnen sind. Aber Sie erwarten keine Antworten auf Ihre Fragen, nehme ich an?«

»Nein, nicht sofort natürlich. Ich habe mit meinen Vorgesetzten über Sie gesprochen. Denen sind Sie nicht ganz unbekannt. Ihnen zufolge gibt es in Paris einen Mann, dem Sie uneingeschränkt vertrauen und der sich für mich verbürgen kann. Suchen Sie ihn auf.«

»Also schön. Ich werde mit ihm reden. Kommen Sie in etwa einer Woche wieder zu mir. Nicht hierher. In mein Büro, Champs-Élysées 140. Dort herrscht ein ständiges Kommen und Gehen, das ist unauffälliger.«

Domecq verbringt den restlichen Nachmittag im Inspektorenzimmer der Sitte. Ricout hat zwei Fahrer der Anselme AG gefunden, die zu einer Aussage über den Einbruch im Gould'schen Weinkeller bereit sind. Sind die völlig ahnungslos? Wie hat er sie dazu gebracht? Ricout hält dicht. Polizeigeheimnis. Ist sie nun rührend oder zum Verzweifeln, diese Ernsthaftigkeit, diese Verbissenheit, mit der Ricout seinen Beruf ausübt in einer Welt, in der das bestenfalls ohne Bedeutung ist? Die vollständigen Aussagen sind der Ermittlungsakte beigefügt, die dadurch stichhaltiger wird. Und so bemüht sich Domecq, diesen Bericht korrekt zu Papier zu bringen, was ihn bis gegen 19:30 Uhr im Inspektorenzimmer festhält. Morgen hat ihn der Chef. Gespannt, wie er reagiert und was er daraus macht.

Donnerstag, 22. Juni

An der Normandiefront starten die Amerikaner nach einem zurückgewiesenen Ultimatum einen Angriff auf Cherbourg.
Im Osten rücken an der Nordfront sowjetische Truppen auf Estland und Lettland vor. Im zentralen deutschen Verteidigungssektor in Weißrussland leiten die Sowjettruppen eine neue Offensive in Form eines Dreifrontenkriegs ein.

In der Avenue de Clichy steht wenige Meter vom gleichnamigen Platz entfernt ein schwarzer Citroën am Bordstein, Motor im Leerlauf, hinterm Steuer ein Mann. An der Bar des *Wepler* leert Ricout ein Glas Weißwein, kleiner Verstoß gegen seine Devise: kein Alkohol vor sechs Uhr abends, aber seine Fortschritte im Fall des Gould'schen Weinkellers gehören doch wohl gefeiert. Froh, einen hübschen Fall gewittert und ihn hieb- und stichfest gemacht zu haben, froh, ein Polizist zu sein, der seine Arbeit macht. In Zeiten wie diesen kommt das nicht so oft vor. Er verabschiedet sich von den Wirtsleuten und geht. Zwei Männer tauchen im Sturmschritt hinter ihm auf, packen ihn an den Armen, heben ihn hoch, tragen ihn ein paar Meter. Ricout schreit: »Polizei … Hilfe … Rufen Sie die Polizei …« Die wenigen Passanten wechseln die Straßenseite. Die Wirtsleute des *Wepler*, die mit Blick auf die Straße hinter ihrem Tresen stehen, drehen sich in schönster Einmütigkeit zu ihren Flaschen um. Eine der Hintertüren des Citroën ist geöffnet worden, Ricout wird auf die Rückbank gestoßen und sitzt jetzt eingekeilt zwischen zwei Unbekannten. Der Citroën braust los und fädelt sich auf der Avenue de Clichy in Richtung äußere Boulevards ein. Ricout versucht mit aller Gewalt, sich zu befreien. Der Mann zu seiner Rechten richtet sich halb auf und beginnt ihm mit der Faust das Gesicht zu Brei zu schlagen, während der zur Linken ihm mit Handschellen beide Arme fesselt und ihm seine Dienstwaffe abnimmt, die er in den Fußraum des Beifahrersitzes befördert. Eine Braue ist geplatzt, ein Auge zu, die Lippen gespalten, die Nase vielleicht gebrochen, Zeit, das Ende der ersten Runde einzuläuten. Ricout lehnt sich zurück, wehrt sich nicht mehr, versucht nur, die Schläge abzufangen, indem er sich in den gebotenen Abständen noch tiefer in die Polster drückt. Zur Ruhe kommen. An seiner linken Hüfte spürt er die Waffe des Schnauzbärtigen. Der Irre zu seiner Rechten hört allmählich zu prügeln auf. An der Windschutzscheibe ein Passierschein der Gestapo. Rückblende: Domecq, wie er sagt: Ein großer Trupp … ein Gestapotrupp … Leute, die mächtiger sind als wir. Willst du weitermachen?

Sie erreichen den äußeren Ring. Der Citroën wechselt auf die linke Spur.

»Wir nehmen dich mit nach Chaville zu einem Waldspaziergang«, sagt der Fahrer mit einem Lächeln in den Rückspiegel.

Tödliche Gefahr. Atmet langsam, so gut er kann, schwierig mit Mund und Nase voll Blut. Der Große rechts betrachtet inzwischen die vorbeiziehende Landschaft und kaut auf seiner Unterlippe. Der zur Linken blickt starr auf den Nacken des Fahrers, der wieder das Wort ergreift: »Wir bekämpfen die Kommunisten, um ein neues Europa aufzubauen. Dreckskerle wie dich, die uns in die Quere kommen, machen wir fertig.«

An der Porte Maillot wird der Citroën langsamer und passiert im Schritttempo eine deutsche Straßensperre, Fahrer und Soldaten wechseln den Hitlergruß und lächeln sich komplizenhaft zu. Der Wagen beschleunigt wieder und fährt in Richtung Bois de Boulogne.

Ricout schluckt gewissenhaft sein Blut, würgt es hinunter. Ruhig jetzt. Neigt den Kopf zur linken Schulter, damit das Blut nicht länger in das eine Auge fließt, mit dem er noch etwas sieht. Wenn wir bis zum Bois de Chaville fahren, wird dort keine Menschenseele sein, und ich bin ein toter Mann. Ich muss vorher abhauen. Er wird ein paarmal langsamer fahren. Chaville. Da kommen wir durch Suresnes. In Suresnes muss ich raus. Spannt seine Muskeln an. Funktioniert. Rechts der Irre, der so gern zuschlägt, reaktionsschnell, riskant. Links der Schnauzbart, ein Weichling. Also links. Der Wagen wird langsamer, zusammenkugeln, beide Beine nach links werfen, zum gut erreichbaren Türgriff, Tritt mit der Hacke, die Tür geht auf, ich nehme Schwung, hechte raus, rolle auf der Fahrbahn ab und renne weg, so schnell ich kann, komme, was da wolle. Geht den Bewegungsablauf wieder und wieder durch, angespannt, lauernd.

Der Citroën quert die Seine, erneut deutsche Kontrolle,

beschleunigt wieder, verlangsamt dann erwartungsgemäß in Suresnes. Denk nicht nach, mach! Beine nach links vorn, die Tür springt auf, Ricout rollt sich auf die Straße. Der Schnauzbart dreht sich mit offenem Mund zu seinem Chef, der Fahrer flucht, stoppt, der Irre beugt sich weit vor, kommt aber nicht an seinen Revolver. Ricout rappelt sich hoch. Der Fahrer legt krachend den Rückwärtsgang ein, fährt Ricout an, versucht, ihn zu überrollen, einmal, zweimal, Ricout krabbelt, weicht den Rädern aus, der Fahrer sieht ihn geduckt auf die Häuser zurennen.

»Schießt, jetzt schießt doch, verdammt.«

Der Irre ist mit zitternden Händen aus dem Wagen gestiegen, bekommt endlich seine Waffe aus dem Holster, stützt sich aufs Wagendach, schießt, trifft Ricout am Bein, der weiterrennt und sich durch die Eingangstür eines kleinen Hauses schleppt, im Hausflur zusammenbricht und schreit: »Hilfe ...« Der Irre stürzt ihm mit Schaum vor den Lippen hinterher, zielt, seine Pistole hat Ladehemmung, der Schnauzbart ist ihm gefolgt.

»Schieß du, verflucht noch mal, in den Kopf, in den Kopf!«

Der Schnauzbart zielt, schließt die Augen, drückt zweimal ab, Ricout ist auf der Stelle tot.

Loiseau steckt die Pistole weg, wendet sich an Martin: »Hilf mir.« Zu zweit schleifen sie die Leiche zum Citroën, werfen sie in den Kofferraum, quetschen sie hinein, bekommen mit Mühe die Haube zu und steigen wieder ins Auto, wo Morandot auf sie wartet.

»Was jetzt?«

»Zum Bois de Chaville.«

Der Wagen fährt los. Martin beginnt zu zittern. Er steht neben Falicon, sieht den Revolverlauf, hört den Schuss, fühlt den genau vor seinen Füßen zusammensackenden Körper.

»Wir sollten ihn nicht töten. Ihm nur richtig Angst machen. Was wird Deslauriers jetzt tun?«

Loiseau, allein auf der Rückbank, macht es sich mit einem Lächeln bequem. »Deslauriers wird gar nichts tun, weil er nichts erfahren wird. Wir haben Ricout wie geplant eingesackt, wir haben ihn bedroht, verprügelt und im Bois de Chaville wie geplant wieder freigelassen. Was danach mit ihm passiert ist, wissen wir nicht. Außerdem wird man ihn da, wo wir ihn vergraben, nicht so bald finden.«

Domecq ist gegen Mittag zum Sittendezernat gelaufen, um die Lage zu peilen. Stockende Unterhaltungen. Die Höllenhunde scheinen nicht sehr effektiv zu sein ... Der Sturm der letzten Tage hat die Funkverbindungen auf See gekappt, die Engländer und Amerikaner sind nach wie vor sehr angreifbar ...

Die Tür zum Inspektorenzimmer fliegt auf, eine Scheibe zerbricht. Schwarze SS-Uniform, stramm sitzende Schirmmütze, glänzende Stiefel ... Es ist Deslauriers, hartes Gesicht, markante Narbe. Nicht wiederzuerkennen. Er blickt sich kurz um, erspäht Domecq, fixiert ihn und marschiert mit großen Schritten auf ihn zu, stößt im Vorbeigehen Stühle, Lampen, Aktenstapel um. Totenstille im Raum. Bleibt vor Domecq stehen und ohrfeigt ihn mit einem gewaltigen Hin und Zurück seiner behandschuhten Hand, während der Geohrfeigte sich an die Kante seines Schreibtischs klammert, um nicht zu stürzen, nicht zurückzuschlagen, Krieg, du bist im Krieg, muck nicht auf.

Deslauriers sagt laut, an alle gerichtet: »Misch dich nicht in meine Angelegenheiten ein und schlaf nicht mit meinen Mädchen, verstanden? Du Vollidiot von einem Bullen, dass du noch lebst, verdankst du nur Dora Belles Freundschaft zu dir.«

Und er geht, wie er gekommen ist, quer durch den erstarrten, stummen Raum.

Domecq ist totenbleich und wie gelähmt. Kann nur langsam wieder atmen. Blick zu den Glastüren der Chefs: Nichts hat sich gerührt. Kribbeln in den Händen, das Blut beginnt wieder zu zirkulieren. Die Kollegen wenden langsam die Blicke ab, setzen ihre Gespräche fort und gehen einer nach dem andern mittagessen. Allein. Erster klarer Gedanke: Deslauriers hat unseren Bericht bekommen. Die Frage: Wie wird der Chef reagieren?, ist beantwortet: indem er Deslauriers informiert. Unfassbar. Dann, schlagartig, eine Gewissheit. Ricout, den Dora Belles Freundschaft nicht schützt, ist in Todesgefahr.

8

Freitag, 23. Juni

An der Normandiefront durchbrechen die Amerikaner den äußeren Verteidigungsring von Cherbourg, im Innern der Stadt leisten die Deutschen weiterhin Widerstand. In der Ebene nordwestlich von Caen rücken die Engländer und Kanadier vor.
Im Osten geht der sowjetische Vormarsch an der mittleren Front in Weißrussland blitzartig voran.

Benezets Büro liegt im zweiten Stock eines schönen Jugendstilgebäudes an den Champs-Élysées, ganz in der Nähe der Place de l'Étoile. In der Eingangshalle dicker Teppich, aus Stein gehauene Karyatiden und monumentaler Treppenaufgang, zahlreiche Kupferschilder künden von hier ansässigen Anwälten, Versicherern und Bankiers. Der Concierge ist nicht zu sehen.

Domecq geht zu Fuß nach oben, lässt sich Zeit. Hinter jeder Tür sind äußerst gedämpft Anzeichen von Aktivität vernehmbar. Er klingelt an Benezets Tür. Eine nicht mehr ganz junge Dame, graues Kostüm, leicht geschminkt, gefärbte Löckchenfrisur, empfängt ihn, lässt ihn einen Moment in einem fensterlosen kleinen Raum warten, er hört das Öffnen und Schließen von Türen, Schritte im Flur, undeutliche Stimmen. Lächeln. Ein fabelhaft konzipierter Ort, an dem sich die Wege unterschiedlichster Menschen kreuzen, ohne dass sie sich je begegnen. Dann führt ihn die Frau in Benezets

Büro, gemütlich, aber nicht übertrieben, mit einem großen Fenster auf die Champs-Élysées, möbliert im amerikanischen Kolonialstil, verschönert mit ein paar Grünpflanzen. Benezet ist aufgestanden und geht ihm entgegen.

»Sehr erfreut, Sie wiederzusehen.« Langer, herzlicher Händedruck. »Ihre Referenzen sind ausgezeichnet. Setzen Sie sich, setzen Sie sich.« Er geht zum Fenster, sieht ein paar Sekunden zur Straße hinab, dreht sich dann zu Domecq herum. »Lieber Freund, bringen Sie mir Mike Owen zurück. Er hat nicht geredet, da sind wir uns sicher. Aber in den Fängen der SS kann jeden Tag alles nur Denkbare passieren. Also holen Sie ihn da raus. Sie können das, meine Bilder haben Sie mir ja auch zurückgebracht. Aber in diesem Fall, das versichere ich Ihnen, steht politisch bedeutend mehr auf dem Spiel. Bringen Sie mir Mike Owen zurück, Sie werden es nicht bereuen.«

Montag, 26. Juni

An der Normandiefront nähern sich die Amerikaner Meter für Meter der Einnahme von Cherbourg, dessen Tiefseehafen von der deutschen Garnison zerstört wird.
Im Osten sind an der mittleren Front in Weißrussland die deutschen Linien durchbrochen. Die sowjetischen Truppen erobern Witebsk. Fünf deutsche Divisionen sind eingekesselt.

Mehrere Tage lang sind die Nachforschungen ergebnislos geblieben. Die Wirtsleute des *Wepler* versicherten, sie hätten Ricout einen »Kaffee« serviert, wie jeden Morgen, und dann gesehen, wie er gegen zehn Uhr die Métro an der Place Clichy genommen habe, wie jeden Morgen. Merkwürdig, weil an diesem Morgen die Métro wegen Stromausfall nicht fuhr und das Tor zur Station Place de Clichy geschlossen blieb. Deswegen aber gleich das Wort rechtschaffener Ladeninhaber in Zweifel zu ziehen … Trotzdem hat der Chef der Sitte im Lauf des Freitags schließlich alle Kommissariate von Paris und der nahen Vororte in Alarmbereitschaft versetzt. Und Montagmorgen rief das Kommissariat von Viroflay an und teilte mit, man habe am Sonntagnachmittag die Leiche eines in einem benachbarten Waldstück vergrabenen Mannes gefunden, auf den die Beschreibung vielleicht passen könnte, wenngleich …

Domecq betrachtet den Leichnam, der jetzt von der Erdschicht befreit ist, die ihn bedeckt hat. Das Gesicht ist zertrümmert, durch einen Hammer, durch Tritte? Übrig ist nur eine unförmige, mit Erde durchsetzte Masse. Beide Hände sind abgetrennt, mit einem Spaten vielleicht, die Knochen gucken hervor, ein regelrechtes Gemetzel. Zwar finden sich bei dem Leichnam keine Ausweispapiere mehr und auch kein Holster für die Dienstwaffe, aber die Größe, der Anzug, ja, das ist Ricout. Domecq, unfähig zu sprechen, bedeutet den Polizisten durch ein Nicken, dass er seinen Kollegen erkennt.

»Er war nicht sehr tief vergraben, wissen Sie. Bei dem Regen kamen die Schuhe zum Vorschein, und weil dieses Waldstück hier sehr belebt ist, haben ihn gestern am Sonntag Spaziergänger gefunden …«

Domecq nickt. Ein Wagen hält etwa fünfzig Meter weiter unten auf der Straße. Jacques Ricout. Domecq geht ihm entgegen.

»Ist er es?«

Domecq nickt, immer noch stumm. Ricout packt ihn am Arm.

»Gerüchte machen bei uns im Haus schnell die Runde. Du bist ein Bulle, der in irgendwelche Machenschaften mit den Verbrechern von der französischen Gestapo verwickelt ist.

Mich hätte ein Deslauriers jedenfalls nicht aufgesucht und vor allen Kollegen geohrfeigt. Wir glauben, du bist schuld am Tod meines Bruders. Hau ab, ich will dich nie mehr in meiner Nähe sehen.«

Domecq steigt hinauf in sein Zimmer und schließt sich ein. Er zieht seinen Sessel vors Fenster in die Sonne, lehnt sich mit ausgestreckten Beinen in die Polster, döst und denkt nach.

Mike Owen freikriegen … Erst hat er gar nicht darüber nachdenken wollen. Ein makabrer Scherz. Als Clown verkleidet in die Avenue Foch spazieren, warum nicht, und sich zu Bauer durchfragen … Er weiß ja nicht mal, wie der Kerl aussieht. Oder sich von Angélique einschmuggeln lassen … Nein, daran war gar nicht zu denken. Jetzt aber geistert Ricouts gepeinigter Leichnam durch seinen Halbschlaf, lässt ihn nicht los, Ricout, der das Ende dieses Kriegs nicht mehr erleben wird. Ermordet. Deslauriers. Deslauriers, der seinerseits Owen kennt, die Avenue Foch kennt, sich dort frei bewegt. Deslauriers umdrehen, als eine Art Rache für Ricout. Ein Muss. Schmerzliches Erwachen.

Deslauriers umdrehen. Der Gedanke setzt sich fest, drängt sich auf. Dora auf dem Gehweg der Place des États-Unis, irgendwie verblüfft: Deslauriers wütend auf Lafont, es ging um gestohlene Gemälde. Chaves: Deslauriers' Trupp, möglich wär's. Deshalb ist Deslauriers wütend. Seine Männer gehorchen ihm nicht mehr.

Nicht nur dies eine Mal. Ricouts Leiche, entstellt, Hände abgetrennt, verscharrt. Warum? Wenn du die Polizei einschüchtern willst, wirfst du die Leiche vor die Präfektur am Quai des Orfèvres, so wie du mich am helllichten Tag vor all meinen Kollegen geohrfeigt hast. Hypothese: Der Befehl lautete nicht, Ricout zu töten, sondern ihm Angst einzujagen wie mir. Das Erschweren der Identifizierung und das Verscharren der Leiche dienten dazu, den Mord auch vor Deslauriers geheim zu halten. Gut. Für mich steht fest, dass er seine Männer nicht mehr im Griff hat. Und ich werde ihm klarmachen, dass er sie nicht mehr im Griff hat, weil die Deutschen den Krieg verloren haben.

Das genügt nicht. Lafont weiß, dass die Deutschen den Krieg verloren haben. Er wird deshalb nicht das Lager wechseln. Er wird sich in seine Heldenbrust werfen und im 5. Akt sterben. Aber Deslauriers ist kein solcher Fantast wie Lafont. Er hat nie davon geträumt, Polizeipräfekt oder Viersternegeneral zu sein. Jedenfalls glaube ich das nicht. Sieht wieder den breitschultrigen Mann, der in Dora Belles Salon eine betont gelangweilte Miene zur Schau trägt. Und seine Vertrautheit mit Bauer, die fast mit Händen greifbar ist, wenn die beiden sich begegnen. Womit kann ich Deslauriers jagen? Ich weiß nicht viel über ihn. Vor dem Krieg Betreiber des *Perroquet bleu*. Morgen werde ich das Archiv der Sitte nach ihm durchforsten.

Mittwoch, 28. Juni

An der Normandiefront erobern die Amerikaner die U-Boot-Werft von Cherbourg, aber die deutsche Garnison hält noch die Stadt. Die Engländer und Kanadier rücken weiter auf Caen vor.
Im Osten erwägt Finnland unter dem militärischen Druck der Sowjetunion einen Separatfrieden mit der UdSSR.

Obwohl Domecq einen ganzen Tag nachgeforscht hat, hat er im Archiv der Sitte weder vom *Perroquet bleu* noch von Deslauriers eine Spur gefunden. Komisch. Er sitzt zusammengesunken hinter seinem Schreibtisch, malt die Ecke eines

Blatts mit Schnörkeln voll und versucht aus der Sache klug zu werden. Aber das wird er lassen müssen und stattdessen unauffällig Deslauriers' Kommen und Gehen überwachen, um herauszufinden, wann und wo er eine Begegnung unter vier Augen herbeiführen kann. Ein Inspektor bleibt vor ihm stehen, reiferes Alter, kahlköpfig, abgetragenes Jackett über hängenden Schultern, leichter Bauch, ein Fremder, der ihm bekannt vorkommt.

»Wir kennen uns kaum. Gestatten: Inspecteur Lantin. Ich würde gern mit dir reden. Aber nicht hier. In einer halben Stunde im *Café Zimmer*, passt das?«

Zimmer, Nohant, Falle, Lafonts Bande. Schluss mit der Paranoia. Seit Deslauriers' Ohrfeige der erste Polizist bei der Sitte, der mich anspricht. Blick auf die Armbanduhr.

»Einverstanden.«

Im *Café Zimmer* warten sie zu zweit auf ihn, sitzen an einem Tisch vor zwei Gläsern einfachem Weißwein. Lantin stellt seinen Kollegen vor, der ihm ähnelt, dasselbe verbrauchte Aussehen.

»Wir arbeiten schon eine Weile zusammen.«

Lächeln. »Das sieht man.«

Domecq setzt sich und bestellt ebenfalls einen Weißwein.

»Du hast gestern Akten gesucht und nicht gefunden.« Domecq wartet ab. »Über jemanden, den wir gut kennen. Weil wir diese Unterlagen selbst verfasst haben.«

»Und wir sind bereit, dir zu sagen, was drinsteht.«

»Warum?«

»Ich war dabei, als Deslauriers diesen Zirkus veranstaltet hat. Ich bin nicht unbedingt stolz auf mich oder das Dezernat. Falls du dich zur Wehr setzen willst, sollst du wissen, worauf du dich einlässt.«

Lantin, in gedämpftem Ton: »Ich habe Ricouts Vater gut gekannt.«

Schweigen. Einen Moment lang geistert Ricouts Leichnam ohne Gesicht und ohne Hände zwischen den Weingläsern herum.

Domecq nickt. »Ich höre.«

»Deslauriers übernahm das *Perroquet bleu* 1936. Er war besessen von seiner Arbeit. Hat morgens auf- und nachts zugemacht. Ständig da und alles im Blick. Er stellte das Personal ein, trimmte die Mädchen ...«

»Und zwar gut.«

»... trieb auf Bestellung auch Knaben auf, entschied über das Musik- und Unterhaltungsprogramm.«

»Er war ein glühender Verehrer von Fréhel und Suzy Solidor, engagierte aber auch Jazzkapellen, die riesig ankamen.«

»Er kaufte persönlich alles ein, was im *Perroquet* konsumiert wurde, Essen, Alkohol, Drogen ...«

»Er wusste immer genau, um wie viele Gläser sein Barkeeper ihn beschiss.«

»... hauptsächlich Kokain und Opium. Aber selbst nahm er unseres Wissens nichts. Er hat kein Laster, das uns bekannt wäre.«

»Außer den Frauen natürlich, aber das ist ja kein Laster. Im Grunde hatte er Freude daran, in seiner kleinen Welt der absolute Herrscher zu sein. Wenn ein Mädchen sich drücken wollte, schlug er sie vor den anderen Mädchen mit der Peitsche, damit alle wussten, was Sache war. Das geschah nicht oft, vielleicht drei Mal in vier Jahren. Man gehorchte ihm.«

»Deslauriers' persönliche Note war seine Eleganz. Bevor er anfing Schwarz zu tragen, hat er sich in London eingekleidet, nach Maß. Und seine Konversation. Er wusste alles über die Spielzeit der Pariser Theater, über Literaturpreise, den Klatsch aus der Verlagswelt, und das begeisterte seine Gäste, Schauspieler, Schriftsteller, Politiker ...« Auf ein fragendes

Zeichen von Domecq: »Fast alle politischen Schattierungen der Dritten Republik.«

»Im *Perroquet* wurde immer wild gefeiert, aber es artete nicht aus. Deslauriers hat nie den durchtriebenen Gangster markiert. Im Umgang mit seinen Gästen war er sehr höflich, in seinem Dunstkreis gab es keine Gewalttätigkeiten, keine Diebe oder Erpresser. Die Knaben sahen aus wie aus dem Jesuitenkloster.«

»Da kamen sie vielleicht her.«

»Ausschweifungen ohne großes Risiko. Traumhaft.«

»Und welche Rolle spielte Dora Belle?«

»Du kennst sie offenbar besser als wir.«

Rückblende: Deslauriers: dass du noch lebst, verdankst du nur Dora Belles Freundschaft. Vorsicht, Gefahr.

»Ich bewundere sie als Schauspielerin, und der Wirt des *Capucin* hat sie mir eines Abends in seiner Bar vorgestellt. Wir haben uns unterhalten. Aber ich weiß nichts über sie, früher nicht und jetzt nicht.«

»Sie war damals Deslauriers' Feste. Sie ging nicht mit den Gästen nach oben, sie empfing sie unten in der Bar wie die Dame des Hauses. Das machte viel von der Atmosphäre im *Perroquet* aus.«

»Hat Deslauriers eine Vergangenheit?«

»Unseres Wissens nicht. Keinerlei Spur von ihm vor dem Kauf des *Perroquet bleu*, weder hier in Paris noch in der Provinz. Und wir haben gesucht.«

Rückblende: das zerbeulte Gesicht, die Narbe, die breiten Schultern, der Gang.

»Dabei hat er einiges erlebt.«

Achselzucken. »Er ist eben umsichtig.«

»Sehr umsichtig. Er hortet systematisch Geld. 1938, zwei Jahre, nachdem er das *Perroquet* übernommen hatte, bewohnte er eine herrliche Wohnung in der Nähe der Oper. Wir haben uns diskret erkundigt: Im Stillen gehörte ihm das ganze Haus. Heute …«

»Genoss er Protektion?«

»Und wie. Zunächst mal hier im Hause. Er aß regelmäßig einmal im Monat mit Kommissar Nohant zu Mittag …«

Domecq stockt der Atem. Nohant, Deslauriers, Dora. In welcher Abfolge? Wer hat wen in der Hand?

Lantin mustert Domecq und fährt fort: »In der *Rôtisserie Périgourdine*, Place Saint-Michel, bei uns gegenüber. Quasi dienstlich.«

»Seine Protektion war noch umfassender. Den damaligen RG zufolge war Deslauriers Freimaurer.«

Schweigen. Freimaurer, einflussreiche Verbindungen innerhalb des gesamten politischen Apparats der Dritten Republik. Und innerhalb des gesamten Polizeiapparats. Der Ermittlungsbericht zur Gould-Sache, der in weniger als zwei Tagen zu ihm gelangt. Freimaurer, im Prinzip verboten und von Vichy und den Nazis verfolgt. Freimaurer und SS-Offizier. Domecq fühlt sich, als wate er durch tiefsten Sumpf.

»Erklärt das das Verschwinden der Akten?«

»Vielleicht.« Achselzucken.

Die beiden Inspektoren gehen. Domecq streckt die Beine aus, dehnt seine Muskeln und bestellt noch ein Glas Wein. Was sie über Deslauriers erzählen, ist letztlich positiv: Ich werde nicht auf einen beinharten Faschisten stoßen. Und nicht auf einen krankhaften Fantasten. Das eröffnet mir Handlungsspielräume.

9

Donnerstag, 6. Juli

An der Normandiefront ist Cherbourg befreit. Die Deutschen halten nach wie vor Caen. Die Alliierten starten eine Offensive in Richtung Saint-Lô.
Innerhalb eines Monats haben die Alliierten 920 000 Männer, 600 000 Tonnen Material, 17 000 Fahrzeuge an Land gebracht. Geplant war, am Ende des ersten Gefechtsmonats einen Abschnitt von Saint-Malo über Rennes und Alençon bis nach Lisieux zu halten. Tatsächlich halten sie das Hinterland der Landungsstrände und die Halbinsel Cotentin.
Im Osten geht an der Nordfront der sowjetische Vormarsch in den baltischen Staaten weiter. An der mittleren Front in Weißrussland ist Minsk jetzt in russischer Hand. 28 der 40 an dieser Front gebundenen Divisionen sind eingekesselt. Die sowjetischen Truppen dringen nach Polen vor und bedrohen die Grenzen zu Ostpreußen.

Domecq drückt die Glastür des *Deux Cocottes* auf, betritt den Schankraum, sieht nach links zum Fenster, da sitzt er, allein am Tisch, wie geplant. Als Deslauriers ihn eintreten sieht, rückt er seinen Stuhl zurück, die rechte Hand am Revolver, den er aus dem Holster zieht und sich auf die Schenkel legt. Er hat doch mehr von einem Ganoven als von einem Freimaurer. Domecq geht durch den rappelvollen, von leckeren Essensdüften, Geschirrklappern und Gesprächen erfüllten

Raum langsam auf ihn zu, lässt ihn keinen Moment aus den Augen, mach keinen Scheiß, mach keinen Scheiß, Arme leicht abgespreizt, Handflächen geöffnet, in einer Haltung, von der er wünschte, sie wäre entspannt und natürlich, und bleibt vor seinem Tisch stehen.

»Darf ich mich setzen?«

»Warum nicht? Wenn du Poularde in Sahnesauce magst …«

»Mal was anderes als die Gänseleber und die Petits Fours bei Dora.«

Domecq dreht sich um, blickt durch den Raum, viele französische Polizisten, ein paar SS-Leute, denen er bei Dora begegnet ist, überzeugt sich, dass sich niemand für ihn interessiert. Er setzt sich, legt seine Hände auf den Tisch wie ein wohlerzogenes Kind, die Kellnerin stellt ein Gedeck vor ihn hin.

»Einmal Poularde bitte, am liebsten einen Flügel.«

Deslauriers entspannt sich. »Was willst du von mir, Hübscher, dass du mich bis hierher verfolgst?«

Hübscher, der Name, mit dem ihn die Mädchen vom *Capucin* rufen, Deslauriers spricht ihn betont verächtlich aus. Du wirst dich noch wundern …

»Ein bisschen über die Zukunft reden. Dies ist der beste Ort in Paris für ein offenes Gespräch zwischen einem französischen und einem deutschen Bullen, oder?« Keine Reaktion. »Sie haben Ihren Männern nicht befohlen, Benezets Bilder zu stehlen. Ebenso wenig haben Sie ihnen befohlen, Ricout zu töten, sie sollten ihm nur ein wenig Angst einjagen …«

»Worauf willst du hinaus?«

»Ihre Truppen gehorchen Ihnen nicht mehr.« Deslauriers hält im Essen inne und starrt ihn an. Treffer. »Das ist Ihnen vollkommen bewusst.« Die Narbe am Augenwinkel färbt sich rötlich. Forcier das Tempo, du läufst Gefahr, dir eine Kugel zu fangen. Oder eine Ohrfeige. »Das ist gefährlich für Sie …«

»Das reicht jetzt, Hübscher. Sag, was du zu sagen hast, und hau ab.«

Lächeln. »Lassen Sie die Sahnesauce nicht gerinnen, wär schade drum. Ich brauche nicht lang. Ihre Truppe zerfällt, weil die Deutschen den Krieg verloren haben.«

Deslauriers leert sein Glas, ein exzellenter Bordeaux. Lafont, besoffen, auf demselben Platz … Die *Fritz* sind erledigt … bald ist Zahltag …

»Bauers Wunderwaffe ist ein Bluff, die Höllenhunde werden ein paar Tausend Zivilisten in England töten, aber alle Welt weiß, dass das nichts ändert, weder am militärischen Engagement Englands noch am Ausgang der Kämpfe. Der Brückenkopf in der Normandie wird täglich erweitert, langsam, aber unaufhaltsam, und mit der Ostfront komme ich Ihnen erst gar nicht.«

Deslauriers stellt sein Glas wieder hin, eigentümliches Lächeln. »Nein, komm mir nicht mit der Ostfront. Ich weiß immer noch nicht, worauf du hinauswillst. Du redest zu viel, Hübscher. Du vergeudest unsere Zeit.«

»Ich glaube nicht, dass Sie zu denen gehören, die davon träumen, für Nazieuropa zu sterben. Ich bin hier, um Ihnen mit Billigung meiner Vorgesetzten vorzuschlagen, zum richtigen Zeitpunkt das Lager zu wechseln und Ihren Einsatz zu retten, der meines Wissens beträchtlich ist.«

Deslauriers lehnt sich zurück an die Wand, schließt einen Moment die Augen. So einfach also. Er sieht wieder den schüchternen Verehrer vor sich, verlegen und stumm zwischen all den Unternehmern, die mit Bauer plaudern, mit Knochen, mit Journalisten, Ministern, mit ihm, Deslauriers … Hut ab vor dem Künstler … Oder rächt er sich für die Ohrfeigen, arbeitet er für Bauer? Lass dich bloß zu nichts hinreißen.

»Wie beweist du mir, dass du zur Résistance gehörst?«

»Nennen Sie mir hier und jetzt einen Satz, er wird zwischen

dem 9. und 11. Juli im französischen BBC-Programm gesendet. Sie werden sicher ein Gerät finden, wo Sie es hören können.«

Wenn Domecq für die Résistance arbeitet … Jäh steigt ein Verdacht in Deslauriers auf. Weiß Dora Bescheid? Daran darf er nicht mal denken. Dora … ein Satz.

»O Duft der Zeit, o Halm der Heide. Und dass ich warten werde, denk.«

Für Verblüffung keine Zeit. Die Kellnerin bringt den Nachtisch. Kirschclafoutis. Domecq probiert. Erster Löffelvoll, diese ganz besondere Konsistenz des Teigs, eine gleichmäßige, fluffige Masse, leicht klebrig an den Zähnen, das Saure der Kirschen, Clafoutis, die wundervolle kleine alte Dame, rund und lächelnd, immer in Schwarz, ein Seidenripsband um den Hals, holt das Gericht aus dem Ofen, der Junge hüpft von einem Bein aufs andere, verzieht vor Ungeduld das Gesicht, während er wartet, dass das Clafoutis abkühlt. Kriegserinnerung: Ich hab ihn wieder, den Geschmack von Clafoutis, wie meine Großmutter es gemacht hat.

Deslauriers lässt die Gedanken schweifen, während er seinen Bordeaux austrinkt. Sieht Loiseau vor sich, wie er die Schreibtischkaryatiden streichelt und nach diesem absurden Bericht lächelt, sieht, wie ihm, Deslauriers, die Kontrolle entgleitet und er drauf pfeift. Natürlich weiß er, dass die Deutschen den Krieg verloren haben. Das Abenteuer ist zu Ende. Vier schillernde Jahre, tausend Leben, tausend Freuden, Macht, Geld und der Tod, alles bis zum Überdruss, Frauen, aber nicht Dora. Ich werde diesen vier Jahren nicht nachtrauern. Oder so tief sinken wie Lafont mit seinem Größenwahn, ich habe nie davon geträumt, Polizeipräfekt zu sein. Den Abgang aushandeln, warum nicht? Später werde ich genug Geld haben, um sämtliche Minister der Republik zu kaufen, und genug Archivmaterial, um alle anderen zu erpressen. Ein beschaulicher Ruhestand. Dora wiederkriegen? Schlag es dir aus dem

Kopf, wenn du kannst. Daran glauben möchte ich schon, das ist klar.

»Ich werde nächste Woche BBC hören.«

»Dora hat mich eingeladen, sie am 13. Juli zur Wiedereröffnung der Pferderennbahn von Longchamp zu begleiten.«

»Ich werde dort sein, dann reden wir.«

»Man sagt, Sie spielen mit hohem Einsatz.«

»Nicht so hoch wie du, Hübscher.«

Donnerstag, 13. Juli

An der Normandiefront setzen die Amerikaner ihren langsamen Vormarsch auf Saint-Lô fort, unterbrochen von verlustreichen deutschen Gegenoffensiven. Die Engländer und Kanadier haben in der Nacht vom 7. zum 8. Juli 2500 Tonnen Bomben über der Stadt Caen abgeworfen und dringen jetzt in die Vororte vor, erobern den Flughafen und erreichen das linke Orne-Ufer. Die Deutschen halten die Stadt immer noch.

Im Osten an der mittleren Front in Weißrussland sind die 4. und die 9. deutsche Armee fast vollständig aufgerieben. In nicht einmal einem Monat haben die Deutschen 400 000 Tote und Verletzte sowie 158 000 Gefangene zu verzeichnen, 2000 Panzer und 10 000 Flakgeschütze wurden vom Feind erbeutet oder zerstört.

Weiter im Süden, in der Ukraine und in Galizien, eröffnen die sowjetischen Truppen eine neue Front.

Domecq lenkt Doras weißen Bentley langsam durch die sommerlich duftenden Alleen des Bois de Boulogne, frisches Baumgrün, milde Temperaturen, kein Straßenstaub. Zu Fuß, per Fahrrad strömen die Menschen reihenweise zur ganz unten am Ufer der Seine gelegenen Rennbahn von Longchamp. Dora hat sich nach vorn neben Domecq gesetzt. Sie hat ihr blondes Haar hochgesteckt und trägt ein Kleid mit grünen Ärmelaufschlägen und einen weißen, breitkrempigen Hut, der ihrem Gesicht Schatten spendet und ihre Augen verbirgt. Ambre, in bravem Plisseerock und Bluse, sitzt hinten, ganz allein, und blickt starr und stumm auf die vorbeiziehenden Bäume. Die beiden Frauen vermeiden es, sich anzusehen. Domecq, verkrampft, kaut mit leicht geöffnetem Mund auf seiner Zunge und konzentriert sich auf den Bentley, schwerer Wagen, unerwartetes Fahrverhalten, nicht leicht zu steuern.

Sie sind da. Domecq parkt auf einem reservierten Parkplatz, wischt sich die Hände an der Hose ab, blickt nach oben. Besitzertribüne. Hoch, schmal, einziger Eingang ein von zwei Wachen kontrolliertes Türchen, der erste Rang hoch über dem Boden, eine richtige Mausefalle. Er fährt mit der Zunge über die linken Backenzähne, fühlt die Wölbung der Kapsel. Denk nicht dran. Lauf, folge dem Weg, Fuß um Fuß, über den Schotter. Dora wartet schon ungeduldig am Eingang.

Im ersten Rang noch wenig Leute, ein paar Frauen in hellen Kleidern, die Mode der Saison, ein paar Männer in dunklen Anzügen, schwarzen oder feldgrauen Uniformen, Lärm von allen Seiten, Gelächter, Champagner, Pferdenamen, Jockeynamen. Domecq hilft Dora, sich auf dem mit üppigen gelben Blumen geschmückten Balkon in einem Korbsessel niederzulassen, neben ihr ein Tischchen, auf dem sie das Veranstaltungsprogramm, ihre Handschuhe, ihr Fernglas abgelegt hat. Er geht ihr an der Bar im hinteren Teil der Tribüne ein Glas Champagner besorgen. Kommt an Bourseul vorbei, graues Jackett, Zylinder in der Hand, lebhafte Diskussion mit dem in seine schwarze Uniform geschnürten Bauer, der sich echauffiert:

»Die Satzung der Bank wird in fünf Tagen veröffentlicht, das ist der letzte Termin.«

»Wo soll ich denn 50 Millionen hernehmen? Willst du, dass ich meine Lieferungen an die Wehrmacht einstelle und meine Fabriken verkaufe?«

»Dass ich nicht lache, Maurice. Du weißt genau, dass wir bei dieser Operation dringend auf finanzielle Deckung von deiner Seite angewiesen sind.«

»Die Pferde warten auf mich. Wir reden später darüber.« Er grüßt steif und setzt seinen Zylinder auf.

Nach und nach füllt sich die Tribüne. Ambre stützt sich mit den Ellbogen auf die Balkonbrüstung, ziemlich weit weg von ihrer Mutter, die sie aus den Augenwinkeln beobachtet. Benezet erscheint mit René de Chambrun, schon sind beide dicht umringt. Bauer küsst einer Dame von Welt in mittleren Jahren die Hand und schiebt ihr einen Sessel heran. Sie stützt sich auf seinen Arm, Schlaglicht: Das seidenbestrumpfte Bein verharrt einen Moment in der Berührung mit dem blank polierten schwarzen Stiefel.

Dora lächelt ins Leere. »So ein Gigolo … Ist im selben Gewerbe tätig wie ich früher. All diese Schabracken, die davon träumen, sich von den schönen blonden Kriegern ganz in Schwarz flachlegen zu lassen …«

Domecq sagt nichts.

Lafont, groß, leicht gebeugt, näselt umringt von aufgeregten, bewundernden Bürgerdamen: »Meine Teuersten, sollten Sie Liebhaber oder, in Ermangelung derselben, Freunde im Gefängnis haben, kann ich sie Ihnen zurückgeben, aber beeilen Sie sich, lange halte ich mich nicht mehr.«

Die Damen lachen.

Der neben der Bar gelegene Wettschalter für das Tribünenpublikum öffnet. Großer Andrang. Dora zieht ihr Programm zu Rate. »Setz für mich auf die Fünf.« Bourseuls Pferd. Reicht ihm einen vierfach gefalteten Geldschein. »Tausend Franc. Auf Sieg. Er ist Favorit, viel wird es nicht einbringen.«

Unten gehen die Pferde eine Runde im Führring, im Innenrund nehmen die Jockeys unter den Augen der Besitzer die Anweisungen der Trainer entgegen. Bourseul steht abseits, allein, gedankenverloren.

In der großen Halle, wo das gemeine Wettpublikum sich drängt, steht nahe den Schaltern ein lärmender Gestapotrupp in schönen taillierten Anzügen mit breiten Revers und auffallenden Krawatten, raucht englische Zigaretten und amüsiert sich lauthals. Zwischen den Witzen tauscht man sich über die Arbeit, die Chefs der einen und der anderen, die Höhe der Prämien, den Gang der Geschäfte aus. Villaplana erzählt von den Schwierigkeiten, neue Hilfskräfte anzuwerben, Chaves bestätigt brummend, dass man sogar ein paar verloren habe.

»Und kennt ihr Violette Morris, die Lesbe, die Lafont uns in der Rue Lauriston aufgedrückt hat? Man sagt, sie hat sich die Brüste abschneiden lassen, ich hab aber wohlgemerkt nie nachgeschaut. Jedenfalls wurde sie in Évreux von einem Terroristen abgeknallt.«

»Dann sind wir nicht so viele, wenn der Kuchen geteilt wird«, stellt Clavié fest, während er den Rauch durch seine gespannten Lippen bläst. »Was setzt ihr im ersten Lauf?«

Morandot löst sich von der Gruppe, rempelt sich seinen Weg durch die Menge und stützt sich, auf einem Zahnstocher kauend, auf die Absperrung zum Führring. Den Pferden zusehen, wie sie im Kreis laufen, so wie sich sein Schicksal im Kreis dreht, und dann so setzen, wie man lebt, das Geld mit Gewalt auf den Kopf hauen. Morandot erblickt Bourseul im inneren Führring. Vor dem Krieg hat er ihn gut gekannt, bei der Cagoule, wo sie gemeinsam kein Komplott, keine Bluttat ausgelassen haben. Dann schloss er selbst sich Doriot an, einem Mann des Volkes, bei dem er sich gut aufgehoben fühlt. Bourseul dagegen hielt es auch bei dessen neuem Abenteuer im Mouvement social français weiterhin mit Deloncle, diesem Technokraten von der École Polytechnique, bis der vor ein paar Monaten von den Deutschen ermordet wurde. Morandot verzieht das Gesicht. Weil er in sämtliche Intrigen verwickelt war. Da hat Bourseul es klüger angestellt, ein Vermögen gemacht, sieh ihn dir an, Cut, Zylinder, Rennpferde. Morandot spuckt seinen Zahnstocher aus. Ja, Bourseul hat ihm geholfen, ein paar krumme Dinger zu Geld zu machen, ja, er hat ihm dann und wann kleine, gut bezahlte Aufträge verschafft. Ihn aber dort zu sehen, und ich auf der andern Seite, das tut weh. Ich setz nicht auf die Fünf.

Verbittert kehrt Morandot in die dreckige graue Wetthalle zurück.

Deslauriers lehnt mit einem leisen Lächeln an der Bar und beobachtet, wie Domecq auf ihn zukommt, den Blick unverwandt auf dessen leicht geöffnete Lippen und die geschwollene Wange gerichtet. »Blausäure?«

»Sieht man das so deutlich?«

»Nein, aber ich habe reichlich Erfahrung auf dem Gebiet.« Ein Moment vergeht. »Ich habe Radio gehört und beschlossen, mein Glück mit dir zu versuchen. Was sollen wir tun? Auf die Fünf setzen wie alle hier?«

François Dupré macht Benezet und Dora miteinander bekannt, ein paar Komplimente und Artigkeiten, Domecq kehrt mit dem Wettschein und Champagner zurück. Dora stellt auch ihn vor, Inspektor beim Sittendezernat, mein Schutzengel, liebevolles Lächeln, das sich in ihren runden Wangen verliert, die Augen unter der Hutkrempe verborgen.

»Sittendezernat, ach, tatsächlich? Sie interessieren mich,

junger Mann.« Benezet zieht ihn beiseite. »Wir müssen uns noch mal treffen. Kommen Sie bei mir im Büro vorbei, meine Tür steht Ihnen jederzeit offen.«

Nicken. »Das werde ich in Kürze tun. Ich muss wieder zu Dora.«

Es klingelt, Ende der Wettannahme. Die Pferde betreten die Bahn, laufen im leichten Galopp zum Start. Ein junger Mann lehnt sich neben Ambre auf die Brüstung.

Dora zuckt zusammen, umklammert Domecqs Arm. »Das ist François Bourseul.«

»Die Pferde sind startklar …«, verkündet der Lautsprecher. »Boxen auf!«

Die jungen Leute werden von der auf den Balkon drängenden Menge verschluckt. François neigt sich zu Ambre. »Mein Vater will, dass ich übermorgen nach der letzten Abschlussprüfung noch am Abend heim zu meiner Mutter und der ganzen Familie in den Norden reise. Ich werde nicht fahren. Ich haue ab.« Sie macht eine unwillkürliche Geste. »Es ist alles geplant. Ich habe dir meine neue Adresse auf diesen Wettschein geschrieben. Du lernst sie auswendig und vernichtest ihn dann. Ambre, am Tag der Befreiung sehen wir uns wieder.« Damit verschwindet er und geht zu seinem Vater zurück.

Dora steht auf, hält Ausschau nach ihrer Tochter. »Ich werde ihr den Umgang mit diesem Jungen verbieten. Ich will nicht, dass sie mit ihm schläft. Und die Gefahr besteht meiner Meinung nach durchaus.«

»Ist das denn so schlimm?«

Doras Gesicht verändert sich, ihre Züge sind plötzlich hart und müde. »Natürlich! Das ist sehr schlimm, du Ahnungsloser. Sie ist fünfzehn. Was willst du? Dass sie mit fünfzehn schwanger dasteht wie ich? Dass sie wie eine Sklavin lebt, wie ich?« Zwischen den kleinen weißen Zähnen, durch die halboffenen geschminkten Lippen zischt sie: »Die Männer sind das Übel.«

Die Pferde haben schon die Ziellinie überquert. Die Fünf hat mit großem Vorsprung gewonnen. Eine ganze Schar von Leuten umringt Benezet und beglückwünscht ihn stürmisch.

»Ich dachte, die Fünf gehört Bourseul?«

Dora blickt zerstreut zu der Gruppe hinüber. »Das muss eins von den Pferden sein, die einem amerikanischen Juden gehören, ich erinnere mich nie an seinen Namen, dessen Vermögen Benezet verwaltet. Da er Jude und Amerikaner ist, kann das Pferd nicht für seine Farben laufen, also hat Benezet seinen Rennstall Bourseul anvertraut.«

»Ist Benezet ein Freund von Bourseul? Ich habe ihn nie bei dir gesehen.«

»Ich glaube, er steht der Wehrmacht näher als Otto Bauer und der SS. Aber ja, Benezet und Bourseul sind Freunde, und zwar schon lange. Vor dem Krieg waren sie oft zusammen im *Perroquet bleu.*« Sie nimmt ihre Sachen vom Tischchen, schlüpft in ihre Handschuhe. »Lös du meinen Wettschein ein, während ich Ambre hole, dann fahren wir. Ich wusste nicht, dass Bourseuls Sohn heute hier sein würde, ich will kein Risiko eingehen.«

»Sehr gut. Ich glaube, alles in allem bin ich kein großer Pferdesportfreund.«

10

Samstag, 15. Juli

An der Normandiefront gehen rings um Saint-Lô und in der Stadt Caen die Gefechte weiter.
In Paris war der 14. Juli geprägt von Demonstrationen und einer Revolte der Strafgefangenen im Gefängnis La Santé, die blutig niedergeschlagen wurde.
Im Osten nehmen die sowjetischen Truppen das ukrainische Lemberg ein. Und rücken an den anderen Fronten weiter vor.

Letzte Abschlussprüfung im Examenszentrum in der Rue de l'Abbé-de-l'Épée. François Bourseul tritt unter das Glasdach, sie sind mehr als hundert, zum Kreis aufgestellte Stühle umgeben eine nur mittelmäßige Gipskopie des Apollo von Belvedere. Doch die vollendete Harmonie ist noch erkennbar. François' Gedanken schweifen ab. Erinnerung an die Eröffnung der Ausstellung von Hitlers Lieblingsbildhauer Arno Breker vor einem Jahr, vielleicht zweien, in der Orangerie. Sein Vater hatte ihn mitgeschleppt, deine Mutter ist nicht da, irgendwer muss mich begleiten, und deiner Allgemeinbildung wird das nur guttun. Gewaltige Athletenkörper, bombastisch und missraten, die vor Großspurigkeit und Langeweile strotzten. Cocteau grüßte Breker »aus dem hohen Vaterland der Dichter, wo keine Vaterländer existieren«. Zwischen Naziuniformen drängte sich die feine Pariser Gesellschaft, vollauf damit beschäftigt, sich sehen zu lassen. Sacha Guitry trug seine überlegene, gequälte Miene zur Schau, tätschelte einen Marmorschenkel und seufzte: »Zum Glück haben sie keine Erektion, sonst gäb's zwischen ihnen kein Durchkommen mehr.« François erinnert sich sehr deutlich an den tiefen Abscheu für seine eigene Welt, der ihn an jenem Tag überkam. Vielleicht der Beginn des Andersdenkens. Langer Blick auf die Statue, verschwörerisch und bewundernd. Was ist das Geheimnis deiner Anmut?

Die erste halbe Stunde ist um. Zeit zu gehen. François gibt sein leeres Blatt mit einem ordentlich zerknirschten Lächeln ab, ich kann nur Blumensträuße zeichnen, und verlässt das Examenszentrum. Sein Vater wird in zweieinhalb Stunden mit dem Wagen kommen, um ihn abzuholen und direkt zum großen Haus der Familie in der Nähe von Lille zu bringen. An der Ecke zur Rue Gay-Lussac biegt er links ab, ein Mann um die zwanzig erwartet ihn, umarmt ihn feierlich, und sie verschwinden im Straßengewirr des Sainte-Geneviève-Hügels. Sie gehen Seite an Seite, schnell, ohne zu rennen, Richtung Bastille. François lächelt in sich hinein. Schluss mit dem Geld, das stinkt, Schluss mit der beständigen Mitschuld am Schreckensregime. Ein paar Schritte gleitet und tänzelt er dahin. In der Rue des Fossés-Saint-Bernard laufen vor ihnen zwei Mädchen zur Seine hinunter, Sommerkleider, Sandalen an den nackten Füßen, wie Schülerinnen, die schon Ferien haben. Die eine trägt eine dicke Stofftasche über der Schulter, die offenbar zum Bersten voll ist. Als die jungen Männer sich der Stelle nähern, wo der Pont de Sully auf den Quai de la Tournelle trifft, Gare de Lyon und Gare d'Austerlitz sind nicht weit, kommt eine Straßensperre mit französischen uniformierten Polizisten in Sicht. François zuckt zusammen. Sein Gefährte neigt sich zu ihm.

»Bei uns ist alles in Ordnung. Geh ganz normal weiter, das ist lebenswichtig.«

Die beiden Mädchen machen auf dem Absatz kehrt, ein Trupp Polizisten kommt aus einer Toreinfahrt und ergreift sie, Papiere, Durchsuchung. Die Jungen gehen an den lebhaft diskutierenden Polizisten vorbei.

»Ich sag dir, das sind Jüdinnen. Die Ausweise sind gefälscht, das sieht man doch. Und für Juden hab ich 'nen Riecher.«

»Lass sie laufen, was willst du denn von ihnen, Raymond, sie sind jung und hübsch.«

»Du bist wohl bescheuert, denk bloß nicht, dass ich auf deine Masche reinfalle.«

Ein dritter Polizist hat den Tascheninhalt auf den Gehweg gekippt, der jetzt mit Kleidungsstücken übersät ist, und greift zwei Bücher heraus. Eine billige Bibelausgabe und das bei den Éditions de Minuit verlegte *Le Cahier noir* von Forez alias François Mauriac. François schnürt es die Kehle zu. Sein Gefährte drängt ihn zum Weitergehen. Sie erreichen die eigentliche Straßensperre, passieren sie ungehindert. Vor ihnen die Place de la Bastille, dahinter die Rue de la Roquette. Der Osten von Paris. Viertel, die er nie betreten hat, zu volkstümlich für jemanden aus seinen Kreisen. Eine andere Welt, ein anderes Leben, wie oft hat er sich diesen Moment ausgemalt, herbeigesehnt. Doch die Freude ist verflogen.

Zur selben Zeit hat Ambre sich in ihr Zimmer eingeschlossen, zieht die unter dem Bett versteckte Karte hervor und versetzt mit akribischer Genauigkeit die roten Stecknadeln im Osten und die blauen im Westen. Kommen nicht schnell voran, die blauen. Gerade mal ein paar Millimeter. Bei dem Tempo sind die roten Stecknadeln vor den blauen in Paris. Irgendwie ist ihr zum Heulen.

Martin und Morandot fahren ins Speicherviertel Bercy, ein paarmal unschlüssig, wie weiter in diesen rechtwinklig angelegten Sträßchen, erspähen dann die Lagerhalle der Anselme AG und etwa zwanzig Meter weiter das von Bäumen umgebene kleine Haus, wo die Sekretärin zu finden sein muss. Fahren daran vorbei, parken den Citroën ein paar Straßen entfernt und kehren zu Fuß zurück.

Ein Stoß mit dem Kaltmeißel in die Türritze, ein zweiter mit der Schulter, Martin ist Experte, sie gelangen mühelos hinein, tasten sich durchs Dunkel, finden die Treppe, steigen hinauf. Zweiter Treppenabsatz, unter einer Tür scheint Licht hindurch. Horchen: aus einem Radio ertönt eine Bachkantate. Ab und zu summt eine Frauenstimme mit. Die Chancen stehen gut, dass sie allein ist. Martin lässt wieder Meißel und Schulter spielen, die beiden Männer stürmen in die Wohnung und drücken die Frau in ihren Sessel, bevor sie sich wehren kann. Sie schreit aus Leibeskräften um Hilfe, Morandot verpasst ihr eine saftige Ohrfeige.

»Schrei nur, um diese Zeit, noch dazu an einem Samstag, ist hier in der Gegend kein Mensch.«

Doch vorsichtshalber langt er nach einem Spitzendeckchen, das auf dem Radio liegt, und stopft es ihr in den Mund. Martin hat ihr Handschellen angelegt und hält sie in ihrem Sessel fest. Morandot macht einen Rundgang durch die Wohnung, sieht nach, ob alle Fenster und Läden geschlossen sind. Feudal hier, kein Zweifel. Ein richtiges Badezimmer mit einer Wanne und viel Platz. Eine richtige Küche mit einem prächtigen Kohleherd, der leise bollert, einer Kaffeekanne in einer Ecke der Kochfläche und einem vor sich hin köchelnden Gericht. Hebt den Topfdeckel, das riecht lecker nach baskischem Huhn. Das Schlafzimmer, eine große Kommode, oberste Schublade, ein paar Schmuckstücke, besser als nichts, vor allem, weil Martin nichts davon mitbekommen hat. Schränke voll Kleidung und sogar ein Nerzmantel, weit, lang, dem Mädel geht's wohl zu gut. So einen hätte ich meiner Frau früher nie kaufen können. Und hinter dem Nerz auf dem Schrankboden ein Tresor.

Zurück ins Wohnzimmer, die Frau sitzt steif im Sessel, sehr schlichtes, vorn geknöpftes enges blaues Kleid, Hände auf dem Rücken mit Handschellen gefesselt, gerade Schultern, verschlossene Miene.

»Gnädige Frau haben also einen Tresor im Schlafzimmer.«

Trotziger Blick.

Er packt brutal ihr Haar und schlägt ihren Kopf auf die Armlehne. Ein erstickter Schrei, Blut rinnt aus der Nase in den Winkel der sorgfältig geschminkten Lippen. Morandot reißt den behelfsmäßigen Knebel heraus. »Die Kombination ...«

»Nein!« In einem einzigen Aufbäumen ihres wieder aufgerichteten Körpers brüllt sie das Wort heraus.

»Blöde Kuh.« Eine Ohrfeige. »Bring sie in die Küche. Wollen doch mal sehen, ob du sie uns nicht gibst.«

Als sie die Küche betritt, fegt Morandot ihr die Beine weg, so dass sie auf dem Bauch landet. »Halt sie an den Schultern fest.«

Martin kniet sich vor den Kopf der Frau und drückt mit aller Kraft ihre Schultern nach unten. Morandot öffnet die Herdplatte, senkt den Schürhaken in die rotglühende Kohle, packt ein Bein der Frau, reißt den Schuh herunter und presst den Schürhaken auf die Fußsohle. Ein gellender Schrei, der ganze Körper zuckt unkontrolliert, der Kopf schlägt gegen Martins Geschlecht, der sich in den Nacken der Frau erbricht und eine Erektion bekommt.

Sie stammelt heiser, erstickt : »Das ist der Firmentresor, die Zahlen kenne ich nicht ...«

Morandot hört nicht hin, er reißt ihr schon das Kleid herunter und prügelt mit dem Schürhaken wie entfesselt auf den weißen Leib. Zucken und Röcheln, keine Gegenwehr mehr. Martin steht hastig auf, lässt seine Hose herunter und masturbiert wild unter mechanischem Glucksen. Als er ejakuliert, ist sie bereits tot, ein Schürhakenhieb hat ihr den Schädel gebrochen. Morandot prügelt allmählich weniger hart, beruhigt sich. Martin macht seine Hose wieder zu, Morandot hört auf zu prügeln, legt den Schürhaken hin.

»So.« Er inspiziert die Küche mit einem raschen Blick. Blut und Erbrochenes auf dem Fliesenboden, an den Fronten von Möbeln und Herd, durchdringender säuerlicher Geruch. »Wir haben die Sache ziemlich sauber hingekriegt. Deslauriers hat gesagt, keine Spuren. Einmal durchwischen, dann ist nichts mehr zu sehen. Was machen wir mit der Leiche?«

»Wir schmeißen sie in die Seine, ist ja gleich nebenan.«

»Wenn wir sie so reinschmeißen, im Ganzen, laufen wir Gefahr, dass sie wieder auftaucht, und dann reißt Deslauriers uns in Stücke. Wir müssten sie zerlegen und die Einzelteile zwischen hier und Suresnes verteilen. Und da besteht dann wieder die Gefahr, dass wir eine Riesensauerei veranstalten.«

»Wir können sie bei mir zerlegen, wenn du willst. Ich wohne nicht weit weg und bin gut ausgestattet, ich habe eine Werkstatt, eine Werkbank und Sägen.«

»So machen wir's. Wir putzen die Küche, wir wickeln die Alte in ihren Nerzmantel, der bringt hinterher immer noch ein bisschen Geld, und wir nehmen sie mit zu dir.«

»Und der Tresor?«

»Den lassen wir hier. Der ist schwer, ich krieg ihn nicht geknackt, und es ist nicht gesagt, dass überhaupt was drin ist. Aber bevor wir gehen, mein Junge: baskisches Huhn. Wir brauchen bloß noch den Tisch zu decken.«

Sonntag, 16. Juli

An der Normandiefront dauern die Gefechte an. Generalfeldmarschall Rommel schreibt: »Seit dem 6. Juni haben die Deutschen in der Normandie an die 100 000 Mann verloren, für die kein Ersatz gekommen ist. Die 7. deutsche Armee ist aufgerieben.« Im Osten ist an der Nordfront die litauische Hauptstadt Vilnius erobert worden, der lettischen Hauptstadt Riga droht dasselbe. Die deutschen Truppen im Norden laufen Gefahr, von ihren Versorgungsstützpunkten abgeschnitten zu werden. Hitler lehnt jedweden strategischen Rückzug in Richtung mittlere Ostfront ab. Die sowjetischen Truppen versammeln sich an den ukrainischen Frontabschnitten und nehmen Grodno ein.

Kurz vor zwölf ist es in Neuilly ruhig, sehr ruhig. Es ist Sonntag zur Mittagessenszeit. Und in diesem bürgerlichen Pariser Vorort werden familiäre Gepflogenheiten eingehalten, Krieg hin oder her. Gegessen wird zu Hause im Familienkreis. Das einzig Lebendige, wenn auch nicht sehr, sind die Angler drüben auf der Île de Puteaux. Deslauriers hat zugesichert, die gesamte Operation würde diskret ablaufen. Domecq sitzt hinterm Lenkrad eines in einer Seitengasse gleich bei der Seine geparkten Lastwagens und wird schläfrig. Komisch. Er ist im Begriff, in ein Waffenlager der SS einzubrechen. Das könnte, ja sollte sogar eine gewisse Unruhe auslösen. Aber mitnichten, die Anwesenheit von Deslauriers, selbstsicher und befehlsgewohnt, die menschenleere Stadt, die Mittagssonne, die Wärme, die neben ihm plätschernde und glitzernde Seine, und er döst jeden Moment weg.

Deslauriers taucht am Ende der Straße auf. Gut geschnittener beiger Anzug aus feinem, fließendem Stoff, dem Augenschein nach keine Waffe, rehbraune Glattlederschuhe, brauner

Filzhut, noch eleganter als gewöhnlich. Öffnet die Beifahrertür, steigt ein.

»Lass den Wagen an, mein Junge. Der Weg ist frei. Fahr langsam bis zum Ufer, bieg dann rechts ab, hundert Meter weiter am Ufer ist es.«

Der Lkw hält vor einem hohen Eisentor. Deslauriers steigt aus, zieht zwei an einem blauen Band hängende Schlüssel aus der Innentasche seines Jacketts, schließt die Tür auf, schiebt sie zur Seite. »Fahr rein und stell dich mit dem Heck vors Hallentor.«

Ein leerer kleiner Hof vor einer stillgelegten ehemaligen Fabrik. Domecq manövriert, stellt den Motor ab, springt aus dem Lkw. Hier ist man vor allen Blicken geschützt. Deslauriers öffnet gerade mit einem anderen Schlüsselbund, rotes Band, die Fabriktüren. Drinnen eine riesige verlassene Halle, vollgestellt mit hohen Metallregalen, in denen sich ohne jede Ordnung Bücher und Kisten mit Waffen und Munition neben unverpackten Waffen stapeln. Durch die verdreckten Scheiben der großen Fenster fällt trübes Licht auf das Ganze. Domecq dreht sich in alle Richtungen und kann es ganz offensichtlich nicht fassen. Deslauriers lächelt.

»Anfänglich haben die Deutschen das hier als Zwischenlager für einen Teil der von der Zensur verbotenen und aus dem Verkehr gezogenen Bücher genutzt. Da sich niemand für diese Bestände interessierte, wurden sie von der Gendarmerie sehr locker bewacht. Als die SS immer mehr der von den Alliierten abgeworfenen Waffen erbeutete, wusste sie irgendwann nicht mehr, wohin damit. Die Wehrmacht oder die SS damit auszustatten kam nicht in Frage: Das sind schließlich keine Lumpenarmeen. Die Hilfstrupps haben eine gewisse Anzahl erhalten, Lafonts Nordafrikanische Brigade wurde komplett damit ausgestattet, aber es sind noch viele übrig, die man hier zwischen den Schmökern gelagert hat. Wenn kein Platz mehr ist, werden im Hof ein paar Bücher verbrannt. Die Bewachung ist nie verstärkt worden. Tagsüber zwei Gendarmen, die jeden Tag zwischen zwölf und zwei im *Bistrot des Routiers* am Pont de Neuilly mittagessen, über einen Kilometer von hier entfernt. Und eine Nachtschicht, die weder stärker besetzt noch wachsamer ist. Ich glaube, ein bisschen was wird auch weiterverkauft. Alle kommen auf ihre Kosten … Uns bleiben anderthalb Stunden. Wenn du schon mal zugreifen willst …«

Deslauriers nimmt den Hut ab, zieht das Jackett aus, legt beides sorgsam an einen staubgeschützten Platz, streift einen grauen Kittel über, der auf einem Bücherstapel liegt.

»An die Arbeit.«

Und sie legen los wie ein Trupp Möbelpacker, tragen Munitionskisten, zerlegte Maschinenpistolen, säckeweise Pistolen, Deslauriers souverän, ohne Hast, lächelnd. Als sei er froh über ein bisschen Bewegung. Domecq macht weniger gewandt mit.

Kurz vor zwei ist die Aktion beendet. Domecq sitzt wieder am Steuer. Nachdem er die Lagertüren und das Hoftor verschlossen hat, legt Deslauriers die beiden Schlüsselbunde aufs Armaturenbrett. »Wenn ich meinen Laden dichtgemacht habe, kannst du herkommen und dich allein bedienen. Ich prophezeie nichts, aber der Besitz von Waffen wird bald ein gewichtiges politisches Argument sein.«

Wortlos steckt Domecq die Schlüssel ein.

Gemütliche Rückkehr zu den Lagerhallen der Anselme AG. Domecq, Kreuzschmerzen, schmutzige Kleidung, stellt den mit fast einer Tonne Waffen und Munition beladenen Lastwagen ganz hinten in der Garage ab.

»Besteht nicht das Risiko, dass die Sekretärin hier rumschnüffelt?«

»Ich gehe niemals ein Risiko ein, Nicolas. Die Sekretärin gehört seit gestern nicht mehr zum Personal der Anselme AG.«

Dienstag, 18. Juli

An der Normandiefront haben die Engländer und Kanadier Caen vollständig eingekesselt. Die Schlacht in Stadt und Umland bindet einen großen Teil der 7. deutschen Armee. Die Amerikaner erobern Saint-Lô.

In Bauers Büro, Avenue Foch, ein kleiner, aber gemütlicher Raum im fünften Stock, auf einer Höhe mit den Baumkronen, lichtdurchflutet. Bauer sitzt an seinem Schreibtisch, dunkles Holz, rechte Winkel und gerade Kanten, Rücken zum Fenster, Gesicht im Gegenlicht, und Deslauriers, voll im Licht, lehnt in einem wuchtigen roten Ledersessel im Stil der 1930er Jahre, breitschultrig, massig. Links von ihm an der weißen Wand vier Federzeichnungen von Dürer, deutsche Landschaften, in schlichten schwarzen Rahmen. Deslauriers hat sie aus einer Wohnung mitgenommen, deren jüdische Besitzer er zuvor verhaftet hatte, und sie Bauer geschenkt. 1942. Genau, Oktober '42. Draußen war Mistwetter, und so hat er sie wie Babys in Bettüberwürfe gehüllt, in den Kofferraum des Citroën gelegt und hierher gebracht. Er streckt sich, nippt mit einem wohligen Grunzen an seinem Cognac.

»Ich brauche den Amerikaner zurück.«

Gegenüber keine Reaktion.

»Meine Männer haben ihn geschnappt, ich habe ein Recht auf ihn.«

»Das bestreite ich gar nicht.«

Schweigen. Deslauriers seufzt.

»Anselme ist vor über einem Monat ab nach Monaco. Du bist im Bilde?« Nicken. »Du weißt auch, dass er eine Menge Geld von mir verwaltet, und mein Vertrauen in Anselme ist nicht grenzenlos.« Kunstpause, damit du richtig anbeißt, denn er hat auch Geld von dir, auch wenn du mir das nie gesagt hast. »Ich habe also einen meiner Leute nach Monaco geschickt, um ihn zu überwachen. Und kriege reizende Sachen zu hören. Interessiert es dich?«

Bauer schiebt sich auf seinem Stuhl zurück und nickt.

»Zunächst mal hat sich Anselme mehrfach mit einem alten Herrn namens Alexis Pommier getroffen, der kein anderer ist als Lévy Balland. Du erinnerst dich? Der jüdische Besitzer der nordfranzösischen Textilunternehmen, die an Bourseul übergegangen sind. Nun, er lebt seit 1942 als Flüchtling in Monaco, mit falschen Papieren, und Bourseul zahlt ihm eine Pension, vermutlich so lange, bis er ihm seine Firmen zurückgeben kann, wenn ihr erst weg seid.«

Bauer ist bleich, schweißnasse Stirn. Er verschränkt die Arme vor der Brust, damit seine Hände nicht zittern.

»Anselme und Lévy Balland machen Geschäfte miteinander. Aber das ist nicht alles. Auch Chambrun fährt oft nach Monaco, es kann sogar sein, dass er sich dieser Tage ganz dort niedergelassen hat. Er verwaltet hier in Frankreich die Kapitalbeteiligungen einiger vermögender Amerikaner. Nun, Anselme, Chambrun und Lévy Balland fädeln gerade ein franko-amerikanisches Bankenprojekt ein, um die Entarisierung der französischen Unternehmen zu finanzieren, wenn Frankreich von den Amerikanern besetzt ist. Und Bourseul soll, möglicherweise über Lévy Balland, mit 50 Millionen dabei sein.«

Bauer stößt einen kehligen Laut aus, fast ein Stöhnen. Volltreffer.

»Was hat Owen mit all dem zu tun?« Knirschend.

»Er ist angeblich unter dem Namen Tom Simpson über Monaco hierhergekommen. Seine Mission in Paris soll tatsächlich darin bestehen, Kontakt zu französischen Unternehmern aufzunehmen, aber nicht für die amerikanische Armee oder den Geheimdienst, sondern für Lévy Balland und seine jüdische Bank in Monaco.« Einmal durchatmen. »Hast du bemerkt, dass ich ›angeblich‹ gesagt habe?« Nicken. »Um sicherzugehen, muss ich ihn erst von meinem Spitzel identifizieren lassen, der zurzeit hier ist. Wenn Owen und Simpson ein und derselbe sind, kümmere ich mich persönlich um ihn und werde dafür sorgen, dass er ausspuckt, was er weiß, insbesondere über Bourseul. Denn Anselme ist nichts im Vergleich zu Bourseul. Du und ich sind mit riesigen Summen an seinen Geschäften beteiligt, wir können nicht riskieren, dass Maurice uns reinlegt.«

»Lass es uns hier machen, und zwar zusammen.«

»Nein, aus zwei Gründen: Erstens, es ist mein Spitzel, und ich behalte ihn für mich. Das ist eine Regel, die du seit Beginn unserer Zusammenarbeit akzeptierst, und ich dulde keine Ausnahme. Zweitens, du findest zu viel Gefallen an deinen Spielchen mit dem Amerikaner, als dass du ihm wirklich die Eingeweide herausreißen könntest.«

»Du überwachst meine Fantasien?«

»Wie seit jeher. Und ich nähre sie. Die Frauen, auf die du zum Spaß geschossen hast, während du deinen Amerikaner gevögelt hast, gehören natürlich mir.«

Bauer legt die Füße auf die Schreibtischkante, kippt seinen Stuhl nach hinten, Augen geschlossen. Lächelt dann. »Eigentlich gefällt mir das, René. Sehr. Nimm den Amerikaner, ich leihe ihn dir. Für wie lange?«

»Höchstens vierundzwanzig Stunden. Und ich gebe ihn dir in jedem Fall sehr viel gefügiger zurück, als er jetzt ist.«

Deslauriers verfrachtet Mike Owen, Hände in Handschellen auf dem Rücken, Füße gefesselt, in einen Citroën mit Morandot am Steuer. Martin sitzt neben dem Fahrer, quer über den Oberschenkeln eine Maschinenpistole, die er mit seiner großen Hand langsam und mechanisch streichelt. Er blickt konzentriert geradeaus. Deslauriers, neben Owen auf der Rückbank, hat seine entsicherte Pistole in der Hand. Der Wagen hält vor der Rue Clauzel 4.

»Wartet hier, alle beide. Dauert nicht lang.«

Deslauriers holt Owen aus dem Citroën, schiebt ihn vor sich her, Pistole ins Kreuz gedrückt, geht in den Hausflur des Gebäudes, öffnet die Hintertür, betritt einen schmalen Durchgang.

»Machen Sie keine Dummheiten. Ich bringe Sie zu Benezet. Bewegen Sie sich, so schnell Sie können.«

Ein kleiner Hof, ein unverriegeltes Tor, ein weiterer, größerer Hof, wieder ein Hausflur und ein Ausgang zur Rue de Navarin. Ein Wagen erwartet sie, Domecq am Steuer, Benezet neben ihm. Deslauriers und Owen rutschen eilig auf die Rückbank.

»Schnell, Nicolas. Bauer hat mir vielleicht jemanden hinterhergeschickt. Lange wird meine kleine List ohnehin nicht unentdeckt bleiben.«

Deslauriers steckt seine Pistole sorgsam zurück ins Holster, entfernt dann Owens Handschellen und Fußfesseln. Benezet drückt ihm lange und wortlos die Hand. Domecq konzentriert sich ganz aufs Fahren, Richtung Oper, über die Boulevards, und überwacht im Rückspiegel, was sich hinter ihnen tut. An der Kreuzung Rue Laffitte und Rue La Fayette treffen sie auf eine Straßensperre, französische Polizei. Domecq bremst ab.

»Lass mich machen, das ist sicherer.« Deslauriers kurbelt seine Scheibe herunter, zückt seinen Gestapoausweis. »Deutsche Polizei. Die Herren gehören zu mir.«

Wortlos und mit mürrischer Miene winken die Polizisten sie durch.

Auf Höhe des Boulevard des Capucines berührt Deslauriers

Domecqs Schulter. »Ich steige hier aus. Ich verstecke mich, bis die Amerikaner kommen, und noch ein wenig länger. Sollte ich dich brauchen, nehme ich Kontakt zu dir auf.« Als er schon neben dem Wagen steht, beugt er sich zur Tür hinab, legt seine Hand auf Domecqs Arm, lächelt ihn an. »Pass auf dich auf, es werden unruhige Zeiten, du scheinst mir noch etwas zart besaitet.«

Er richtet sich auf und geht davon, groß, wirklich breitschultrig, das kurze Nackenhaar unter dem Filzhut leicht ergraut, der tadellos geschnittene Anzug kaschiert die Artillerie, biegt mit ruhigem Schritt in die Rue Scribe ein, ist verschwunden. Einen Herzschlag lang ist ihm fast, als fehle er ihm, dann fährt Domecq weiter zum 16. Arrondissement, zu einem freistehenden kleinen Haus am hinteren Straßenende der Villa Scheffer.

Benezet spricht mit gedämpfter Stimme: »Informieren Sie Ihre Vorgesetzten. In Deutschland wird sich im Generalstab der Wehrmacht etwas tun. Ein Attentat auf Hitler steht bevor. Auch der Generalstab der Wehrmacht in Frankreich wird handeln.«

Nach zwei Stunden werden Morandot und Martin unruhig. Sie rufen Verstärkung, Rue de la Pompe, und durchsuchen mit etwa fünfzehn Mann das ganze Haus Nummer 4 in der Rue Clauzel, von oben bis unten, mehrere Male, ohne etwas zu finden. Nebenbei töten sie eine stocktaube alte Dame in schwarzem Kleid und ein homosexuelles Paar, auf das sie stoßen, als es in seiner Küche gerade miteinander schläft. Gegen acht Uhr abends geben sie auf. Loiseau übernimmt es, Bauer die Nachricht zu überbringen.

Zum selben Zeitpunkt meldet Domecq nach London: Widerstand gegen Hitler innerhalb des Generalstabs der Wehrmacht, angeblich steht eine Aktion unmittelbar bevor.

Meinen Quellen zufolge ist auch der Generalstab in Frankreich daran beteiligt. Die Amerikaner scheinen uns (oder zumindest mir) einen Schritt voraus zu sein. Anweisungen?

Ein wenig bekümmert, die besten Agenten halten die Welt, in der sie leben, am Ende für real, antwortet ihm sein Gesprächspartner: »Sei kein Träumer. Die deutsche Wehrmacht ist keine Putschistenarmee.«

11

Donnerstag, 20. Juli

An der Normandiefront ist Caen befreit.
Im Osten rücken die sowjetischen Truppen an der Südflanke der weißrussischen Front auf einer Breite von 65 Kilometern bis zum Fluss Bug vor, dem letzten natürlichen Hindernis vor Warschau.
In Deutschland explodiert im Führerhauptquartier in Rastenburg um 12:45 Uhr eine Bombe, mitten in der Lagebesprechung des Generalstabs, bei der auch der Führer anwesend ist. Es gibt Tote und Verletzte. Kurz darauf werden die Telefonverbindungen zwischen Rastenburg und dem übrigen Deutschland gekappt.
In Berlin sind die dem Generalstab der Wehrmacht angehörenden Verschwörer unschlüssig, wie sie sich verhalten sollen.
16:30 Uhr. Die Telefonverbindungen sind wiederhergestellt. Über Rundfunk verkündet Goebbels, der Führer sei wohlauf.
19:30 Uhr. In einem Fernschreiben befehlen die Verschwörer aus Berlin den Militärs, überall die vollziehende Gewalt zu übernehmen.
1 Uhr nachts. Rundfunkansprache Hitlers. Beginn der Repression.

Domecq liest den *Petit Parisien* und wartet, dass im Inspektorenzimmer der Sitte der Nachmittag verrinnt. Und dann dringt die Nachricht zu ihnen durch, verbreitet sich langsam von Schreibtisch zu Schreibtisch: Attentat auf Hitler. In seinem Hauptquartier ist gegen 12:30 Uhr eine Bombe explodiert. Es gibt Tote und Verletzte. Und Hitler selbst? Die Lage ist unklar. Gegen 16 Uhr hat Goebbels im deutschen Rundfunk verkündet, er sei unverletzt. Doch das kann auch Propaganda sein. In Berlin sollen Truppenbewegungen stattfinden. Quelle: die RG gleich nebenan. Die Nachrichten werden leise und zögernd kommentiert. Sie treffen Domecq mit voller Wucht. Die Wehrmacht ist keine Putschistenarmee, aber nach einem Putsch sieht es doch wohl aus. Benezet: Der Generalstab in Frankreich wird handeln. Und dann schwirrt hier noch dieser Amerikaner herum … Politisch steht mächtig viel auf dem Spiel. Fühlt sich fiebrig. Zögert kurz. Warten, bis es Zeit für die Verbindung mit London ist? Pech für London. Sieh zu, dass du Benezet noch mal triffst und an der Putschgeschichte dranbleibst.

Kein Wagen verfügbar. Im Sturmschritt biegt er in den Boulevard du Palais ein, Richtung Châtelet. Begegnet Passanten, die in Gedanken, in Eile, Soldaten, die auf der Hut sind, doch nicht mehr als sonst. Stadt, wann rührst du dich endlich? Und Jacques Ricout und einem Trupp Polizisten von den RG, die zwei Männer in Handschellen und mit blutenden Gesichtern flankieren. Ricout klopft ihm auf die Schulter. »Drei Monate Beschattung, und die Arbeit ist erledigt. Du siehst, wenn die Polizei ihren Job ordentlich macht …«

»Jacques, übertreibst du's nicht ein bisschen mit deiner ›Todgeweiht und stolz drauf‹-Nummer?«

»Hör zu, mein Guter, ich bin auch nicht dümmer als du und durchaus in der Lage zu begreifen, was Präfekt Bussière am denkwürdigen Abend unseres Festbanketts zu uns gesagt hat. Noch sind die Amerikaner nicht in Paris, wenn sie denn jemals eintreffen, und an dem Tag, an dem de Gaulle nach Paris kommt, wenn er denn kommt, wird er uns dafür auszeichnen, dass wir ihm das kommunistische Gesocks vom Hals geschafft haben. Du dagegen mit deinen Gestapofreundschaften, du hast Grund zur Sorge, glaub mir …«

Bei Châtelet Stromausfall, den ganzen Nachmittag keine

Métro. Er geht zügig, ist schweißnass. Die feinen Viertel unverändert, ungerührt, deutsch. Champs-Élysées 140, zweiter Stock, niemand macht auf. Avenue Henri-Martin, Benezets Wohnung ist verschlossen. Fort, sagt ihm die Concierge mit einem freundlichen Lächeln, mehr weiß sie nicht. Villa Scheffer, das kleine Haus ist verlassen, ebenfalls abgesperrt.

Domecq fühlt Mutlosigkeit aufsteigen. Attentat auf Hitler. Mit Benezet war ich ganz dicht dran am Geschehen, und ich hab die Chance vertan, hab den Anschluss verpasst. Sieh den Tatsachen ins Auge. Du bist benutzt und manipuliert worden. Und deinen höchsten Trumpf, Deslauriers, hast du umsonst verheizt. Dora, gleich um die Ecke, Pause machen, einen Schluck trinken. Bauer nicht weit, vielleicht ein Weg, informiert zu bleiben. Wenigstens das.

Dora in ihrem Boudoir, bekleidet mit einer seitlich gebundenen malvenfarbenen Baumwollbluse, barfuß, ein weißer Frotteeturban verbirgt ihr Haar und verunstaltet sie. Ungeschminkt, aufgedunsene Haut, schwammige Züge. Migräne, sagt sie. Heute keine Damepartie, du kriegst es fertig und schlägst mich. Grimasse: In meinem Zustand würde mich das wundern. Also zwei Ramponierte, Lächeln.

Eine Zofe bringt Tee, sehr stark, und einen Teller mit Buttergebäck.

»Hast du hier ein Radio? Ich würde gern die Nachrichten hören, nur ein paar Minuten.«

»Geh in Ambres Zimmer, sie ist im Moment nicht da. Das ist das einzige Gerät im Haus.«

Radio-Paris übernimmt die von Goebbels verlautbarten offiziellen Informationen, so wie sie in Berlin gesendet wurden. Hitler, leicht verletzt, wird in wenigen Stunden im Radio sprechen … Dann Nachrichten von der Normandiefront, bombardierte Städte … In Paris hat sich ganz offenkundig nichts getan. Was bleibt ihm außer warten? Domecq schaltet das Radio aus und geht wieder zu Dora. Aufs Fensterbrett gestützt betrachtet sie versunken die menschenleere Place des États-Unis. Sie spricht, ohne sich umzudrehen.

»Ich habe heute Nachmittag einen anonymen Brief erhalten. Einen ganz kurzen. Tod der Deutschenhure.« Sie dreht sich um. »Du siehst, so was braucht gar nicht lang zu sein. Er kam nicht mit der Post, er lag hier, auf dem Tisch. In meinem eigenen Haus.«

Mit einem Mal ist er hellwach. Diese Frau, schau sie dir gut an, verquollene Augen, schlechter Teint. Sie ruft um Hilfe. Wenn sie schlappmacht, bist du ein toter Mann.

Sie setzt sich neben ihn. »Willst du noch Tee?« Sie füllt die Tassen nach. »Heute Nachmittag habe ich auf den Champs-Élysées Besorgungen gemacht. Panzer und Lastwagen, vollgestopft mit Soldaten von der Normandiefront, rollten die Straße entlang, auf dem Weg ich weiß nicht wohin. Fast eine Stunde habe ich zugesehen, wie sie vorüberzogen, bevor ich über die Straße konnte.« Sie trinkt ihren Tee in kleinen Schlucken. »Sie waren zerlumpt, abgestumpft, lädiert. Sie waren nicht schön, das waren Besiegte. Das Undenkbare tritt gerade ein, Nicolas. Die Deutschen verlieren den Krieg.« Nachdenklich fährt sie fort, während sie mit ihrer leeren Tasse spielt: »Meine Tochter schließt sich den ganzen Tag in ihrem Zimmer ein, wo sie den englischen Sender hört, und sie will mit mir weder mittag- noch abendessen. Otto ist in einem Zustand kalter Wut und deshalb ständig am Zittern. Er kann kein Glas mehr in die Hand nehmen, ohne dass es zerbricht, und seit drei Tagen war er nicht mehr hier.« Sie seufzt und findet mit gesenkten Lidern ihr träges Lächeln wieder. »Ich werde dich in den kommenden Tagen brauchen, Nicolas.«

»Allzeit bereit.«

Bourseul geht zu Bauer ins Gartengeschoss hinab. Es weht ein kühles Lüftchen. Der Tisch auf der Terrasse ist für zwei gedeckt. Ein SS-Soldat serviert. Bauer kommt aus dem hinteren Teil des Gartens. Setzt sich wortlos, bedeutet Bourseul, es ihm nachzutun, und macht sich mit ruckartigen Bewegungen über sein Stück Melone her. Bourseul isst schweigend, blickt verstohlen zu Bauer hinüber, zählt beinahe die Sekunden. Man wird noch einmal über die Bank Charles reden. 50 Millionen. Lavieren. Durchhalten. Bauer ist erledigt. Weiß er's? Weiß er's nicht? Gegen Ende des Spiels wird es immer heikel. Für alle Spieler.

Bauer kommt direkt zur Sache. »Deslauriers ist seit zwei Tagen verschwunden ...«

Bourseuls verblüffte Miene ist nicht gespielt.

»... und ich glaube, du hast ihn liquidieren lassen.«

Statt Verblüffung jetzt Panik. Hier komme ich nicht lebend raus. Und was sag ich jetzt? Ich war's nicht? Blick zum Gitterzaun hinten im Garten. Rüberspringen ... Idiot.

»Zusammen mit dem amerikanischen Gefangenen, den er bei sich hatte.«

Bauers Blick ist starr, wie im Wahn. Er nickt dem Soldaten zu, der daraufhin die Teller wechselt und Kalbsbraten mit Erbsen aufträgt. Bourseul beginnt zu essen, um abzulenken vielleicht. Schmackhafte gutbürgerliche Küche. Schlaglicht auf das geräumige helle Esszimmer in dem großen Backsteinhaus hoch oben im Norden, Fenster mit Ausblick auf den lauschigen Garten. Ein anderes Leben. Nur Mut.

Ohne einen Blick für Bourseul trinkt Bauer seinen Saint-Émilion Grand Cru in einem Zug aus und fährt fort: »Kurz vor seinem Verschwinden hatte er noch Zeit, mich von deinen monegassischen Machenschaften in Kenntnis zu setzen. Lévy Balland, die Bank mit Chambrun. Du beseitigst einen lästigen Zeugen, von dem du nicht wusstest, dass er mir schon etwas erzählt hatte, und übernimmst gleichzeitig die Anteile eines deiner Teilhaber. Was hast du mit dem anderen Teilhaber vor, also mit mir?« Sieht ihm zum ersten Mal in die Augen und lächelt, fast freundschaftlich. »Nun, du kannst dir ja denken, dass ich meine Vorkehrungen getroffen habe, du kennst mich. Ich habe deine kleine Familie aus Marcq-en-Barœul abholen lassen.« Bourseul zerfällt innerlich. »Ich weiß, wie sehr du an ihr hängst. Und ich habe sie unter meinen Schutz gestellt, hier, im Gefängnis von Fresnes. Wusstest du übrigens, dass dein Sohn nicht da war? Deiner Frau zufolge hat er sich den Terroristen angeschlossen. Deine Familie mischt wohl überall mit.«

Sag nichts. Du hast nichts Intelligentes zu sagen. Warte ab, atme, ruhig.

Bauer beugt sich vor, schenkt sich nach. »Kurz, die Sache ist einfach. Ich will, dass du mir morgen Abend die 50 Millionen in bar hier auf den Tisch legst. Bekomme ich sie nicht, sind deine Frau und deine beiden Töchter übermorgen früh auf dem Weg nach Deutschland. Bekomme ich sie, lasse ich sie laufen. Was mit dir wird, muss ich noch sehen. Wir reden morgen Abend darüber, sobald du bezahlt hast.«

Bourseul erhebt sich steif, sein Stuhl kippt um. »Du bekommst das Geld.« Dann eilt er davon.

Als er im Entree anlangt, fliegt unter dem Ansturm von einem Dutzend Wehrmachtsoldaten und -offizieren mit gezückten Pistolen krachend die Eingangstür auf. Sie bleiben vor Bourseul stehen.

»Bauer?«

Bourseul zeigt zur Treppe nach unten, die Männer stürmen hinab, er hört, wie sich oben etwas rührt, vermutlich Dora, die nachsieht, was los ist, und stürzt durch die sperrangelweit geöffnete Tür auf die Place des États-Unis, die Nacht ist noch nicht angebrochen, der Platz menschenleer, drei Armeefahrzeuge sind auf dem Gehweg geparkt. Er rennt los zur Rue Lauriston, ganz in der Nähe.

Herbeigelockt von dem Lärm, beugt sich Dora übers Treppengeländer und starrt wie gelähmt Bauer hinterher, der flankiert von einem Trupp Soldaten das Haus verlässt. SS-Hauptsturmführer Otto Bauer von der Wehrmacht verhaftet. Domecq, im Hintergrund, sieht ihr über die Schulter, sie krümmt sich, ihr wird schlecht. Er kann sie gerade noch halten, ins Bad ziehen, sie erbricht einen Schwall Galle. Wie ein Kindermädchen befeuchtet Domecq ihr das Gesicht, legt sie auf ihr Bett, löst ihren Gürtel, wickelt den eng um ihren Kopf geschlungenen Turban ab. Blondes, seidiges, gewelltes Haar ergießt sich aufs Kopfkissen.

»Verlass mich nicht, Nicolas. Allein in diesem Haus komme ich um vor Angst.«

Er bringt ihr ein Glas Wasser, Schlaftabletten. Sie dämmert sehr schnell weg, auf dem Rücken, Mund leicht geöffnet, rauer Atem, in einen benommenen Schlaf. Er taucht seine Finger in ihr goldenes Haar, das nach Kamille und Lindenblüte durftet, seidig weich fühlt es sich an, im Nacken feucht, jähe Erinnerung, eine andere Frau, ein anderes Leben, die Hitze Ägyptens. Vergiss es, es herrscht Krieg. Er fährt mit der Kuppe seines Zeigefingers sanft über ihr Profil, die Stirn, die Vertiefung am Nasenansatz, zwischen den Brauen, seidig, anrührend fragil, setzt einen Kuss darauf, über den Nasenrücken, zu breit, leicht stupsig, was eine ihrer reizenden Unvollkommenheiten ist, weiter hinab zum Mund mit den schön geschwungenen Lippen und dem runden Kinn. Am Hals zeigen sich die ersten Falten.

Dann legt er sich ratlos aufs Sofa im Boudoir, wo er bis zum Morgen vor sich hin döst. Wahrscheinlich ist Hitler in Berlin nicht tot. Aber … Bauer kann, wenn er nicht gleich an der nächsten Ecke erschossen wurde, durchaus jeden Moment zurückkommen. Oder aber … Warten, bis es Morgen wird.

In der Eingangshalle der Rue Lauriston 93 sitzen vier Männer in Hemdsärmeln an einem Tisch, Waffen über die Stuhllehnen gehängt, trinken Cognac, rauchen Zigarren und pokern. Sie blicken kurz zur Tür, die Hände greifen nach den Waffen, ehe einer von ihnen, jung, schlank, hübscher Bengel, etwas weichlich (den hab ich schon mal gesehen, Clavié, Henris Neffe), sie bremst.

»Das ist Bourseul. Der Chef kennt ihn. Was wollen Sie?«

»Zu Lafont. Ist er da?«

»Nein.«

»Zu Hause?«

Brummeln.

»Bauer wurde gerade von der Wehrmacht verhaftet.« Die vier Männer, jetzt hellhörig, setzen sich aufrecht hin. »Ich muss Henri finden.«

Clavié steht seufzend auf, schnappt sich seine Waffe, seinen Hut, sein Jackett. »Na dann los.« Ein Lächeln. »Kommt mir gelegen, bin eh am Verlieren.«

Brummeln.

Zu Hause in Neuilly ist Lafont nicht. Sie klappern die Bars und Bordelle von Pigalle ab. Gegen Mitternacht finden Bourseul und Clavié ihn schließlich sturzbetrunken und schlafend auf einer Bank im Park des Château de Bagatelle und schleppen ihn zum Wagen. Zurück in die Rue Lauriston, eiskalte Dusche, Kaffee mit Cognac, Lafont, im Bademantel, taucht aus seinem Rausch auf. Bourseul fühlt sich nicht mehr so allein. Im Büro von Carlingue-Verwaltungsleiter Bonny setzen sich die beiden Männer im gelben Licht Seite an Seite vor ein großes Radiogerät, aus dem Musikrauschen ertönt. Lafont, das nasse Haar an den Schläfen ordentlich nach hinten gestrichen, kratzt sich die Brust und fängt wieder an zu trinken und zu rauchen. Bourseul hat sich einen Cognac eingeschenkt, den er geistesabwesend in seinen Händen wärmt, und nagt an seinem Oberlippenbart, lang, zu lang, zum Stutzen war keine Zeit. Im Hintergrund döst Clavié im Halbdunkel. Die anderen drei Handlanger spielen immer noch in der Eingangshalle Karten.

Bourseul besieht sich die vier vom Boden bis zur Decke mit Ordnern bedeckten Wände des Raums. »Himmel, was für ein Büro, mehr Papierkram als in meinen Firmen.«

Lachen. »Ja, so ist Bonny. Der Bulle der Bande. Nicht mein Ding. Geschichten stehen da drin … Alles, was in Paris Rang und Namen hat, auch du. Aber keine Angst, Maurice. Bevor ich abhaue, setz ich hier alles in Brand.«

Dann reden die beiden im Flüsterton weiter wie enge Freunde. Lafont spricht von seinem Überdruss: Ich möchte meine Träume nicht überleben. Bourseul, eher Pragmatiker, erzählt von seiner Familie im Gefängnis von Fresnes, Bauers Erpressung und dessen Verhaftung durch die Wehrmacht.

»Glaub mir, Maurice. Gegen die SS hat die Wehrmacht keine Chance. Ich habe miterlebt, wie sie zwischen '40 und '42 in Paris die Partie für sich entschieden haben, verdammt gewiefte Spieler sind das. Aber sei unbesorgt, ob Bauer im Knast sitzt oder nicht, macht für mich keinen Unterschied. Fresnes ist mein Reich. In Fresnes bin ich der Boss. Ich hole deine Familie da raus, wann immer du willst.«

»Sofort, Henri, und egal zu welchem Preis.«

»Heute früh um sechs, beim Wachwechsel. Ich werde selbst zum Gefängnis fahren. Danke mir nicht. Das ist eins der wenigen Dinge, die noch in meiner Macht stehen, und das gefällt mir.« Ein Moment vergeht, entrückter Blick. »Vier

Jahre, was für ein schönes Leben ... Ich kann mich nicht an die Vorstellung gewöhnen, dass das vorbei ist ... Treib im Gegenzug zwei Wagen für mich auf, die der Résistance noch nicht bekannt sind, und Bargeld. Sobald ich mich raustraue, setz ich mich mit meiner Familie schleunigst nach Spanien ab.«

»Bauer zufolge soll Deslauriers verschwunden oder tot sein. Weißt du was davon?«

»In der Rue de la Pompe läuft alles noch ... normal, könnte man sagen, jedenfalls normaler als hier.« Er hält inne. »Tot, unwahrscheinlich. Eher hat er eine Kehrtwende gemacht. Würde mich wundern, wenn ein Typ wie er so lange auf Kurs bleibt, bis das Schiff untergeht. Zu clever. Und wenn du mich fragst, muss er seinen Abgang schon eine Weile vorbereitet haben.«

Bourseul sieht Lafont mit geschärfter Aufmerksamkeit an. Deslauriers hat eine Kehrtwende gemacht, na klar. Überlegt blitzschnell. Das Radio knistert. Ansprache von Hitler. Bourseul stellt lauter. Alle beide hören die ins Schrille kippende Stimme, den hysterischen Tonfall. Lafont schaltet nach drei Sätzen ab.

»Kein Zweifel, der Irre ist quicklebendig. Wo bringe ich dir deine Familie hin?«

»Ins *Café de la Paix*.«

»Zur Oper? Mitten auf deutsches Gebiet, komische Idee. Wie du willst. Um acht sind wir dort.«

Punkt acht Uhr betritt Lafont in der Uniform des SS-Hauptsturmführers das *Café de la Paix*, an seinem Arm Madame Bourseul, eine große, sehr aufrechte Frau in einem hellgrünen Baumwollkleid voller Schmutzflecken, eine nicht dazu passende braune Veloursjacke über die Schultern geworfen und das Haar auf die Schnelle zu einem Knoten frisiert, aus dem rundherum braune Löckchen hervorschauen. In ihren Armen hält sie das in eine Decke gewickelte Nesthäkchen Isabelle, struppiges Haar und schwarze Dreckspuren im Gesicht. Jeanne, elf Jahre, dicht hinter ihrer Mutter, klammert sich an ihr Kleid. Bourseul steht auf, stürzt ihnen entgegen, schließt seine Frau in die Arme, Isabelle hängt sich an seinen Hals und bricht in Tränen aus. Er bringt kein Wort heraus. Lafont winkt ihm zum Gruß und entfernt sich rasch. Bourseul schart seine Frauen um sich (hast du Nachricht von François, das sehen wir später, lasst uns hier verschwinden), drängt sie dann im Eiltempo in die Rue Cambon, zum Dienstboteneingang des *Ritz*. Der Türsteher erwartet sie in Galauniform zwischen Mülltonnen und Dreckwäsche, begrüßt feierlich Madame Bourseul, deren Bekanntschaft zu machen ihm eine Ehre ist, und hoch geht's über eine Hintertreppe, nicht den Fahrstuhl, Isabelle umklammert immer noch den Hals ihres Vaters, den sie geräuschvoll abküsst. Ganz oben unterm Dach zwei kleine, miteinander verbundene Zimmer.

»Ihr geht hier nicht weg, bis die SS aus Paris verschwunden ist, unter keinen Umständen. Ich muss noch eine paar Dinge regeln.«

»Verlassen Sie sich auf uns, Monsieur Bourseul. Es wird den Damen an nichts fehlen.«

Freitag, 21. Juli

In Frankreich setzen 15 000 deutsche Soldaten zum Sturmangriff auf den Maquis im Vercors an.
Im Osten rücken die sowjetischen Truppen an der Südflanke der weißrussischen Front auf Lublin und Brest-Litowsk vor.

Den ganzen ersten Teil der Nacht des 20. Juli hat Bauer wie alle SS-Leute in Paris als Gefangener der Wehrmacht im *Hôtel Continental* verbracht, während die Verschwörer im Kasernenhof der École militaire Erschießungskommandos aufstellten. Dann, um ein Uhr nachts, genau in dem Moment, als Hitler im deutschen Rundfunk sprach, ließen die Chefs der Wehrmacht angesichts des drohenden Eingreifens der Kriegsmarine alle ihre Gefangenen frei und erkannten damit ihre Niederlage an.

Die in ihren Räumen in der Avenue Foch versammelten SS-Führer berieten lange über die Repressionsmaßnahmen, die diesem Putschversuch folgen sollten. Sie würden erbarmungslos sein, die Pariser Bevölkerung jedoch sollte von den Vorfällen innerhalb der deutschen Armee nicht das Geringste erfahren.

Die jeweiligen Verantwortlichkeiten sowie das Ausmaß des Komplotts zu untersuchen überließ man dem Gestapochef. Bauer wurde persönlich damit betraut, zwei Oberstleutnants der Wehrmacht zu verhaften, beide aus altem preußischem Adel, die man in der Nacht mit der Waffe in der Hand gesehen hatte. Was er am Nachmittag des 21. Juli tat. Einer der beiden beging Selbstmord, als Bauer sein Büro betrat, der andere wurde nach Berlin gebracht und dort Ende August gehängt. Was Bauer sehr genoss.

Rechtzeitig zu seiner Verabredung mit Bourseul kehrt Bauer zur Place des États-Unis zurück. Er lässt Dora Belle ausrichten, dass er morgen früh zu ihr hochkommen und ihr guten Tag sagen wird, und macht es sich auf der Terrasse in einem Liegestuhl bequem. Das Warten zieht sich hin, Bourseul kommt nicht.

Anruf in Fresnes. Madame Bourseul und ihre beiden Töchter sind nicht mehr in ihrer Zelle. Nach einer kurzen Nachforschung sieht es so aus, dass sie gestern Abend noch da waren, man seitdem aber nichts mehr über sie weiß. Im Haftregister keine Spur von ihnen. Wie das, Kriegsgericht? Aber, Herr Hauptsturmführer, Ihnen muss ich doch nicht erklären, dass das gängige Praxis ist. Dass die Gefangenen unter dem einen Namen kommen und unter einem anderen gehen, dass die Gestapo abholt, wen sie will, um mit ihm zu tun, was sie will, und jeden Hinweis darauf tilgt, dass es die Gefangenen je gegeben hat, dass die Hilfskräfte es genauso machen und die Miliz gleich im Gefängnis aburteilt und exekutiert. Womöglich sind sie zur Stunde schon tot … Bauer hat aufgelegt.

Die Nacht bricht an, die Linde erfüllt den Garten mit ihrem Duft. Kurz das Verlangen, sein Gesicht in Doras blondes Haar zu tauchen. Nicht jetzt. Denk ein wenig nach. Die treubrüchigen Generäle. Unvorstellbar, dass sie nicht mit den Amerikanern in Kontakt stehen. Die Untersuchung wird es erbringen, sagen meine Chefs. Dazu braucht es keine Untersuchung, das ist doch offenkundig. Was haben sie ausgehandelt? Sicherheit für ihr Leben und ihre Sonderrechte, und unsere Vernichtung. Aber wir haben gesiegt, sie werden zahlen. Rückblende: Die jungen Panzerbesatzungen auf dem Weg zur Normandiefront, denen ich am 6. Juni auf den äußeren Boulevards begegnet bin, strahlende Krieger, dem Tod ergeben. Nun, da wir die treubrüchigen Generäle los sind, werden wir alle, wir Soldaten, Großdeutschland neu erschaffen.

Zur gleichen Zeit verhandelt auch Bourseul mit den Amerikanern. Deslauriers kommt ihm auf die Schliche. Bauer hält inne, ein Riss tut sich auf: Er fehlt mir. Denk nicht daran. Bourseul lockt ihn in einen Hinterhalt, tötet ihn, nutzt den Amerikaner für seine Zwecke. Zufälle gibt es nicht. Bourseul, die Amerikaner und die treubrüchigen Generäle stecken offenkundig alle unter einer Decke. Das hat Deslauriers nicht begriffen.

Gestern, genau hier, hat Bourseul gewusst, was im Gange war. Er hat mich den ganzen Abend lang zum Narren gehalten. Wut und Hass wallen in ihm auf, Blut schießt ihm in den Kopf, die Schläfen pochen. Einen ganzen Abend lang bin ich von einem Besiegten lächerlich gemacht worden. Dann macht er sich davon und lässt seine Frau von einem Komplizen bei der Wehrmacht befreien. Sie haben keinen Zugang zu den Gefängnissen? In einer Nacht wie dieser haben sie offenbar einen gefunden.

Untersuchung … Unnötig. Ich bin mir meiner Sache sicher. Bourseul exekutieren lassen und eine Razzia bei den mit ihm befreundeten Unternehmern und hochrangigen französischen Staatsbeamten ansetzen, Giftschlangen, doppelzüngig wie Sklaven.

12

Samstag, 22. Juli

Im Osten erreichen die sowjetischen Truppen an der Nordfront die russisch-finnische Grenze von 1940.
Die jetzt einsetzende Repression gegen die Beteiligten an der Verschwörung des 20. Juli wird mehr als 5000 Opfer fordern, hauptsächlich unter den Offizieren der Wehrmacht und ihren Familien.

Binnen weniger Tage ist es mit der Rue de la Pompe sichtlich bergab gegangen. Die »freien Mitarbeiter« lassen sich immer seltener blicken, Geschäftsleute und Bittsteller gar nicht mehr. Der breite Flur ist leer. Da fortan er es ist, der hinter dem schönen Schreibtisch mit den Karyatiden sitzt, was ihm tiefe Genugtuung verschafft, hat Loiseau beschlossen, dass das »Stammpersonal«, Morandot, Martin und er selbst, hier vor Ort schlafen wird. So verliert man weniger Zeit. Für Morandot und Martin sind zwei Feldbetten in der Diele aufgestellt worden und ein drittes für Loiseau im Büro, wo noch Deslauriers' Gespenst umgeht. Und dann widmet sich der Trupp seinem vorrangigen, von Bauer erteilten Auftrag: Vater und Sohn Bourseul aufspüren und exekutieren.

Loiseau läutet seine Regentschaft mit einer systematischen Erkundung von Deslauriers' Büro ein. Und wird nicht groß fündig. Keine Listen mit den Namen der rechtschaffenen Kaufleute und Unternehmer, die regelmäßig in der Rue de la

Pompe verkehrten, um zu kaufen oder zu verkaufen, und auch keine von den Schwarzhändlern und Ganoven, die an besagten Operationen beteiligt waren. Keinerlei Belege über die Kapitalbewegungen. Loiseau weiß, dass anonyme Transaktionen ebenso wie Barzahlung die Regel waren, aber er weiß auch, dass Deslauriers sich immer alles notiert hat. Diese Notizen muss er mitgenommen haben. Verrecken soll er. Beim Durchsuchen des Spinds wirft Loiseau einen Blick in den Spiegel innen an der Schranktür. Stellt sich in Positur, lässig an den Karyatidenschreibtisch gelehnt, glättet sein Haar, lächelt sich zu. Er wird sich neu einkleiden müssen. Einen Maßanzug vielleicht wie Deslauriers, ein alter Traum. Dafür braucht es Kohle. Sucht weiter. In einer kleinen verschlossenen Kassette, die er mühelos aufbricht, Bargeld, 50 000 Franc. Nicht doll, aber genug, damit der Laden erst mal läuft. Und in einem Regal zwei Aktenmappen, »laufende Geschäfte«. Eine Waggonladung Kaffee und eine weitere mit Schokolade warten am Bahnhof La Chapelle auf Abholung. Ein Batzen Geld, wenn ich's richtig anstelle.

Sonntag, 23. Juli

Im Osten an der Nordfront nehmen die sowjetischen Truppen die ans Baltikum grenzende Stadt Pskow ein, den Lebensnerv der deutschen Verteidigung und die erste Stadt, die 1941 von der deutschen Offensive erobert worden war.

Erste Aufgabe, Bourseuls Wohnung durchsuchen, in der Hoffnung, dort den Anfang einer Fährte zu finden.

Avenue Kléber, nur einen Katzensprung vom *Majestic* und der deutschen Militärverwaltung entfernt. Loiseau und seine Bande betreten ein großes herrschaftliches Gebäude aus weißem Quaderstein. Bourseul bewohnt hier offenbar eine einfache Junggesellenbude im fünften Stock, seine ganze Familie ist im Norden geblieben. Hier dürfte man ungestört sein.

Der Strom ist nicht abgestellt, man befindet sich in einer Reichengegend, der Fahrstuhl geht also. Umso besser, denkt Morandot, der nicht gern jedermann zeigt, wie kurzatmig er ist.

Loiseau klingelt. Eine weißhaarige Dame in schwarzem Kleid macht ihnen auf.

»Deutsche Polizei.«

Überrascht. »Was wollen Sie?«

»Wir suchen Monsieur Bourseul. Und seinen Sohn François.«

»Sie sind nicht hier. Weder der eine noch der andere.«

Morandot lacht. »Das dachten wir uns fast. Wir werden ein wenig mit dir plaudern.«

In Panik versucht sie die Tür wieder zu schließen. Loiseau gerät in Rage, stemmt seinen Fuß in den Spalt, stößt die Alte beiseite. Sie ruft: »Pierre, Pierre …« Und löst per Knopfdruck einen Alarm aus, der im ganzen Haus zu hören ist. Loiseau zieht seine Pistole, schießt einmal aus nächster Nähe, die Alte bricht zusammen, ihr Mund steht offen, ein alter Mann in Hemdsärmeln kommt im Schneckentempo herbei: »Madeleine, da bin ich, was ist denn los?« Loiseau schießt ein zweites Mal. Der Alte bleibt abrupt stehen, fällt auf die Knie, kippt dann kopfüber um. Dritter Schuss in die Alarmvorrichtung, die verstummt. Loiseau schlägt die schwere Wohnungstür hinter ihnen zu.

»Wir lassen uns doch nicht auf den Nerven rumtrampeln …«

Martin murrt. »Du hast ein bisschen schnell geschossen.

Vielleicht wussten sie was. Du schießt immer ein bisschen schnell.«

Loiseau dreht sich zu ihm um. »Du widersprichst ...«

»Ist ja gut, mach hier nicht auf Deslauriers, das nimmt dir keiner ab.«

Sie öffnen die mittlere Tür. Ein sehr großes, sonnendurchflutetes Wohn- und Esszimmer mit einer großen Fensterfront, durch die man auf eine blühende Terrasse und dahinter auf die Seine schaut. Eine einfache Junggesellenbude ... Die drei Männer sehen sich um: Louis-XV-Mobiliar, zwei Kristalllüster, Marmortisch und überall, auf den Möbeln, in Vitrinen, große chinesische Porzellanvasen, Figürchen aus Elfenbein oder Jade, an den Wänden japanische Holzschnitte und auf dem Boden Perserteppiche. Morandot steht einfach nur da, lässt flüsternd eine lange Latte von Flüchen los.

»Ich hab ihn vor dem Krieg bei der Cagoule kennengelernt. Er war damals ein kleiner Unternehmer, kaum erfolgreicher als ich, und jetzt ist er Milliardär und bettet seinen Arsch auf Seide.« Er geht zu einer blauen Mingvase und streicht mit den Fingerspitzen zärtlich über ihren Bauch. »Wir haben die ganze Scheiße und das Risiko abgekriegt und er die ganze Kohle. Und jetzt, wo's schwierig wird, wo man nach seinen Leuten gucken muss, lässt er uns fallen, um sich von den Amerikanern ficken zu lassen.«

Morandot spuckt aus, packt die Vase und schleudert sie gegen eine Vitrine, die sie in tausend Teile zersprengt und dabei selbst zu Bruch geht. Martin ist eifrig dabei, die auf dem Teppich verstreuten Figürchen Stück für Stück zu zertreten. Loiseau zertrümmert einen Louis-XV-Sessel auf dem Marmortisch, der auseinanderbricht, und benutzt eins der Beine als Knüppel, um auf die Kristalllüster einzuschlagen. Binnen Minuten ist das Zimmer verwüstet.

Martin und Morandot ziehen die beiden Leichen an den

Füßen hinter sich her, leicht, federleicht, die Frau auf dem Rücken, den Mann auf dem Bauch, blutige Schleifspuren, und lassen sie nebeneinander in der Mitte des Wohnzimmers liegen.

»Das macht durstig.«

Sie schließen die Wohnzimmertür hinter sich, finden die Küche und leeren eine Flasche Rotwein, einen Romanée Conti 1933, wie gewöhnlichen Fusel. Dann übernimmt Loiseau wieder das Kommando.

»Wir gehen schnell noch durch die anderen Zimmer. Was wir suchen, sind Fotos von Vater und Sohn. Wir nehmen Geld, Gold, Schmuck mit. Sonst nichts.«

Sie finden recht schnell ein paar gute Fotos der beiden Bourseuls, unübersehbar auf den Nachttischchen und im Flur an der Wand. Der halbwüchsige François mit seinem jungenhaften Aussehen und dem Grübchen am Kinn ist besonders leicht zu erkennen. Sie finden auch 100 000 Franc in ungebrauchten Scheinen, aber weder Gold noch Schmuck. Da hätte man sich mehr erhofft. Als sie gehen, schiebt sich Martin ein kleines Frührenaissance-Gemälde unters Hemd, das er auf einem der Nachttischchen entdeckt hat. Es stellt Judith in weißem Kleid und mit langem blondem Haar dar, einen Säbel in der Hand, ungerührter, selbstsicherer Blick, kurz nachdem sie Holofernes den Kopf abgeschlagen hat, der jetzt in einer Schale zu ihren Füßen liegt. Diese Frau verunsichert ihn.

Montag, 24. Juli

Im Osten erobern die sowjetischen Truppen an der weißrussischen Front Lublin.

Die in einer gewundenen, einsamen Gasse am Trocadéro-Hügel gelegene Jesuitenschule École Loyola ist hinter hohen Mauern verborgen, über denen ein paar Baumwipfel aufragen. Morandot klingelt an dem großen, mit einem Giebelrelief verzierten Portal. Muss mehrmals klingeln, bis eine kleine, in die Umfassungsmauer eingelassene Seitentür ein paar Dutzend Meter weiter einen Spalt geöffnet wird. Morandot geht dorthin.

Ein älterer Mann in einem grauen Kittel, das spärliche lange Haar zurückgekämmt, spitze Nase und kleine Brille mit Goldrand, ruft ihm zu: »Was wollen Sie?«

Morandot zeigt seinen Ausweis. »Deutsche Polizei. Können wir uns unterhalten?«

Der Alte besieht sich den Ausweis von nahem, kontrolliert zweimal das Foto, tritt dann beiseite, um ihn einzulassen. »Heutzutage muss man vorsichtig sein.«

Morandot betritt ohne Umschweife die Hausmeisterwohnung, ein ziemlich dunkler Raum, ein Tisch, Stühle, eine große Anrichte mit Schnitzereien, ein riesengroßes Radio und in der Ecke eine Art Küche, durch einen schmuddeligen Baumwollvorhang vom Raum abgetrennt. Eine Fenstertür und ein Schalterfenster gehen zum großen Hof hinaus, in dessen Mitte ein Kastanienbaum wächst. Hinten im Hof erkennt man ein prächtiges Schlösschen aus dem 18. Jahrhundert, dessen Fensterläden alle geschlossen sind. Der Hausmeister macht einen Stuhl frei, schiebt ihn in eine Ecke, die vor jedem neugierigen Blick vom Hof geschützt ist.

»Setzen Sie sich. Ich habe heißen Kaffee. Sie nehmen doch einen?«

»Danke, da bin ich dabei. Sagen Sie mal, das ist ja hier wie ausgestorben.«

»Es sind Ferien. Und die Jesuitenpatres wohnen im zweiten Gebäude ganz hinten im Garten.«

Er bringt eine Kaffeekanne, gefüllt mit einer kochend heißen Flüssigkeit, die er in zwei Tassen gießt. Riecht komisch. Vom Schwarzmarkt kommt der sicher nicht.

»Und was wollen Sie nun eigentlich?«

Red nicht drumrum. Der Bursche ist auf deiner Seite. »Wie ist das Klima an der Schule?«

»Ganz gut. Die Pfarrer sind in Ordnung.« Er hält inne, blickt rasch auf den immer noch leeren Hof. »Der Turnlehrer drückt sich vor dem Pflichtarbeitsdienst, oder er ist Jude. Jedenfalls versteckt er sich. Die Pfarrer sind blauäugig.«

Morandot rückt seinen Stuhl näher heran, beugt sich vor. »Zum Glück passen Sie gut auf. Nach unseren Informationen geht die Sache noch weiter. Dies ist angeblich eine Brutstätte für Terroristen.«

»Das ist ja das Allerneueste, davon habe ich noch nie was gehört.«

»Der Sohn der Bourseuls, kennen Sie den?«

»Ja. Er ist seit zwei oder drei Jahren hier. Arrogant wie all diese Söhne reicher Eltern.«

Rückblende: Bourseuls Wohnung, die Terrasse, die Vasen, die Figürchen, Hass flammt in ihm auf. »Sie und ich, wir verstehen uns. Er ist Terrorist geworden, das steht fest, und er ist spurlos verschwunden. Sind Ihnen nicht vielleicht Erwachsene aufgefallen, mit denen er oft zusammen war, Leute, die ihn hätten beeinflussen oder anwerben können?«

»Der Bourseul-Sohn war in der Philosophieklasse ...« Der Hausmeister konzentriert sich, nimmt seine Brille ab, reibt sich die Augen, setzt sie wieder auf. »In dieser Klasse sind die Lehrer alle Jesuitenpatres, und die, also wirklich ... Bis auf einen Repetitor, der sie jede Woche Vorprüfungen ablegen ließ, spätabends nach dem Unterricht, und der Sohn der Bourseuls ging oft mit zu ihm nach Hause.«

»Der Turnlehrer und der Repetitor interessieren mich. Kann ich ihre Namen und Adressen haben?«

»Die kenne ich nicht. Man müsste sich ihre Personalkarten aus den Akten der Verwaltung beschaffen.« Ein Moment vergeht. »Das ist nicht leicht.«

Morandot zückt ein von einem Gummiband zusammengehaltenes Bündel Hundertfrancscheine, legt es auf den Tisch, schiebt es mit einem Finger zum Hausmeister hin, langsam, wortlos.

Eine Viertelstunde später hält Morandot die Personalkarten in Händen. Sogar mit Fotos.

Gegen halb eins am Mittag trifft sich das Trio aus der Rue de la Pompe im *Chez Marcel*, einem Lokal ganz in der Nähe ihres Hauptquartiers. Seit mehreren Jahren ist hier immer ein Tisch für sie gedeckt, in einem winzigen, durch die Küche zugänglichen Raum mit einer Art Klappfenster zum Hof. Ein einzelner runder Tisch, ihrer, bedeckt mit einer karierten Wachstuchdecke, ziemlich oft von einer Kerze beleuchtet, wenn es keinen Strom gibt. Im Austausch gegen eine Stange Geld und ein paar kleinere Gefälligkeiten kocht der Wirt nur für sie üppige, deftige Gerichte, Bœuf bourguignon, Stockfischpüree, Hammelragout mit Bohnen. Heute ist der kleine Raum verschlossen. »Wegen Umbau«, sagt der Wirt. »Und im Schankraum kann ich euch nicht bedienen, bei all den Leuten, die da vorbeikommen, hätte ich sofort die Schwarzmarktpolizei am Hals. Müsst euch eine andere Kantine suchen.«

Loiseau ist bleich und steckt die Hände tief in seine Taschen, um sie am Zittern zu hindern. Schließlich strandet die Bande in einem kleinen Lokal fürs einfache Volk, wo man auf ganz offizielle Lebensmittelkarten unzureichend und schlecht isst. Martin spricht davon, sich um die Essensversorgung zu kümmern und in der Wohnung in der Rue de la Pompe für den ganzen Trupp zu kochen.

»Marcel ist ein Verräter.«

»Lass Marcel. Jeder hat das Recht, Umbauten vorzunehmen.«

Loiseaus Hände fangen wieder an zu zittern. Rasch beginnt Morandot mit einem umfassenden Bericht über seinen Besuch in der Jesuitenschule und legt die beiden Personalkarten auf den Tisch. »Knöpfen wir uns den Turnlehrer vor, bevor wir uns mit den ernsten Dingen befassen?«

Loiseau atmet tief durch, beruhigt sich wieder. »Einverstanden. Er wohnt ganz in der Nähe, wir machen einen Nachbarschaftsbesuch.« Mit verzogenem Gesicht isst er seinen Teller Steckrüben leer und fährt dann fort: »Unsere Waggons mit Kaffee und Schokolade habe ich an Masuy verkauft, einen Kollegen.« Er legt eine Kunstpause ein. »Zwei Millionen.«

Gebannt halten die beiden anderen im Essen inne. Mit diesem Coup sind wir reich. Loiseau schenkt entspannt ein. Seine Position als Kopf des Trios hat er sicher.

Der Chef öffnet die Glastür, die ihn vom Inspektorenzimmer trennt, und brüllt: »Domecq, in mein Büro!«

Domecq, in Gedanken bei den Ereignissen, die auf den 20. Juli gefolgt sind (Benezet und den Amerikaner aufspüren, nicht einfach. Sehr allein. Ein wenig zart besaitet. Gemälde, Benezet, erzählen Sie mir die Geschichte, Auftrag von Hauptmann Bender, und die verdüsterte Miene. Bei Bender nachforschen, im Generalstab der Wehrmacht, wenn er denn noch lebt), schreckt hoch, wirft beim Aufstehen seinen Stuhl um und geht zum Chef ins Büro. Ein kleiner dunkler Raum, vollgestopft mit bunt zusammengewürfelten Möbeln, erhellt durch ein Oberlicht, durch dessen Scheiben man vor lauter Dreck nichts mehr sieht, und eine Lampe, die gelbliches Licht verbreitet. Der Chef, eine hochgewachsene, weichliche Gestalt in dunklem Dreiteiler, schließt die Tür, weist ihm einen Stuhl zu und beginnt zu reden, ohne ihn anzusehen, während er mit großen Schritten auf und ab geht.

»Am 7. Juni dieses Jahres hat Präfekt Bussière einen internen Bericht über Sie angefordert, Inspecteur Domecq ...«

7. Juni. Rückblende: Soiree bei Dora, Deslauriers, Herr Präfekt, erlauben Sie, dass ich Ihnen Inspecteur Domecq vorstelle... Bussière, Abetz, Knochen im vertraulichen Gespräch an einem der hohen Fenster ... Verhindern, dass es lästige Zeugen gibt, Präfekt Bussière hat keine Zeit verloren.

»... den ich soeben erhalten habe und aus dem ich Ihnen einige Teile zur Kenntnis bringen will.« Bleibt stehen, sieht ihn an. »Mündlich, nur mündlich. Die allgemeine Lage bei der Polizei, in unserer Abteilung, ist zu kompliziert, Sie verstehen. Nun denn ...« Er setzt sich wieder in Bewegung. »Sie verkehren regelmäßig und seit langem im Salon der Schauspielerin Dora Belle.«

»Präfekt Bussière auch. Ich habe ihn mehrmals dort getroffen.«

»Dafür bin ich nicht zuständig. Ich leite bis auf weiteres das Sittendezernat. Sie haben in diesem Salon zahlreiche SS-Offiziere getroffen und dauerhafte Beziehungen zu René Deslauriers geknüpft, der einen Trupp französischer Gestapomitarbeiter mit Sitz in der Rue de la Pompe 180 befehligt ...«

Domecq schrumpft auf seinem Stuhl zusammen. Das fängt ja gut an. Halt bloß die Klappe.

»Sie sind Stammgast im *Capucin*, einem Etablissement, das

Deslauriers gehört, wo die Mädchen für alles offen sind und, für Sie, umsonst.« Rückblende, Angéliques Formen, prächtiger Hintern. Der Chef legt nach: »Ich habe mir sogar sagen lassen, dass diese Damen Sie Hübscher nennen. Reizend.« Er hält inne. »In einer Zeit, in der nicht abzusehen ist, wie es weitergeht, lassen Sie sich auf wilde Geschäfte mit diesem Deslauriers ein, der hierherkommt ... und Ihnen ein Paar Ohrfeigen verpasst.« Massige Erscheinung ganz in Schwarz, die den Raum durchquert, er vor Überraschung wie festgenagelt, und was hätte er auch tun können? »Was der gesamten Abteilung schadet.« Die sich abwendenden Blicke, das Schweigen, die Tür vom Chef ostentativ geschlossen ... »Schlimmer noch, Inspecteur Ricout hat wohl Ihre besondere Beziehung zu Deslauriers entdeckt, hat geahnt, dass Sie Geschäfte mit ihm vorhatten, und um den Weg dafür frei zu machen, liquidiert ihn besagter Deslauriers.«

Domecq strafft sich wieder, sein Herz klopft heftig, die Wangen sind bleich. Ricout, so jung unter den Bäumen von Maisons-Laffitte, willst du weitermachen, die Frage stelle ich mir gar nicht.

»Das ist eine Verleumdung. Wir, Ricout und ich, haben einen Fall von Schwarzhandel bearbeitet, in den Deslauriers verwickelt war ...«

Schneidend: »Ich habe Ihren Bericht gelesen. Es ist nicht die Version, die wir zu den Akten nehmen werden. Oder wie würden Sie erklären, wenn Deslauriers die Polizei hätte einschüchtern wollen, dass er den Leichnam des bedauernswerten Ricout entstellen, verstümmeln und verscharren ließ, um eine Identifizierung unmöglich zu machen?«

Was sag ich jetzt? Dass Deslauriers' Männer meiner Meinung nach Dummköpfe sind, die sich über den Befehl ihres Chefs hinweggesetzt haben und ihr Fehlverhalten dann vertuschen wollten? Das würde mich bloß noch tiefer reinreiten.

Der Chef geht zu seinem Schreibtisch, öffnet eine Schublade und wirft mit theatralischer Geste einen großformatigen Packpapierumschlag auf die Schreibtischplatte, der offenbar voll mit Unterlagen ist. Domecq liest über Kopf, links in der Ecke: Kanzlei Triboulet, Notar, Rue Ordener, Paris. Der Chef klopft mit dem Zeigefinger auf den Umschlag.

»Und als der Weg dann frei ist, geht das Geschäft klar. Deslauriers überträgt Ihnen Anteile am *Capucin*, und Sie sind künftig teilhabender Geschäftsführer dieses Bordells.«

Domecq hört sich mit wackeliger Stimme sagen: »Davon ist mir absolut nichts bekannt.«

Der Chef betrachtet ihn mit sorgsam inszenierter Verachtung. »Wir haben hier eine Kopie der Originalurkunde.« Der Zeigefinger klopft schneller, um das tatsächliche Vorhandensein des Beweisstücks zu bekräftigen. »In diesem Umschlag. Ich habe die Unterschriften selbst überprüft. Es ist in der Tat die Ihre. Die Verkaufsurkunde ist auf den 21. Juni datiert, zwei Tage nach Ricouts Ermordung. Ich händige Ihnen das Schriftstück nicht aus und wir werden keine Ermittlung einleiten. Noch nicht. Die Situation ist derzeit zu heikel für unsere Abteilung. Sie sind jedoch mit sofortiger Wirkung suspendiert. Geben Sie mir Ihre Waffe und Ihren Dienstausweis.«

Domecq, der sich so unauffällig es geht auf den Treppen und in den Fluren des Quai des Orfèvres 36 herumdrückt, muss eine Ewigkeit warten, bis es auf 20 Uhr zugeht, der Zeitpunkt seiner Verabredung mit London. Ein letztes Mal die Toiletten, das Dachfenster, die Besenkammer. Das Funkgerät hat vor über einem Jahr Nohant hier reingeschmuggelt, und es ist viel zu sperrig, um ohne Helfer anderswohin geschafft zu werden. Sei's drum. Die Amerikaner werden ja nicht ewig in der normannischen Bocagelandschaft steckenbleiben.

London, endlich, Herzklopfen. Bei der Polizei rausgeflogen. Funkkontakte sind fortan zu gefährlich. Er erhält Befehl, seine Tätigkeit ruhen zu lassen und abzuwarten, keine Ungeduld, man wird ihn kontaktieren, bald. Erleichterung. Vielleicht ist es jetzt vorbei mit der absoluten Einsamkeit.

Er eilt heim, über den Boulevard Saint-Michel, biegt Richtung Odéon ab, um das von der Miliz requirierte Schulgebäude des Lycée Saint-Louis zu meiden. Macht einen großen Bogen um den Jardin du Luxembourg, wo die Besatzungssoldaten immer nervöser werden. Komisches Gefühl, er, der nie davon geträumt hat, Polizist zu sein, ist ohne seinen Ausweis und seine Waffe erstaunlich nervös. An der Ecke Rue Saint-Sulpice verkaufen zwei deutsche Soldaten in verschlissenen Uniformen einem Dutzend Hausfrauen unter der Hand Butter aus der Normandie. Er fühlt sich erschöpft. Treppe rauf in sein Zimmer und oben dann, in Sicherheit, Sessel, Kaffee, auftanken und versuchen, das Geschehene zu begreifen.

Das Schloss ist aufgebrochen, das Zimmer gründlich und methodisch durchsucht, keine Zeichen übertriebener Gewalt. Die Matratze wurde aufgeschlitzt, aber das Rosshaar nicht im ganzen Zimmer verteilt. Die Päckchen mit Salz, Nudeln, Kaffee wurden aus dem Schrank genommen und ordentlich in den Spülstein entleert. Schweiß rinnt seinen Oberkörper hinab. Er hat das Gefühl, dass jemand ihn beobachtet, überwacht, ein allgewaltiger Unbekannter. Wagt nicht mal, im Versteck unterm Dielenbrett nachzusehen. Dora, die Blatt für Blatt verbrannte Akte, Erleichterung. Aber Chaves … Und vor allem die vier Seiten der RG über Benezet. Erneuter Schweißausbruch, und diese Angst im Bauch, ständig bespitzelt zu werden. Hau ab hier, sofort.

Gegen zehn am Abend sucht Domecq, zerknittert, schmutzig, dem Zusammenbruch nah, Zuflucht bei Dora, die ihm ein improvisiertes Abendessen richtet, ein Rest kalter Braten, eine Ecke Saint-Nectaire, ein Stück Schokoladentorte, auf die Schnelle im Garten aufgetischt, kühles Lüftchen, tiefe Stille, endlose Dämmerung, ein Gefühl wie Ferien auf dem Land. Der von Dora zuvor konsultierte Bauer hat sich, leicht belustigt darüber, dass sie einen Polizisten mit einem unterkühlten Verhältnis zur französischen Polizei beherbergt, mit der Sache einverstanden erklärt, zumal Domecq sich in der Nacht des 20. Juli anständig verhalten habe. Und so hat sie ihm das Gästezimmer gegeben, gleich neben dem von Ambre, und dazu saubere Wäsche. Nicht ohne eine gewisse Verbissenheit hat er sich gewaschen und liegt jetzt im Bademantel auf dem weißen Federbett, Blick durchs geöffnete Fenster in die dunkle Nacht, entspannt sich langsam und lässt die Gedanken schweifen.

Er braucht Durchblick. Bussière, normal. Der Polizeipräfekt wünscht in seinen Dienststellen keine unmittelbaren Zeugen seiner kompromittierenden Kontakte. Die Verkaufsurkunde, eine Fälschung. Das kann jeder gewesen sein. Zumal man ihm das Dokument nicht gezeigt hat … Aber die Informationen über das *Capucin*, Angélique, seinen Spitznamen Hübscher? Deslauriers? Möglich, aber was hätte er davon? Angélique, in die Enge getrieben von einem Kollegen von der Sitte? Auch möglich. Gehört überprüft. Doch zuerst Triboulet, Notar, Rue Ordener. Ein Name, den ich niemals hätte erfahren dürfen. Zum Glück ist der Chef ein großer Waschlappen, der Requisiten braucht, um seine Rolle zu spielen. Und folglich ist da jemand nicht auf meinen Besuch gefasst. Morgen …

Auf der anderen Seite der Wand geht Ambre in ihrem Zimmer umher und trällert einen englischen Militärmarsch.

»Achte nicht auf sie«, hat Dora gesagt. Auf einmal so nah, befangen in denselben Hoffnungen, denselben Erwartungen. Sieht sie vor sich, wie sie in Doras Boudoir steht, stocksteif, aggressiv, das Mädchen und die Frau, dieselben Porzellanaugen, dasselbe goldene Haar, warm, fließend, sanft darüberstreichen, seinen Duft atmen, Lindenblüte und Kamille, wildes Verlangen, es tut so gut zu spüren, dass man lebendig ist, in den Gärten von Kairo schwerere Düfte, verlorene Frauen, vergessene Frauen, verbotene Frauen, die Empfindungen verschwimmen, er schläft ein.

13

Dienstag, 25. Juli

An der Normandiefront leitet die 1. US-Armee westlich des Cotentin eine Offensive mit dem Decknamen »Cobra« ein.
Im Osten an der ukrainischen Front ist Lemberg eingekesselt, die sowjetischen Truppen rücken aus unterschiedlichen Richtungen auf Brest-Litowsk vor.

Schon heiß, fast gewittrig. Zweimaliger Alarm am frühen Morgen, dem niemand Beachtung schenkt. Die Bombardierungen müssen die Nordbezirke getroffen haben. Wenn er zügig geht, wird er bis zur Rue Ordener knapp eine Stunde brauchen. Das *Wepler* immer noch offen, die Métrostation immer noch zu, Domecq überquert die Place Clichy, wo Ricouts Schatten herumgeistert, jung, gewissenhaft, in dem Glauben, Polizist sei ein schöner Beruf, gestorben für eine Flaschengeschichte, mitten im Krieg, ein paar Tage vor der Befreiung seiner Heimat. Ich habe das nicht zu verhindern gewusst. Sein Herz pocht, als er vom alten Montmartre-Friedhof her den Hügel in Angriff nimmt.

In der Rue Ordener, der volkstümlichen und kleinbürgerlichen Seite von Montmartre, fern der Nachtclubs und der Welt des Sittendezernats, reihen sich triste, ungepflegte Mietshäuser aneinander, die Straßen sind verlassen, die Geschäfte fast alle geschlossen, vor den wenigen noch geöffneten Lebensmittelläden lange stumme Schlangen. Man spürt die unmittelbare Nähe der Bombenangriffe auf den nördlichen Stadtrand. Das Schild an Haus Nummer 6, das auf das hier ansässige Notariat hinweist, ist glanzlos. Sehr unwahrscheinlich, dass Deslauriers hier größere Teile seiner gewiss zahlreichen Immobiliengeschäfte abgewickelt hat.

Die Concierge ist in ihrer Loge zugange. Als er an ihre Scheibe klopft, kommt sie in Hausschuhen angeschlurft, auf dem Kopf ein zum Turban geschlungenes Tuch.

»Zur Kanzlei Triboulet, bitte?«

»Aufgang A, erster Stock, rechte Tür.«

In dieser knappen Antwort liegt alle Verachtung dieser Welt. Die Pariser Concierges haben einen Sinn für den feinen Unterschied. Eine Concierge, die einen Notar verachtet, ist ein seltenes Phänomen. Domecq lächelt ihr freundlich zu.

In der Kanzlei sind die Fensterläden geschlossen, die Büros leer. Eine müde alte Frau sitzt in einem tiefen Sessel am halboffenen Fenster. Sie liest ein dickes Buch, das sorgsam in Zeitungspapier eingeschlagen ist, neben ihr auf einem Tischchen eine Karaffe mit Wasser und ein leeres Glas. Sie sieht Domecq entgegen, ohne aufzustehen.

Er stellt sich förmlich vor, dann: »Wie es scheint, bin ich der Begünstigte in einem Immobilienverkauf, der am 21. Juni dieses Jahres in dieser Kanzlei getätigt wurde. Ich möchte die Verkaufsurkunde einsehen.«

Das Gesicht der alten Dame gefriert. Sie ist genau im Bilde, sie weiß, dass nichts als Ärger droht, sie wird nichts sagen. »Die Urkunden sind im Besitz der beteiligten Parteien.«

»In diesem Fall nicht.«

»Stellen Sie einen Antrag beim Notar.«

»Genau das habe ich gerade vor.«

»Maître Triboulet ist nicht da. Lassen Sie mir Ihre Adresse

hier und formulieren Sie Ihr Gesuch schriftlich, ich werde es weiterleiten, sobald er wieder hier ist.«

Ich verschwende nur meine Zeit. Zurück zur Concierge, die ihn schon erwartet, die Tür ihrer Loge steht ein Stück offen.

»Was genau ist diese Kanzlei Triboulet? Eine Abzockbude oder die Außenstelle des Wachsfigurenkabinetts?«

»Das war nicht immer so. Der Vater war ein ehrenwerter Mann. Er ist vor sechs Monaten gestorben, und der Sohn ist ein liederlicher Betrüger. Madame Michon tut, was sie kann, um den Schein zu wahren …«

Domecq zieht einen völlig zerknitterten Hundertfrancschein aus der Hosentasche. »Ich muss dringend Triboulet junior konsultieren. Wo kann ich ihn finden?«

Die Concierge schnappt sich den Schein, streicht ihn glatt, faltet ihn dreimal, schiebt ihn in ihren Turban und sprudelt hervor: »Wenn Sie rauskommen, rechts, das dritte Haus. Aufgang C, im Hof. Erster Stock, mittlere Tür. Von mir haben Sie das aber nicht.«

Vor der mittleren Tür im ersten Stock von Aufgang C eine Strohmatte mit den Initialen P.T. Pierre? Paul? Egal, jedenfalls wohnt hier Triboulet. Klingelt. Keine Reaktion. Noch mal. Undefinierbare Geräusche, dann eine zittrige Männerstimme hinter der Tür.

»Was gibt es denn?«

»René Deslauriers. Machen Sie auf.«

Domecq hört, wie Schlösser geöffnet und Ketten entfernt werden. Holt Schwung, die Tür geht einen Spaltbreit auf, er wirft sich Schulter voran dagegen, die Tür fliegt auf, er stolpert über Triboulet, der auf dem Hintern gelandet ist und sich jetzt stöhnend aufrichtet. Ein kleiner Mann, nackt unter einem pissgelben Bademantel, der den Blick freigibt auf einen fetten, schlaffen Hängebauch über einem sich in grauer Behaarung verlierenden Geschlecht. Hinten in der Wohnung das Geräusch davonflitzender nackter Kinderfüße, flink, leicht, eine Tür klappt zu. Domecq schiebt den fetten Notar beiseite, durchquert zwei Zimmer, in denen überall Gläser, Flaschen, schmutzige Teller, Dreckwäsche verstreut sind, Triboulet trottet schwankend und murrend hinter ihm her, Domecq öffnet eine Zimmertür, zwei Kinder, elf, zwölf Jahre, wenn überhaupt, haben sich ins Bett geflüchtet, Decke bis zum Kinn hochgezogen, Angst im Blick. Triboulet stammelt: »Freunde …« Lass dich nicht vom Ekel überwältigen, mach schnell. Triboulet hat sich zu Boden sinken lassen, das Kinn auf die Brust gesackt, er atmet geräuschvoll, Augen geschlossen. Domecq tritt ans Bett, zieht mit einem Ruck die Decke weg, zwei nackte, magere, zitternde Körper.

»Ich bin Inspektor beim Sittendezernat. Wisst ihr, was das heißt?« Beide nicken. Schon Profis? »Ich habe ein Wörtchen mit diesem Herrn zu reden. Ihr zieht euch an und verschwindet.«

Er stellt Triboulet wieder auf die Beine, schleppt ihn in die Küche, drückt ihn auf einen Stuhl, schließt die Tür. Triboulet, Ellbogen auf dem Tisch, stützt seinen Kopf, sein ausdrucksloses rundes Mondgesicht in seine Hände, Speichel rinnt ihm aus dem Mundwinkel.

Domecq beugt sich zu ihm hinab, spricht langsam, betont jedes Wort: »Am 21. Juni dieses Jahres haben Sie eine Kaufurkunde aufgesetzt, in der es um Anteile an einer Bar namens *Capucin* geht …«

»Weiß nich mehr.«

»Diese Urkunde war unterzeichnet von René Deslauriers, Verkäufer, und Nicolas Domecq, Käufer.«

»Weiß nich mehr.«

»Ich bin Nicolas Domecq. Ich habe diesen Kauf niemals getätigt. Wer kam mit dieser Sache zu Ihnen?«

Triboulet lacht, lässt sich nach vorn sinken, sein Kopf liegt zwischen den ausgestreckten Armen auf dem Tisch. »Red nur, Bulle. Ich genieße Protektion, du kannst mir gar nichts.«

Er lacht lautlos weiter, die Spucke schlägt Blasen, ein widerliches Blubbern. Besoffen, randvoll mit Drogen oder Schmierentheater? Wie auch immer, er übertreibt. Die Eingangstür fällt ins Schloss, die Kinder sind weg. Auf dieses Signal hat Domecq gewartet. Er richtet sich auf, greift sich ein schmales, spitzes Küchenmesser, das in der Spüle liegt, und durchbohrt mit all seiner Kraft Triboulets rechte Hand, nagelt sie an den Tisch. Gleichzeitig hält er seinen linken Arm fest. Ein Quieken, dann nichts mehr. Der Mann keucht, ist wie gelähmt, irrer Blick, sein Körper wird von Krämpfen geschüttelt. Sehr wenig Blut, die Klinge scheint den Blutfluss zu blockieren.

»Du sagst mir auf der Stelle alles, was du über diesen Vertrag weißt, sonst nagele ich dir auch die andere Hand fest und lass dich hier verrecken, du Stück Scheiße.«

»Zwei Männer kamen, die sagten, sie heißen Nicolas Domecq und René Deslauriers ...« Schnell wieder nüchtern, immerhin. »Die Unterlagen waren alle in Ordnung. Eine normale Kaufurkunde.«

Drückt den linken Arm fester. »Verkauf mich nicht für dumm.«

»Fast normal. Sie kamen am 21. Juli, und ich musste die Urkunde auf den 21. Juni zurückdatieren. Das ist alles, was ich weiß. Ich kannte diese Leute gar nicht.«

»Wer kam mit dieser Sache zu dir?«

»Niemand. Ich weiß nicht. Zufall. Sie sind draußen an dem Schild vorbeigekommen und dann zu mir rein.«

Ohne ihn loszulassen, tastet Domecq in der Spüle nach einem weiteren Messer.

»Morandot. Er arbeitet bei der Gestapo, im Trupp von Deslauriers. Er kam mit der Sache zu mir. Wir haben uns bei Doriot kennengelernt. Er sagte, Sie würden nie von mir erfahren.«

»Kennst du Deslauriers?«

»Nein.«

»Wie sah er an dem Tag aus?«

»Groß, schmal, kleiner Schnurrbart, schöner Mann.«

»Wie alt?«

»Anfang vierzig?«

»Was hat dir die Sache eingebracht?«

»Eine Million. Eine Million in schönen Scheinen … Ich habe noch nie so viel Geld gesehen …« Er weint. »Das wollte ich feiern …«

Domecq zieht das Messer heraus, hellrotes Blut fließt in breiten Strömen. Der Mann ist ohnmächtig geworden.

Mittwoch, 26. Juli

An der Normandiefront rückt die 1. US-Armee weiter auf Saint-Lô vor.
Im Osten an der Nordfront herrscht an der Grenze zu Finnland Gefechtsruhe. Die sowjetischen Truppen konzentrieren ihre Offensive auf die baltischen Staaten und erobern das estnische Narwa.
Die ersten sowjetischen Verbände der 2. Weißrussischen Front erreichen die Weichsel. Man hört den Gefechtslärm bis nach Warschau. Die Deutschen beschließen, Warschau zu verteidigen.

Domecq liegt auf seinem Bett, Hände hinterm Kopf verschränkt, Blick zur Decke. Von Zeit zu Zeit rührt Ambre sich im Nebenzimmer. Morandot geht mit der Sache zu dem

Notar. Morandot, einer von Deslauriers' Männern. Der Chef der Sitte: Ich habe mir sagen lassen, dass diese Damen Sie Hübscher nennen. Deslauriers im *Deux Cocottes*, Hühnchen in Sahnesauce, Lächeln, was willst du von mir, Hübscher? Wieder führt der Spitzname zu Deslauriers. Wie auch die dauerhafte Beziehung, die er offenbar zum Chef der Sitte unterhalten hat. Sein breites, zerbeultes Gesicht mit der markanten Narbe, seine Möbelpackerschultern. Nicht er ist zum Unterschreiben bei Triboulet gewesen, sondern ein schmalerer Mann, elegant, kleiner Schnurrbart, anscheinend jünger. Ricouts Leichnam, verscharrt, verstümmelt, er hatte seine Leute nicht mehr im Griff. Vielleicht arbeitet Morandot in dieser Sache auf eigene Rechnung, zumal der Vertrag am 21. Juli aufgesetzt worden ist, also nach Deslauriers' Abtauchen. Der kein Interesse daran hat, dass ich bei der Polizei rausfliege. Im Nebenzimmer schaltet Ambre das Radio ein, es knistert, rauscht, gestörter Empfang. Weiter. Wer hat sonst ein Interesse daran? Die kommunistischen Netzwerke bei der Polizei, falls sie mich als Agent de Gaulles identifiziert haben, wie es vielleicht Nohant widerfahren ist? Nein. Das hätten sie einfacher haben können: eine Verhaftung, während ich mit London in Verbindung stand … Verfolge diesen Gedanken noch ein bisschen weiter. Ein ausgeklügelter Schwindel von jemandem, der nicht auf einfachem Weg an mich herankommt, weil er nicht zu meinem direkten Umfeld gehört, oder weil er einen Alleingang mehr oder weniger gegen sein eigenes Lager macht. Und wenn Deslauriers die Zielscheibe wäre?

An Morandot ranzukommen kann ich vergessen. Hübscher: Bleiben Angélique und der Chef des *Capucin*, die diesen Spitznamen kennen und ihn der Sitte gesteckt haben können. Frauenkörper, Rücken-Po-Kontur, vages Verlangen. Mit Angélique fang ich an.

Der Turnlehrer wohnt ein paar hundert Meter von der École Loyola entfernt in der Rue Pétrarque, im Erdgeschoss eines vornehmen Mietshauses. Das Trio klingelt, lauscht, hört nahende Schritte, Atemzüge. Bestimmt schaut jemand durchs Guckloch.

»Deutsche Polizei, machen Sie auf.«

Stille. Dann das Klappen einer Tür, das Öffnen eines Fensters. Loiseau nimmt seine Pistole, schießt aufs Türschloss, das zerbirst, Martin drückt die Tür auf, zögert einen Moment, das Schlafzimmer, ein offenes Fenster zum Hinterhof, ein Mann klettert die Mülltonnen hoch, um einen Drahtzaun zu überwinden und durchs Nachbarhaus zu entkommen. Dort ist er, klein, flammend roter Lockenkopf, nackter Oberkörper, dunkle Hose, gut sichtbar an den Zaun geklammert, kommt nur langsam vorwärts, eine Schießbudenfigur. Martin feuert, der Mann kippt jäh nach hinten, ein dumpfes, trockenes Geräusch wie das Aufklatschen eines mitten im Flug tödlich getroffenen Vogels. Ende der Reise. In den oberen Stockwerken gehen Fenster auf, Leute rufen sich etwas zu. Mehrere Frauenstimmen. Martin lehnt sich hinaus, um das Gesicht des Toten zu sehen, markante Züge, roter Schopf, er hastet zurück in die hinterste Ecke des Schlafzimmers. Das ist nicht der Kerl von der Personalkarte des Turnlehrers.

Die beiden anderen durchsuchen gerade die Wohnung. Spuren eines ganz gewöhnlichen Lebens: im Schlafzimmer Männer- und Frauenkleidung in Schrank und Kommode, in der Küche, wo drei schmutzige Tassen in der Spüle stehen, sehr wenig Essbares, im großen Zimmer wenig Bücher, auf dem Sofa ein regimetreues Blatt, in den Schubladen nichts von Interesse.

Schritte im Treppenhaus. Martin kriegt es mit der Angst. »Länger bleiben lohnt doch nicht.«

»Ruhig Blut. Wenn er abgehauen ist, dann weil er schuldig war.«

»Mag sein. Jude? Kommunist?«

Loiseau zuckt die Achseln. »Ich schreibe einen Bericht und schicke die Bullen vom 16. Arrondissement her, damit sie die Leiche abholen.«

Die Stimmen und Schritte im Treppenhaus mehren sich, kommen herunter, nähern sich der Wohnung. Zwei Frauen drücken die aufgebrochene Tür auf. Das Trio springt aus dem Wohnzimmerfenster auf die Rue Pétrarque und macht sich im Sturmschritt davon. Für Martin war es der erste echte Schrecken, der, wenn man's recht bedenkt, in keinem Verhältnis zum tatsächlichen Risiko steht.

Später Vormittag, Domecq erscheint an der Tür des *One Two Two*, Rue de Provence. Man öffnet ihm, man kennt ihn als Inspektor bei der Sitte, also als jemanden, zu dem man gute Beziehungen pflegen sollte. Er weist nicht darauf hin, dass er keinen Dienstausweis mehr hat. Im Eingangsbereich verneigt sich ein Wehrmachtsgeneral in Paradeuniform mit der Mütze unterm Arm vor der Chefin und küsst ihre Hand.

»Fabienne, ich verlasse Paris, ich wurde nach Deutschland abberufen …«

Domecq sieht weg, betrachtet die bunten Kristallleuchter, das schmiedeeiserne Treppengeländer … Ist die Abreise des Generals eine Folge des 20. Juli? Der Generalstab der Wehrmacht ist dezimiert. Woher wissen Sie das, Domecq? Ich horche im *One Two Two* an den Schlafzimmertüren.

»Ich werde den Abenden, die ich hier verbracht habe, ein glänzendes Andenken bewahren. Die heitersten meines Lebens, und ich möchte nicht versäumen, Ihnen dafür zu danken.« Die raue Stimme mit dem leichten deutschen

Akzent, die so manches Herz in den Pariser Salons ins Wanken brachte, Fabienne lächelt, lässt ihre Hand in denen des Generals. »Ich fürchte, das schöne Pariser Leben wird nur noch eine Erinnerung sein.« Bei dem Wort »Erinnerung« wird sein Tonfall ein wenig schleppend. »Sie werden sehen, Fabienne, Sie werden uns noch vermissen.«

»General, wir vermissen Sie schon jetzt.«

Bewegt schlägt er die Hacken zusammen und geht. Die Chefin dreht sich zu Domecq herum, ihr Lächeln ist verschwunden. Schroff: »Was wollen Sie?«

»Mit einer Ihrer Frauen reden, Angélique.«

»Scherereien?«

»Nein. Ich brauche ein paar Auskünfte von ihr.«

»Ich schicke sie zu Ihnen, aber machen Sie schnell, in Zeiten wie diesen geht die Arbeit früh los.« Lächeln. »Viele Offiziere wollen eine letzte Erinnerung mitnehmen«, sie ahmt den schleppenden Tonfall nach, »wie der General so schön sagte.«

Angélique kommt die breite Treppe herunter, einen Morgenrock über der Arbeitskleidung, steuert auf den Diwan zu, auf dem er Platz genommen hat, und setzt sich mit verschlossener Miene neben ihn. Nicht besonders froh, ihn zu sehen.

»Ich hab's eilig, Hübscher.«

»Ich weiß. Ich bin gekommen, um dir Neuigkeiten über Falicon zu bringen.« Keine Reaktion. »Deslauriers hat ihm eine Kugel in den Kopf gejagt, weil er ohne entsprechenden Befehl gestohlen hatte.«

Ein Moment vergeht. Die Nachricht dringt in ihr Bewusstsein. Keine sichtbare Gefühlsregung. »So was habe ich mir gedacht. Was noch? Du bist doch nicht nur deswegen gekommen.«

»Ich habe nur zwei Fragen an dich. Die erste: Hast du

in letzter Zeit irgendwem von dem Spitznamen Hübscher erzählt?«

Sie runzelt die Stirn, ihr Gesicht wird hart. »Warum? Sollte ich nicht? Neulich bei einem Abendessen ging es um die Inspektoren der Sitte. Man war sich einig, dass sie alle ein bisschen was von Zuhältern hätten. Dein Spitzname fiel. Vielleicht hab ich ihn erwähnt, vielleicht ein Kunde, keine Ahnung. Das war beim Nachtisch. Omelette norvégienne, im Stockdunkeln flambiert und serviert von vier nackten Mädchen mit Wunderkerzen zwischen den Pobacken und um die Brustwarzen. Je mehr in solchen Momenten geredet wird, desto weniger wird gegrabscht. Hübscher, das hat mir drei oder vier Hände am Hintern erspart, besser als nichts. Hast du was dagegen?«

»Nein.« Und ich halte fest: Eine Menge Leute können davon wissen. »Zweite Frage: Wie erreiche ich Deslauriers?«

»Keinen blassen Schimmer. Und wenn ich's wüsste, würde ich's dir nicht sagen. Deslauriers schlägt hart zu, und ich will nicht enden wie Falicon.« Plötzlich lächelt sie, hakt sich bei ihm ein. »Ach was, du bist ein anständiger Kerl. Wenn jemand dir das beantworten kann, dann der Wirt des *Capucin*. An ihn überweist Fabienne Deslauriers' Anteil an den Gewinnen des *One*. Von mir hast du das aber nicht.«

Domecq ist unterwegs nach Pigalle, Angéliques hartes Gesicht, der Klang ihrer Stimme gehen ihm nicht aus dem Kopf: Hast du was dagegen? Ganz ähnlich Dora, die zwischen ihren geschminkten Lippen hervorzischt: Die Männer sind das Übel. Rückblende: Kairo, es war sehr heiß, sie tranken zu zweit Tee am Nilufer, im Garten einer großen Villa auf der Insel. Domecq hatte von der Niederlage, vom Waffenstillstand erfahren und war am Boden zerstört. Sie neigte sich zu ihm, Duft ihres blonden Haars, ich fliege morgen in die Vereinigten Staaten. Fassungslos: Du verlässt mich? Ich kenne die Nazis, ich bin schon einmal geflohen … England allein kann die Stellung nicht halten … Sie werden bis hierher kommen … Um ihnen zu entfliehen, gehe ich zur Not bis nach China … Und unsere Liebe? Um zu lieben, muss man erst mal leben. Mehr gab es nicht zu sagen. Zwei Jahre einer Leidenschaft, von der ich glaubte, sie sei gegenseitig, die es wohl auch war, ohne Zögern hinweggefegt. Frauen sind fremde Wesen von verblüffender Brutalität und Stärke. Ein paar Tage nach ihrer Abreise nahm er Kontakt zu London auf.

Er schiebt die Tür des *Capucin* auf.

»Salut, Inspecteur. Warst ja ewig nicht hier. Einen Cognac?«

An einem Tisch im Schankraum ein Paar Männer beim Würfelspiel, gereizte Blicke in seine Richtung. Er stützt die Ellbogen auf die Theke. »Nein danke, nichts.« Ein Moment vergeht. »Oder doch, einen Kaffee. Ist er immer noch gut?«

Der Wirt nickt und dreht sich zu seiner Kaffeemaschine um.

»Ich erzähl dir mal eine Geschichte. Bei der Polizei hat man mich anhand gefälschter Unterlagen beschuldigt, Miteigentümer von Nachtlokalen zu sein, die offiziell Deslauriers gehören.« Ohne ihn anzusehen, schiebt der Wirt eine kleine Tasse vor ihn hin, deren Grund von einem sehr starken Kaffee bedeckt ist. Domecq trinkt ihn in einem Schluck aus. Exzellent. »Nach reiflicher Überlegung glaube ich, Deslauriers ist die Zielscheibe, nicht so sehr ich, und darüber möchte ich mit ihm reden.«

»Was habe ich damit zu tun?«

»Nichts natürlich. Außer vielleicht, dass einer der fraglichen Nachtclubs das *Capucin* ist.« Die Überraschung des Wirts ist echt. »Ich erzähle dir diese Geschichte, weil ich mich gern mit dir darüber unterhalte. Und mir schwebt vor, dass du dich wiederum mit einigen deiner Freunde darüber unterhältst, die das interessieren könnte. Ich will dich nicht bedrängen. Sag mir einfach, ob ich in ein paar Tagen wieder vorbeikommen und Hallo sagen kann.«

»Komm vorbei, wann du willst, Hübscher. Du weißt genau, dass du im *Capucin* immer willkommen bist. Und schön genug zum Weitererzählen ist die Geschichte.«

14

Donnerstag, 27. Juli

An der Normandiefront geht die amerikanische Offensive weiterhin langsam voran.
Im Osten setzen die sowjetischen Truppen ihren Vormarsch in den baltischen Ländern und an der weißrussischen Front fort.
An der ukrainischen Front besetzen die sowjetischen Truppen Lemberg. Die deutschen Truppen treten an der gesamten ukrainischen Front den Rückzug an.

Nach vielerlei Vorsichtsmaßnahmen und etlichen Umwegen führt man Domecq in eine leerstehende Wohnung im dritten Stock eines halb verfallenen Patrizierhauses aus dem 17. Jahrhundert im Herzen des Marais. In einem kahlen Raum, in dem drei oder vier Klappstühle an der Wand lehnen, stehen hinter einem Tisch zwei Männer in dunklem Anzug, Krawatte, Pomade im Haar, der eine jung und der andere in reiferem Alter, beide sehr hohe Beamte der Republik und so gar keine Kämpfertypen, fixieren ihn stumm, mit strengem Blick, begutachten ihn. Mit seinen ausgebeulten Hosen und seinem zerzausten Haar fühlt er sich fehl am Platz.

Der ältere der beiden kommt direkt zur Sache: »Wie man uns erzählt, wohnen Sie zurzeit bei der Geliebten eines SS-Führers?«

»Genau.«

»Dieser kompromittierende Zustand muss sofort beendet

werden. Der Mann, der Sie hergebracht hat, wird Sie zu einer reizenden alten Dame bringen, der wir vertrauen. Dort werden wir Sie künftig kontaktieren.« Er fährt fort, ohne ihn zu Wort kommen zu lassen. »Also, wo steht nach Ihrer Meinung die Pariser Polizei?«

Eine Frage, fast ein Angriff, auf die er nicht gefasst ist. »Ich bin kein Polizist. Inspektor beim Sittendezernat war eine Tarnung. Ich kann Ihnen viel über die wirtschaftliche Kollaboration erzählen ...«

»Zum gegenwärtigen Zeitpunkt ist die weitere Entwicklung innerhalb der Polizei eine entscheidende und vordringliche Frage, das Unternehmertum kann warten.«

Taxiert, geprüft, beurteilt. Man kann sich eine herzlichere Kontaktaufnahme vorstellen. Lust zu gehen. Aber wohin?

»Ich bedaure, dass ich derart nutzlos bin und war. Und sogar kompromittierend.«

Der jüngere der beiden übernimmt. »Regen Sie sich nicht auf, und verstehen Sie uns richtig. Die Frage, wie sich die Polizei in den kommenden Tagen verhält, ist von maßgeblicher Bedeutung, nicht nur für die Befreiung der Stadt, sondern auch für den anschließenden Wiederaufbau des Staates. Machen wir beides mit den Polizisten oder ohne sie? Und schaffen wir es ohne sie? Wir müssen in sehr kurzer Zeit schwierige Entscheidungen treffen. Wir haben natürlich noch andere Quellen, andere Kontakte, aber wir versuchen, ein Maximum an Meinungen von allen Seiten einzuholen, und Sie sind ja trotz allem fast ein Jahr bei der Polizei geblieben.«

Denk nach, schnell. Niemand verlangt, dass du sie sympathisch findest. Domecq senkt den Kopf und konzentriert sich, kneift sich mit Daumen und Zeigefinger der linken Hand in den Nasenrücken. Bilder tauchen auf. Bussière wie ein Kampfpanzer im Flur der RG, der an die Wand gepresste

Jacques Ricout und die augenblickliche Stille, als der Präfekt Raum 36 betritt.

»Gewicht der Hierarchie, Kultur des Gehorsams ...« Die Brüder Ricout, Polizistensöhne, einander im Grunde so ähnlich. »Eine Kultur, die der Institution Polizei eigen ist. Die gesetzmäßige Regierung genießt sehr hohen Respekt. Die Rechtmäßigkeit von Vichy ist nicht in Frage gestellt worden. Weil die gesamte Hierarchie sie anerkannt hat. Kritischer Geist und individuelles Denken haben hier keinen Platz.« Er hebt den Kopf. Seine beiden Gesprächspartner haben sich nicht gerührt und fixieren ihn nach wie vor. Halbes Lächeln. »Vielleicht ist das immer so, bei jeder Polizei auf der ganzen Welt.«

»Vielleicht. Fahren Sie fort.«

Mit geschlossenen Augen vertieft Domecq sich erneut. Jacques Ricout und seine blutenden Gefangenen vor der Präfektur, das Inspektorenzimmer, als Deslauriers in der Uniform eines SS-Offiziers hereinkommt, Lantin im *Café Zimmer*, wir sind nicht stolz auf uns.

»Die Stimmung schlägt um. In dem Maße, wie die Alliierten näher rücken. Die Sonderabteilungen aller Art, die sich an der Seite der Deutschen eifrig an der Repression beteiligen, sind tatkräftig, effizient und gut bezahlt und zumeist überzeugte Antikommunisten und Antisemiten – die halten sicher bis zum Schluss die Stellung. Obwohl ...« Das Festbankett der zum Tode Verurteilten, die schöne tiefe Stimme: Auf dass wir eines natürlichen Todes sterben ... Wird der Mann die Stellung halten? Oder nicht? »Auf jeden Fall ertragen die meisten Pariser Polizisten die Macht der Deutschen und der Kriminellen in ihrem Fahrwasser wie auch den willkürlichen Terror immer schlechter. Das entspricht nicht ihrer Kultur: Konkurrenz sind sie nicht gewohnt. Und sie haben irgendwie das Gefühl, den falschen Weg eingeschlagen zu haben. Wenn man ihnen die Möglichkeit bietet, die vergangenen vier Jahre zu vergessen, werden sie sich darauf stürzen.«

»Selbst wenn die Kommunisten sie ihnen bieten?«

»Vermutlich. Die Kommunisten genießen Ansehen, sie gelten als die Einzigen, die eine gewisse Effizienz an den Tag legen und Waffen haben.« Ein Moment vergeht. »Man muss im Namen der recht- und gesetzmäßigen Regierung Frankreichs sprechen, in ihrem Namen müssen die Befehle an die Polizisten ergehen. Das können die Kommunisten nicht gut tun: die Polizeichefs ihrer Ämter entheben. Vor allem Bussière muss aus dem Amt, er ist ein Freund von Laval und träumt davon, unter Beibehaltung seines Postens den Übergang mitzugestalten. Ein Traum, der mehr Erfolgsaussichten hat als die diversen Komitees aus Abgeordneten der Dritten Republik, die Laval seit ein paar Wochen auf die Beine zu stellen versucht. Und dann muss man über Waffen verfügen. Das ist von jetzt an ein wichtiges, wenn nicht entscheidendes politisches Argument.« Rückblende: Deslauriers im Lagerhaus in Neuilly. Er fehlt. *Er* kennt die Bullen. Gerade jetzt wäre er sehr wertvoll. Ihn aufspüren. »Das ist die Lage. Ich habe mein Bestes getan.« Schweigen. Domecq sieht seine Gesprächspartner forschend an. »Ich kann Ihnen außerdem zu drei Tonnen Waffen verhelfen, wenn Sie genug Leute haben, um sie abzuholen.«

Die Haltung der beiden Männer ändert sich schlagartig. Der jüngere schnappt sich drei Stühle von der Wand, stellt sie an den Tisch, weist Domecq einen zu. »Setzen wir uns. Und besprechen wir das genauer.« Er faltet die Hände auf dem Tisch. »Sie können Robert zu mir sagen.«

Bauer kann Loiseaus Bericht nicht viel abgewinnen. Ein Kommunist mehr oder weniger, das ist in diesen letzten Julitagen in Paris nicht das Problem. »Eins hat absolute Priorität für Sie: Finden Sie die beiden Bourseuls, und zwar schnell. Sie tun nichts anderes. Das ist ein Befehl. Ich setze eine Prämie von einer Million pro Kopf aus.«

Eine Million pro Kopf, ein überzeugendes Argument. Einzige Spur: Saulnier, der junge Repetitor von der Jesuitenschule. Dürftig. Laut Personalkarte wohnt er in der Rue Bleue.

»Wir fangen am Morgen mit der Überwachung an und folgen ihm dann auf Schritt und Tritt. Er wird uns zu François Bourseul führen und der uns zu seinem Vater.«

»Das könnte dauern.«

»Hast du 'ne bessere Idee? Nein? Also dann ...«

Ankunft Rue Bleue, Ecke Rue de Trévise, gegenüber die Post, daneben ein Bistro. Zwei Orte, von denen aus sich der Eingang bequem überwachen lässt. Der kleine junge Mann verlässt gegen zehn das Haus und geht, gefolgt von Morandot und Martin, in Richtung Zentrum. Loiseau betritt das Mietshaus, befragt ein paar Nachbarn und erfährt, dass Lucien Saulnier im ersten Stock zum Hof wohnt. Öffnet das Schloss mit dem Dietrich: kein Problem. Schließt die Tür hinter sich. Zwei kleine Räume, ziemlich dunkel, spärlich möbliert. In dem einen ein Eisenbett, ein klappriger Schrank, auf dem Boden Stapel von Büchern. Loiseau sieht aufs Geratewohl ein paar durch, passt auf, dass sein Besuch keine Spuren hinterlässt. Vor allem alte Texte, lateinische und griechische, in zweisprachigen Ausgaben. Gebildetes Kerlchen. Ganz unten in einem Stapel zwei oder drei Bücher der Éditions de Minuit. Kein zwingender Beweis. Im anderen Raum dient ein Holztisch vorm Fenster als Schreibtisch. Ein Stapel gedruckter und handgeschriebener Texte, an denen er offenbar arbeitet, Korrekturen, textkritischer Apparat, den Loiseau überfliegt, und zwischen die Seiten geschoben etwas, das nach einer redigierten Mitschrift von BBC-Nachrichten aussieht. Von gestern. Schon interessanter. Beendet seine Inspektionsrunde. Nichts deutet darauf hin, dass François Bourseul hier war. Ein intellektueller Schreiberling, kein Kämpfer. Und arm wie eine Kirchenmaus. Eine Niete. Er läuft zwei oder drei Mal durch die kleine Wohnung, kerzengerade, wie aufgezogen, schwer atmend, und masturbiert dann über der hinter einem Wandschirm in eine Ecke des kleinen Arbeitszimmers gezwängten Spüle.

Vier Stunden am Stück läuft Saulnier durchs 6. Arrondissement, das Verlegerviertel, geht von Verlag zu Verlag, um kleine Arbeiten abzuliefern oder nach neuen zu fragen. Morandot und Martin, die praktisch noch nie die Seine überquert haben, schaffen es, ihn auf diesem unbekannten Terrain nicht zu verlieren, und finden diese Betätigung anstrengend. Gegen 15 Uhr ist Saulnier wieder zu Hause und setzt sich an seinen Arbeitstisch. Er korrigiert die Fahnen einer Neuübersetzung von Tacitus' *Germania*, ein Text, der der deutschen Zensur gut gefällt, eine schnelle und relativ gut bezahlte Arbeit. Damit kommt er über ein paar Tage, vielleicht bis zum Eintreffen der Alliierten. Wenn sie ein bisschen Tempo machen. Doch danach sieht es kaum aus.

Das im Eckbistro wiedervereinte Trio hat die Aufgaben schnell verteilt: Heute Abend bis zur Sperrstunde ist Martin für die Beschattung zuständig, morgen früh übernimmt Morandot.

Gegen zehn am Abend verlässt Saulnier mit einer Brotdose in der Hand das Haus. Pech, denkt Martin und folgt ihm. Er geht rasch durch die Rue Bleue und den Faubourg Saint-Denis, biegt dann in die Rue du Château-d'Eau ein. Er betritt die Nummer 40, das Tor fällt hinter ihm zu. Es ist 22:24 Uhr, konstatiert Martin von der gegenüberliegenden Straßenseite aus. Spät am Abend. Allein. In letzter Zeit ist viel von Attentaten die Rede. Beschließt, dass das Haustor von Nummer 40 abgeschlossen ist, und geht schnurstracks heim in die Rue de la Pompe.

Freitag, 28. Juli

An der Normandiefront erreicht die 1. US-Armee Coutances, das erste für die Operation Cobra gesteckte Ziel.
Im Osten, an der ukrainischen Front, nehmen die sowjetischen Truppen Brest-Litowsk ein.

Am nächsten Tag ist Saulnier zu Hause und rührt sich Morandot zufolge den ganzen Tag nicht dort weg. In der Rue du Château-d'Eau 40 stoßen Loiseau und Martin im Erdgeschoss auf eine kleine zum Hof gelegene Druckerei. Alle Hausbewohner, die sie befragen können, beteuern, dass die Druckerei jeden Abend um 19 Uhr schließt und nie nachts arbeitet. Während Martin, Hand an der Maschinenpistole, breitbeinig im Türrahmen steht und gleichzeitig den Hof und die Innenräume der Druckerei im Auge behält, zeigt Loiseau dem Chef seinen Gestapoausweis und lässt sich einige Exemplare der aktuellen Produktion bringen: anständige katholische Zeitschriften, nazifreundlich, einwandfrei. Die Geschäftsbücher, in die er einen kurzen Blick wirft, scheinen in Ordnung zu sein. Das Personal sieht ihm gleichgültig zu.

Samstag, 29. Juli

An der Normandiefront setzt die 1. US-Armee ihren langsamen Vormarsch fort.

Auch am folgenden Tag rührt sich Saulnier nicht aus dem Haus. Und Loiseau entwirft komplizierte Pläne, wie er herausfinden könnte, ob die BBC-Nachrichten noch auf dem Schreibtisch liegen oder inzwischen verschwunden sind.

Mehrmals im *Capucin* vorbeigeschaut und immer noch keine Nachricht von Deslauriers. Domecq läuft durch die Straßen, ziellos, lässt die Gedanken schweifen. Wo kann Deslauriers sich bloß verkrochen haben? Nicht in seiner großen Wohnung in der Avenue Victor-Hugo, das hat er natürlich sicherheitshalber überprüft. Dora macht nicht den Eindruck, als wüsste sie auch nur das Geringste, und weigert sich im Übrigen, über Deslauriers zu reden. Glaubt sie, dass er tot ist, wie Bauer in einem fort wiederholt? … Stopp. Noch mal zurück. Wohnung in der Avenue Victor-Hugo. Aber in der Wohnung am Boulevard Haussmann hinter der Oper sagte Angélique: Ist seine, wir fühlen uns hier nicht wohl. Und Lantin: 1938 wohnt Deslauriers in der Nähe der Oper, ihm gehört das ganze Haus. An dem Tag, als er unterzutauchen beschließt, setze ich ihn am Boulevard des Capucines nahe der Oper ab. Vielleicht eine Spur.

Anruf beim Sittendezernat. Lantin ist da und sofort am Apparat.

»Domecq hier.« Er spricht leise, stellt sich vor, wie Lantin sich umblickt, um sicherzugehen, dass niemand etwas mitbekommt. Zum Glück ist samstags nie viel los. »Ich habe mich nicht mit Deslauriers eingelassen …«

»Ich weiß.«

Woher? Keine Zeit. »Ich brauche die Adresse, wo er 1938 gewohnt hat, das Gebäude, dessen Eigentümer er war. Helfen Sie mir.«

»Ecke Rue des Mathurins und Rue Auber, zum Boulevard Haussmann hin.«

»Danke. Danke für Ihr Vertrauen.«

Sonntag, 30. Juli

An der Normandiefront befreit die 1. US-Armee Granville.

Gegen sechs Uhr früh MP-Salve in die Fenster der Rue de la Pompe, an den Klappläden splittern Lamellen, Scheiben gehen zu Bruch und Gipsstücke hageln von der Decke. Die drei aus dem Schlaf hochgeschreckten Männer finden sich in der Küche zusammen, weit weg von den Fenstern zur Straße, und Martin macht sich mit zittrigen Händen ans Kaffeekochen.

Morandot schäumt vor Wut. »Wir werden nicht einfach wie Polizeibeamte einem Bürschchen hinterherdackeln und uns tatenlos unter Beschuss nehmen lassen. Wenn die Leute keine Angst mehr vor uns haben … Wir müssen uns Respekt verschaffen. Zeigen, wer wir sind.«

Martin gibt einen kräftigen Schuss Cognac in seinen Kaffee, damit das Zittern aufhört. Loiseau steht in Unterhose da und kratzt sich lange die Eier. Dann: »Einverstanden. Heute knöpfen wir uns den Repetitor vor.«

Strahlender Sonntagmorgen an den Ufern der Seine. Der Fluss glitzert, ein paar dünne Zweige, ein paar Grasbüschel treiben im ruhigen Wasser. Am Ufer der Île de Puteaux haben sich zwischen den Büschen verteilt die Angler niedergelassen, etwa alle zehn Meter einer, und widmen sich andächtig ihrem Tun. Domecq ist sehr früh erschienen, um auch sicher einen Platz genau gegenüber dem Waffenlager in Neuilly zu ergattern, und taucht beherzt und ungeschickt eine nagelneue Angel in das zu seinen Füßen plätschernde braungrüne Wasser. Er ist der Einzige, der keinen Fisch herausholt. Und der keinen Strohhut hat, um sich vor der Sonne zu schützen. Doch seine Nachbarn, konzentriert, jeder Handgriff sitzt, nehmen offenbar keinerlei Notiz von ihm, und der Vormittag vergeht sehr langsam.

Wie an jedem Sonntag sind das Ufer und die Straßen von Neuilly gegen Mittag menschenleer. Einige Angler räumen grummelnd ihren Platz. Andere, die Mehrzahl, klemmen ihre Angelrute fest und packen einen mitgebrachten Imbiss aus. Gegenüber öffnet sich das hohe Eisentor, hinter dem die Lagerhalle liegt, zwei deutsche Gendarmen kommen heraus, schließen hinter sich ab und entfernen sich plaudernd in Richtung Pont de Neuilly. Auf der Insel vertreten sich die erprobten Angler die Beine, wechseln ein paar Worte im Flüsterton, um die Fische nicht zu stören, und gehen dann zurück an ihren Platz. Als die Gendarmen in die Avenue de Neuilly einbiegen, kommen zwei von Anselmes Lastwagen im Schritttempo ans Ufer gefahren, ein Mann springt heraus, öffnet das Tor, sie fahren auf den Hof, das Tor wird wieder geschlossen, von der Insel aus ist nichts mehr zu sehen, und die Sonntagsangler angeln weiter. So weit, so gut.

Doch dann tauchen auf dem Hallendach zwei bewaffnete Männergestalten mit umgehängter Maschinenpistole auf, die allem Anschein nach die Umgebung überwachen.

Domecq bricht der kalte Schweiß aus, seine Hände werden feucht, die Angel entgleitet ihm, und er macht sich bis zu den Knien nass, als er sie wieder herausholt. Wer sind diese übergeschnappten Cowboys? Wo ist die Kamera? Wo der Fotograf? Basteln die gerade an ihren Widerstandsnachweisen? Man hört, wie Kisten achtlos in die Lastwagen gewuchtet werden, und fast auch das Ächzen derer, die mit ihnen hantieren. Auf dem Dach jetzt eine weitere Gestalt, ein Mann, der Instruktionen erteilt, vermutlich der Chef dieser Kasperletruppe. Klein, dick, runder Kopf mit Pausbacken, das spärliche Haar glatt nach hinten gestrichen, zu enger Anzug, Domecq ist ihm oft begegnet, immer bei krummen Dingern, der Herrscher über den Schwarzmarkt, Kumpel von Lafont, Bauer und ein paar anderen, Joanovici. Den haben meine Vorgesetzten mit der Räumung eines Waffenlagers für die Résistance betraut?

Domecq schöpft mit seinen Händen etwas Seinewasser, um sich Nacken und Haare nass zu machen. Die Angler um ihn herum verziehen keine Miene. Weder die Männer auf dem Dach noch der Ausräumlärm scheinen ihre Aufmerksamkeit von ihrem Schwimmer abzulenken. Denk nach, versuch's wenigstens. Vielleicht ist es ja sinnvoll, Joano einzusetzen. Geht die Sache schief, muss er den Kopf hinhalten und ist doch imstande, ihn aus jeder Schlinge zu ziehen, er ist ja gut betucht. Um zu überleben, ist er sicher zu allem bereit, und wird die Ware daher wahrscheinlich korrekt liefern. Du selbst hast schließlich auch mit Deslauriers zusammengearbeitet. Sumpf.

Auf der anderen Seite des Seine-Arms ist die Arbeit beendet. Ging schnell, das muss man ihnen lassen. Die Wachen steigen vom Dach, das Tor wird geöffnet, die Lastwagen fahren vom Hof, das Tor wird wieder geschlossen, die Lastwagen entfernen sich. Domecq sieht auf seine Armbanduhr, noch fast eine Dreiviertelstunde, bis die Gendarmen zurückkommen. Länger bleiben lohnt nicht. Er packt seine Angelutensilien zusammen und bekommt zum Abschied das eine oder andere halbe Lächeln mit auf den Weg, mal spöttisch, mal verschwörerisch.

Als das Trio bei Saulnier aufkreuzt, erwischt es ihn im Schlaf. Martin schlägt die Tür ein, Loiseau und Morandot stürzen sich auf den Mann, im Bett, eben erst vom Lärm aufgewacht, legen ihm Handschellen an, werfen ihn zu Boden und schieben ihn mit Tritten ins Kreuz durch die beiden kleinen Zimmer. Saulnier versucht hochzukommen, schafft es nicht und kriecht vor ihnen her, bis er gegen Martins Beine stößt, der ihn mit einem Tritt ins Gesicht stoppt. Der schmächtige junge Mann atmet laut und stoßweise, Mund offen, Nase gebrochen, Wange aufgeplatzt, Blut rinnt ihm aus dem Mundwinkel. Loiseau hebt mit dem Pistolenlauf sein Kinn an, betrachtet ein paar Sekunden den panischen Blick. Er lächelt.

»Wir sind keine Bullen, du hast Glück, wir sind Ganoven, die von Mutter Bourseul beauftragt wurden, ihren kleinen François wiederzufinden. Sie macht sich Sorgen, die Gute. Also bezahlt sie uns, und zwar gut. Kapiert? Wir wissen, dass er mit dir mitgegangen ist. Wenn du uns netterweise seine Adresse gibst, dann passiert dir nichts, ihm passiert nichts, wir bringen ihn zu seiner Mama, wir kassieren unser Geld, und alle sind zufrieden. Wenn du uns seine Adresse nicht gibst, denunzieren wir dich bei der Gestapo, dich und deinen Druckerkumpel aus der Rue du Châteu-d'Eau. Du hast dreißig Sekunden, um dich zu entscheiden.«

Martin, den Blick starr auf seine Armbanduhr geheftet, zählt laut die Sekunden. Eins, zwei, drei …

Bei fünfundzwanzig: »Rue de la Roquette 129, bei Boileau.«

Morandot zieht seine Waffe und schießt ihm eine Kugel ins Genick.

»Du hättest warten können, bis wir die Adresse überprüft haben.«

»Der Kleine klang so aufrichtig. Kommt, wir wollen ja nicht ewig bleiben.«

15

Montag, 31. Juli

An der Normandiefront durchbricht die 1. US-Armee die deutschen Linien westlich des Cotentin und befreit Avranches.
Seit dem 6. Juni belaufen sich die Verluste der Alliierten auf 122 000 Tote, Verletzte oder Vermisste, die Deutschen haben 114 000 Mann verloren, hinzu kommen 40 000 Gefangene.
Im Osten rücken sowohl die sowjetischen Truppen der Nordfront als auch die der Nordflanke der weißrussischen Front gegen Ostpreußen vor. In der litauischen Hauptstadt Kaunas kommt es zu Straßenkämpfen. Die anderen sowjetischen Truppen der weißrussischen Front marschieren auf Warschau.

François Bourseuls Adresse überprüfen. Aussicht auf einen weiteren Tag Bullenarbeit in einem Versteck gegenüber einem Hauseingang. So ein Scheiß. Martin hat ein ordentliches Frühstück gezaubert. Dann verlassen die drei die Wohnung, Loiseau vorneweg, Martin als Schlusslicht. Kaum sind sie auf dem Gehweg, macht ein Citroën ein Stück weiter oben in der Straße einen Blitzstart, rast an ihnen vorbei, scharfer Beschuss, Loiseau und Morandot hechten zu Boden, Martin presst sich gegen die Hauswand, eine Kugel schlägt wenige Zentimeter neben seinem Kopf in den weißen Quaderstein, ein Splitter verletzt ihn an der Wange, eine andere Kugel streift seinen Arm, brennender Schmerz, benommen blickt er auf das strömende Blut.

Loiseau reagiert schnell. Krankenhaus, Wundversorgung, die Verletzung wird ohne Folgen bleiben, wenn man eine Infektion vermeidet. Martin zittert nervös, Morandot brütet wütend vor sich hin.

»In die Rue de la Pompe können wir nicht zurück.«

»Nein. Zu gefährlich.«

»Wir sind hier im Viertel zu bekannt.«

»Wir werden Noémi Chaves um ihre Gastfreundschaft bitten. Sie hat Platz, ihr Bordell hat sie gerade zugemacht.«

»Freunden ihres Bruders kann sie das nicht abschlagen.«

»Stammgästen auch nicht. Wir haben reichlich Kohle bei ihr gelassen.«

»Noémi ist ein gutes Mädchen.«

Deslauriers hat seinen Unterschlupf verlassen und wandert durch Paris, ohne Eile, aber auf der Hut. Läuft durch das Labyrinth der Sträßchen rund um den Palais-Royal hinunter zur Seine, umrundet den Louvre, gelangt zum Pont-Neuf. Bleibt stehen, stützt sich auf die Brüstung. Da ist die Seine, breit, ruhig, die Luft flimmert leicht, in feinen Lichtnuancen. Hier, genau an dieser Stelle, saß er vor vier Jahren. Nie war die Stadt so schön, ich könnte sie stundenlang betrachten. Meine Stadt, wie viele gemeinsame Minuten, Stunden, Tage bleiben uns noch?

Er überquert die Brücke, Quai des Grands-Augustins, betritt das *Lapérouse*, steigt in den zweiten Stock, begibt sich in einen kleinen, zuvor reservierten Salon und beginnt auf Dora zu warten. Ohne sicher zu sein, dass sie kommt. Er geht im Kreis, das goldbraun patinierte, ausgetretene Eichenparkett knarzt unter seinen Schritten, er stößt gegen die dunklen Wandtäfelungen, überprüft hundert Mal, dass auf dem festlich gedeckten Tisch nichts fehlt, bodenlanges weißes Tischtuch, blau-goldenes Porzellan, Kristallgläser, kunstvoll gearbeitetes

Silberbesteck, hebt den Deckel des Wärmetischs, saugt den Duft der Poularde mit Morcheln ein und sagt sich zum wiederholten Mal, dass sie nicht kommen wird. Er legt das Jackett ab, knöpft die Weste auf, öffnet das Fenster und stützt sich in Hemdsärmeln auf das schmiedeeiserne Geländer, um die im Sonnenlicht funkelnde Seine dahinfließen zu sehen. Noch nie war der Quai so still.

Hinter ihm geht die Tür auf, er dreht sich um, ein Oberkellner tritt beiseite, um Dora einzulassen, strahlend schön in einem ganz schlichten roten Kleid, vorn geknöpft, weiter Rock, ein kurzes weißes Jäckchen schmiegt sich an die Hüften, deren sanfte Wölbung der leichte Stoff betont, auf der Lockenpracht ein kleiner weißer Hut. Drei Schritte, er birgt sie in seinen Armen, setzt die Lippen auf ihre Schläfe, leckt ein paar Schweißtropfen und die salzigen Stirnlöckchen ab, gleitet in das feuchte Haar, findet ihren Geruch unverändert, überraschend, keine schweren Düfte, wie man sie angesichts der Kurven ihrer Schultern und Brüste erwarten könnte, sondern natürliche, vermutlich Linde, unterstrichen von einer belebenden, jugendlichen Note, Limone vielleicht, murmelt ein paar undeutliche Worte in das in Unordnung geratene Haar: dich wiederzusehen. So vertraut.

Dora richtet sich auf, tritt ein Stück zurück, zieht ihr Jäckchen aus und knöpft ohne ein Wort ihr Kleid auf, legt ihre üppigen Brüste frei, rosige Brustwarzen, klein, erbebend, den runden Bauch, das dichte, ins Rote spielende Schamhaar, die prächtigen Schenkel, weiß, voll, fest. Fasziniert lächelnd sieht er sie an, vier Jahre sind vergangen und es war gestern.

Er hebt sie hoch, legt sie auf das mit geblümtem Kattun bezogene, schmale schmiegsame Canapé, die Brüste fallen weich auseinander, der Körper nimmt neue Gestalt an und erblüht, Deslauriers vergräbt seine Hände, sein Gesicht in diesem Fleisch, das ihn aufnimmt, freimütig, wohlwollend und teilnahmslos. Dora schenkt Lust, empfängt selbst keine, und das ist dermaßen gut so. Er dringt in sie ein und bleibt einen langen Moment reglos in ihr, im Warmen, Augen zu. Ich bin nach Hause zurückgekehrt.

Dora sitzt am Tisch, Deslauriers ist geschäftig, nimmt eine Flasche Champagner aus einem großen Eiskübel, entkorkt sie, füllt zwei Gläser.

»Auf unser Wohl?«

Sie lächelt ihm zu, die Augen halb geschlossen. »Auf unser Wohl.«

Schweigend leeren sie ihre Gläser, beginnen dann mit der Vorspeise. Melone mit Portwein.

»Dora, die Deutschen sind besiegt.«

»Ich weiß.« Rückblende: die Champs-Élysées, das Getöse der Panzer, Vorbeimarsch von Besiegten. »Ich hab's gesehen.«

»Sie werden abziehen. Die Amerikaner sind drauf und dran, in der Normandie die Oberhand zu gewinnen. Meiner Meinung nach ist das nur noch eine Frage von Tagen.« Ein Moment vergeht. »Auch Bauer wird abreisen, vermutlich schon sehr bald.« Dora sagt nichts. »Wirst du mit ihm gehen?«

Sie zuckt zusammen, aufgerissene Augen, die Züge jetzt hart. »Ganz sicher nicht. Du hast vielleicht Ideen. Ich bin doch keine Jüdin, die sich sonst wo herumtreibt. Dies ist mein Land, hier bleibe ich.«

»Er wird dich nicht zurücklassen.«

»Und wieso nicht? Er hat eine Familie in Deutschland, er braucht mich nicht.«

Deslauriers steht auf, stellt die schmutzigen Teller auf den Servierwagen, nimmt den Deckel des Wärmetischs ab, zwei warme Teller, tut vom Geflügel mit Morcheln auf. Den Flügel für Dora, das Stück, das sie am liebsten mag, füllt die Gläser mit Bordeaux und setzt sich wieder.

Dora lächelt ihn an. »Die Morcheln sind großartig … Ich habe lange keine gegessen.«

»Wie kann ich es dir so sagen, dass du es akzeptierst? Ich kenne Bauer gut … sehr gut. Er wird keine Frau zurücklassen, mit der er vier Jahre gelebt hat, damit sie dann von den Siegern vergewaltigt wird. Das wäre eine absolute Demütigung für ihn. Du zählst dabei nicht viel. Es geht um ihn.«

»Ich habe nicht vor, mich vergewaltigen zu lassen.« Rückblende: Sie öffnet den weißen Umschlag, ein zweimal gefaltetes Blatt, große handgeschriebene Blockbuchstaben, Deutschenhure. »Ich bin keine zehn mehr.«

Sie ist aufrichtig und leichtsinnig. Sei brutal ehrlich. »Ich weiß nicht, ob du dir über diese vier Jahre wirklich im Klaren bist. Wir haben in Paris die Naziherrschaft ausgeübt. Das heißt, wir haben völlig ungestraft geraubt und gemordet.«

»Du vielleicht, ich weiß nichts davon, und ich will nichts davon wissen. Ich habe niemanden ermordet. Ich habe Filme gedreht, Salon gehalten und mit einem deutschen Hauptsturmführer geschlafen, der von der gesamten feinen Pariser Gesellschaft empfangen worden ist, den sämtliche Von-und-zu-Schabracken wie einen liebenswerten Sieger gefeiert haben. Bourseul würde sagen, ich habe das Europa von morgen begründet. Kannst du mir erklären, was daran schlecht ist?«

»Dein liebenswerter Sieger hat munter gemordet und geplündert, genauso wie ich auch. Und noch einige andere. Wenn Paris befreit wird, wird manche Rechnung beglichen werden, und dann steckst du mittendrin, ob es dir nun passt oder nicht. Dein schönes Haus, woher hast du das?«

»Das habe ich gekauft.«

»Für einen Spottpreis, gezahlt an die deutsche Verwaltung, die es seinen jüdischen Besitzern weggenommen hatte. Was wirst du den rechtmäßigen Eigentümern bei ihrer Rückkehr sagen?«

Dora schlägt mit der flachen rechten Hand auf den Tisch. Das Geschirr wackelt. »Was willst du von mir? Dass ich mit Bauer abhaue?«

»Nein. Ich will, dass du dich eine Zeitlang mit mir versteckst, bis der Sturm vorüber ist. Ich habe ein beträchtliches Vermögen, Dora, und Unterstützung in der gesamten feinen Pariser Gesellschaft, wie du es nennst, die in unserem Abenteuer bis zum Hals mit drinsteckt. In sechs Monaten kriechen wir aus unserem Loch, ich kaufe dir ein Schloss und einen Rennstall, Ambre studiert, ich gehe auf die Jagd und spiele Bridge, und wir leben glücklich bis an unser Ende.« Er legt seine Hand auf Doras, lässt ein paar Sekunden verstreichen. »Verlass mich nicht, und hab ein Ohr für meine Begründung.«

Dora schweigt. Sie lässt seine Worte auf sich wirken, ihre Art zu denken. Deslauriers weiß, dass er sie nicht drängen darf. Er wechselt die Teller, serviert den Nachtisch, gekühlte Erdbeersuppe in Kristallschalen. Sie lächelt: mein Lieblingsdessert.

Als sie aufgegessen hat: »Soll ich nach dem Kaffee klingeln?«

Sie nickt. Der Oberkellner bringt zwei Tassen Filterkaffee herauf. Sie trinkt in kleinen Schlucken, stellt ihre Tasse hin, steht auf, zieht ihr Kleid zurecht, schlüpft in ihr Jäckchen, setzt sich den Hut aufs Haar, das sie jetzt schüttelt, überprüft ihr Make-up, Deslauriers lehnt am Fenstergeländer und sieht ihr zu. Sie dreht sich zu ihm um.

»Wann soll ich kommen, und wohin?«

Er küsst ihre Hand. »Du wartest, bis Bauers Abreise feststeht. Am Tag davor, wenn möglich, im äußersten Fall zwei Tage vorher, verlässt du mit deiner Tochter unauffällig das Haus, ohne Gepäck, und ihr geht ins *Capucin*. Der Wirt weiß Bescheid, er wird dich verstecken, und ich hole euch dann dort ab.«

Mittwoch, 2. August

An der Normandiefront stößt die amerikanische Offensive durch die Lücke bei Avranches und dringt in Richtung Bretagne vor. Südlich von Caen rücken die Engländer und Kanadier gegen die 50 Kilometer von Caen entfernte Stadt Falaise vor und treffen auf heftigen deutschen Widerstand. Die 2. Französische Panzerdivision landet auf französischem Boden.
In Paris, Rue Lauriston, verbrennt Lafont das Archiv der Carlingue. Die mit der Kontrolle des Schwarzmarkts betrauten großen »Einkaufsbüros« saldieren ihre Konten und machen dicht. Der Sicherheitsdienst des Reichsführers-SS, Avenue Foch, sortiert sein Archiv aus und bereitet seinen Abzug vor.
Im Osten nehmen die sowjetischen Truppen an der Nordfront Kaunas ein, erreichen den Golf von Riga und halten auf Königsberg zu.
An der mittleren Front nähern sie sich bis auf etwa zwanzig Kilometer Warschau. Bei ihrem Herannahen erhebt sich die Stadt gegen die Deutschen. Die sowjetischen Truppen stoppen ihren Vormarsch an dieser Front.

Nach mehrtägiger unauffälliger Suche in dem Häuserblock zwischen Boulevard Haussmann, Rue des Mathurins und Rue Auber, von dem Domecq glaubt, dass er komplett dem durch einen Strohmann namens Monsieur Néant gedeckten Deslauriers gehört, hat er jetzt eine Spur: 1941 ließ ein mehr oder minder abwesender Eigentümer in der Rue des Mathurins 20 eine Reihe von Dachkammern einbauen, beaufsichtigt wurden die Bauarbeiten von Monsieur Néant persönlich. Und diese Zimmerflucht steht seitdem leer. Umsichtig, dieser Deslauriers, wenn er es denn ist, und sehr vorausschauend.

Domecq steigt in den sechsten Stock zu den Dachkammern hoch, kein Teppich, Mansardendach und Etagen-WC. Die Atmosphäre erinnert ihn an sein Zimmer in der Rue d'Assas. In so einem Schlupfwinkel hat er sich Deslauriers nicht vorgestellt. Das Stockwerk wirkt verlassen. Rechts ein Flur, drei Türen nebeneinander, geht bis zur letzten hinten links. Klopft, keine Antwort. Dreht sich um, banger Blick: Sackgasse, Mausefalle. Doch es kommen nicht plötzlich Bewaffnete die Treppe hoch, und noch immer kein Laut. Er probiert den Türgriff: nicht abgeschlossen, lässt sich drehen, die Tür schwingt langsam auf, ihm gegenüber, auf dem Rücken, Füße Richtung Tür, der Leichnam eines Mannes in Hemd und feiner Stoffhose, enthauptet. Domecq macht einen Satz ins Zimmer, wirft die Tür hinter sich zu. Sein Herzschlag pocht ihm in den Ohren. Betäubend. Blickt sich um: Mehrere Wände wurden entfernt, die drei Zimmer bilden einen großen offenen Raum. In einer Ecke ein winziges Bad mit Dusche, niemand drin, der oder die Mörder sind nicht mehr da. Allein mit der Leiche. Sich zwingen, wieder zu ihr zu gehen. Der Mann wurde anscheinend mit nur einer Kugel erschossen: ein Loch im Hemd. Genau ins Herz, das offenbar zerfetzt ist, um den Riss herum ist der Stoff steif von Blut, auf dem Parkettboden eine große getrocknete Lache. Kratzt mit dem Fingernagel, befühlt eine Hand, hebt den Arm an. Mindestens vierundzwanzig Stunden. Groß, massig, breitschultrig. Die Hände: lang, knochig, kräftige Gelenke, die Nägel sorgfältig geschnitten. Sieht sich wieder in Neuilly, in der Lagerhalle am Seineufer, die beiden Männer bücken sich, die Hände streifen sich, die Waffen türmen sich im Lkw. Diese Hände, Deslauriers, kein Zweifel. Und jetzt den Hals ansehen. Muss sein. Übelkeit. Praktisch kein Blut: nach dem Tod enthauptet. Glatter Schnitt. Wie auf einer anatomischen Bildtafel, Luftröhre, Arterien, Venen genau zu erkennen, die

Farben verlieren sich schon, werden einheitlich braun, die Wirbelsäule ist zwischen zwei Wirbeln sauber durchtrennt, Profiarbeit. Den Kopf kannst du später immer noch suchen, wenn du lustig bist, du weißt schon, dass er weg ist. Die Handschrift von Chaves: Er erfüllt seinen Vertrag und bringt dem Auftraggeber gewohnheitsgemäß den Kopf. Sofern dieser Auftraggeber nicht Lafont ist, war er möglicherweise überrascht.

Domecq richtet sich wieder auf, Ohrensausen, kurzes Flimmern vor den Augen. Deslauriers ermordet, das stützt meine Vermutung, dass von Anfang an er die Zielscheibe war. Weil er das Lager gewechselt hat? Wer wusste davon? Bauer hat es nie wahrhaben wollen. Dora? Alles Unbegreifliche macht ihr Angst.

An der Wand gegenüber den Dachfenstern ein kleiner Spülstein, ein Gasherd. Auf einem winzigen Tisch ein Teller mit Kartoffelpüree, kalt, hart, kurz vorm Schimmeln. Eine Gabel steckt noch darin. Neben dem Teller liegt ein Buch, *Reise ans Ende der Nacht.* Er muss beim Essen gesessen und Céline gelesen haben, als jemand an seine Tür klopfte. Er hat das Buch weggelegt, ist aufgestanden. Lesezeichen. Domecq schlägt auf: Bardamu ist auf dem Weg von Afrika in die Vereinigten Staaten. Das Lesezeichen fällt heraus, er hebt es auf, betrachtet es, es ist ein hochformatiges, schmales Foto von einer Frau in einem hauchzarten Kleid, das sie durch die Haltung ihrer Schulter am Herunterrutschen hindert, nahezu nackt, offenes Haar, halb abgewandt wie eine Einladung, ihr zu folgen. Dora vor ein paar Jahren. Im *Deux Cocottes*, zwischen leckerem Essen und edlem Bordeaux, dieser so überraschende Satz: O Duft der Zeit, o Halm der Heide. Und dass ich warten werde, denk. Hat Deslauriers Dora erwartet, als er Chaves die Tür öffnete?

Hinten zwischen Bad und Fensterreihe ein ordentlich

gemachtes Bett mit einer Kaschmirdecke und farblich abgestimmten Kissen darauf. Unter den Dachfenstern ein Mahagonischreibtisch mit Schubladen, schönes Möbel. Ein ganz offensichtlich seit langem eingerichteter Schlupfwinkel. Seit wann? Um sich vor wem zu schützen? Domecq setzt sich an den Schreibtisch. Schubladen leer. Hinter ihm an der Wand ein Schrank, ebenfalls leer. Die Durchsuchung war weniger methodisch als bei ihm. Der Mann, der hierhergekommen ist, wusste genau, wonach er sucht, und er hat es gleich gefunden. Deslauriers: Ich habe genug Material, um die halbe feine Gesellschaft von Paris zu erpressen. Durchaus plausibel, dass er seine gesamten Unterlagen in diesen Schlupfwinkel gebracht und dann jemand versucht hat, an sie heranzukommen. Das ergibt ein sehr annehmbares Motiv.

Chaves. Die schwarz glänzenden starren Äuglein tief in dem fetten Gesicht. Feuernase. Der Mann der hundert Morde. Ihn wiedersehen: ein Albtraum, eine Notwendigkeit.

Domecq überquert die Place de l'Opéra, die noch immer wie ein großer Schaukasten des Naziregimes aussieht, die Opernhausfassade verschwindet hinter der Überfülle deutscher Wegweiser zu unzähligen Verwaltungsbehörden mit ihren Abkürzungen, ihren Ordnungsnummern, das eindrucksvolle Tableau vivant einer überbordenden Bürokratie. Von den Schildern blättert die Farbe, die Aufschriften verblassen, und dann, mittendrin, ein großer, funkelnagelneuer Wegweiser: *Zur Normandiefront*. Geht man um das Opernhaus herum, ändert sich das Bild. Pfeilgerade führt die Rue La Fayette in stetiger Steigung nach Nordosten, gen Deutschland. Das Herz von Paris scheint sich von seinen bis zum Dach mit Koffern und Bündeln beladenen Luxuskarossen zu leeren wie ein aufgestochener Abszess. Neben den Fahrern schwitzen in der Augustsonne schöne Frauen in Pelzmänteln, bisweilen mehrere übereinandergezogen. Auf der Rückbank eines Cabriolets mit zurückgeklapptem Verdeck ein hochmütig dreinblickender lebensgroßer weiblicher Bronzeakt. Der Auspufftopf schrappt beim kleinsten Stoß über den Boden. Völlig außer Atem strampelt sich ein Radfahrer auf der ansteigenden Straße ab, um der Stadt sein Fahrradtaxi zu entreißen, dessen Rückbank unter Kisten voll Wein verschwindet. Dies ist noch nicht die vollständige Auflösung, noch sieht man wenige Militärlastwagen auf der Flucht, und die deutschen Soldaten, die hier und da zu sehen sind, meist auf dem Fahrrad, haben die Uniform abgelegt. Aber es gehen bereits Teile der Pariser Gesellschaft aus den Fugen. Der Strom fließt zwischen zwei Reihen Schaulustiger dahin, die sich spottend auf den Gehwegen drängen. Manche haben ihre Kinder mitgebracht, andere applaudieren der Parade der höchst ungleichartigen Vehikel. Ein von zwei Eseln gezogener Karren mit einem Sonnenschirm obendrauf hat einen Bombenerfolg. Paris besitzt ein einmaliges Talent, alles in ein Spektakel zu verwandeln. Neben Domecq murmelt ein Schaulustiger mit Schiebermütze: Und das ist erst der Anfang. Domecq geht ohne Antwort fort.

In der Rue Fontaine klingelt er an der Tür des Bordells von Noémi Chaves. Aus einem Fenster im zweiten Stock fragt ihn eine Frau, was er will. Er nennt seinen Namen, sie macht ihm auf. Als er die Treppe hochgeht, kommen ihm drei Männer entgegen, Regenmäntel, Hüte, üble Visagen, dem Aussehen nach französische Gestapo. Schauder. Daran gewöhne ich mich nie. Dann steht er in der Bar im ersten Stock, wo ihn Noémi persönlich empfängt. Klein und untersetzt wie ihr Bruder, rötlich braune Kräusellocken, sie trägt ohne Anmut ein marineblaues Leinenkleid. Domecq findet, dass sie etwas Beruhigendes ausstrahlt.

»Ich bin Inspecteur Domecq vom Sittendezernat.« Bin ich nicht mehr. War ich's je? … Wer bin ich, seit meine Liebste mich verlassen hat? … Kurzer Taumel ins Metaphysische in einer Bordellbar …

»Mein Bruder hat mir von Ihnen erzählt.«

Lächeln. »Ihr Bruder hat mir sogar aufgetragen, mich um Sie zu kümmern.«

»Ich bin die Ältere, aber er denkt, ich wär immer noch zehn.«

Blick zur Bar, keine Flaschen mehr, keine Aschenbecher, über die Gläser sind Tücher gebreitet, fehlen bloß noch Schonbezüge über den Sesseln.

»Haben Sie geschlossen?«

»Für ein paar Tage. Aber setzen Sie sich doch, ein Glas kann ich Ihnen trotzdem anbieten. Cognac?«

»Cognac ist mir recht.« Lächeln: um zu vergessen.

Er lehnt sich in den Sessel, in dem bei seinem vorigen Besuch Feuernase saß. Erster Schluck, sehr guter Tropfen, vollmundig. Auf leeren Magen etwas heftig. Während er genießt, spricht die Puffmutter weiter. Sehr gut, lass sie.

»Ich weiß nicht, wie sich die Dinge in nächster Zeit entwickeln. Man muss vorsichtig sein. Vorsichtig. Die Frauen habe ich heimgeschickt, und ich hüte das Haus.« Ihre beiden Hände liegen flach auf dem Tresen. »Ich mache wieder auf, wenn die Amerikaner hier sind.«

»Und Chaves?«

»Ich mach mir Sorgen um ihn. Ich weiß nicht, ob ihm klar ist, dass die Zeiten sich ändern. Er hat mir gesagt, er geht mit Danos weg. Kennen Sie ihn?« Domecq nickt. Ein zwielichtiger Killer und Räuber. »Hier konnte er natürlich nicht bleiben, das wär zu gefährlich.«

Gefährlich vor allem für sie. Das wird einfach, sie ist bereit, ihren Bruder zu verpfeifen.

»Und Sie, trinken Sie nichts?«

Sie lächelt. Ein Lächeln ohne Anmut, wie alles an ihr, eine unauffällige, tüchtige Frau, Puffmutter im besetzten Paris.

»Ich vertrage seit jeher keinen Alkohol. Wenn wir geöffnet haben, habe ich immer eine Extraflasche Apfelsaft an der Bar stehen, um mit den Gästen anzustoßen, der hat in etwa dieselbe Farbe, und die achten eh nicht drauf.«

»Ich würde gern mit Chaves sprechen.«

»Ich weiß nicht, wo er steckt. Wie gesagt, er ist mit Danos weg.«

»Er hat Deslauriers liquidiert.«

Die Nachricht scheint Noémi nicht zu beunruhigen. »Das ist nicht der erste Gestapomann, der abgeknallt wird, und es wird nicht der letzte sein. In nächster Zeit wird ziemlich wahllos herumgeballert werden. Deshalb muss man ja vorsichtig sein.«

»Chaves selbst interessiert mich gar nicht. Ich will wissen, wer den Mord an Deslauriers in Auftrag gegeben hat.«

Sie denkt nach, an ihren Tresen gelehnt, setzt sich dann neben ihn. Die Verhandlungen sind eröffnet. »Wissen Sie, was mir ehrlich gesagt Sorge macht, wenn die Amerikaner erst da sind?«

»Nein.«

»Die Sitte, Domecq. Vier Jahre lang haben Lafont, Deslauriers und ein paar andere sie aus den Bordellen rausgehalten. Mit meinem Bruder hier habe ich nie irgendwem was gezahlt. Ich habe Angst, dass die Inspektoren der Sitte Lust kriegen, da was nachzuholen und sich die Gewinne der letzten vier Jahre unter den Nagel zu reißen. Das macht mir Sorgen. Ich würde gern auf Sie zählen können als Informationsquelle und Ratgeber. Mein Bruder wird dazu nicht mehr in der Lage sein. Sie verstehen?«

»Ich verstehe.« Schweigen. »Wenn Sie vorsichtig sein wollen, sollte Ihr Haus aber kein Zufluchtsort für arbeitslose Gestapoleute werden.«

»Oh, die drei, denen Sie auf der Treppe begegnet sind. Freunde meines Bruders. Für ein paar Tage helfe ich ihnen gern, aber dann müssen sie sich eine andere Bleibe suchen. Ich bin nicht scharf darauf, dass die Amerikaner sie bei mir antreffen.«

»Wenn das Haus von der Seite her sauber ist, ja, dann kann ich Ihnen helfen.« Jetzt kommt's auch nicht mehr drauf an … »Also, der Auftraggeber?«

»Ein gewisser Bourseul.«

Domecq braucht ein paar Sekunden, um sich zu berappeln. Leert sein Glas. Magenbrennen und Brummschädel. »Kennen Sie ihn?«

»Nein. War nie Gast hier. Michel hat ihn in der Rue Lauriston kennengelernt, wo er regelmäßig verkehrte. Aber um besagten Vertrag auszuhandeln, kam er hierher. Er saß dort, in Ihrem Sessel. Ein großer, schlanker Mann mit einem kleinen Schnurrbart. Ein schöner Mann.«

Schöner Mann. Notar Triboulet, an den Tisch genagelt, sabbernd, weinend. Der Unterzeichner des gefälschten Vertrags: ein schöner Mann, schmal, kleiner Schnurrbart. Bourseul. Erstaunlich, dass er sich bei einem so dreckigen Geschäft persönlich die Finger schmutzig gemacht hat. Aber jetzt passt endlich alles zusammen.

Nach einer vierundzwanzigstündigen Sause mit drei Mädchen, die Noémi ihnen besorgt hat, damit sie den Riesenschreck von der Rue de la Pompe vergessen konnten, müssen sie mit der Arbeit da weitermachen, wo sie aufgehört haben: Überprüfung von François Bourseuls Adresse.

Der zunehmend nervöse Loiseau ist fest entschlossen, in der Rue de la Roquette irgendwen aufzutun, der den Zweck erfüllt. Schließlich hat Bauer den jungen Bourseul nie gesehen. Aber er braucht gar nicht zu tricksen. François Bourseul wohnt tatsächlich an dieser Adresse. Der kleine junge Mann mit dem Bürstenschnitt, dem jungenhaften Lächeln und dem Grübchen am Kinn wohnt im ersten Stock von Treppenaufgang A, zusammen mit drei Freunden, die kaum älter sind als er.

An die Arbeit.

16

Donnerstag, 3. August

An der Normandiefront erreichen die amerikanischen Truppen Rennes in der Bretagne, während andere Truppenverbände die Bresche erweitern, indem sie in Richtung Mortain und Vire vorrücken und die deutsche Armee nach Osten zurückdrängen.
Im Osten an der ukrainischen Front überqueren die sowjetischen Truppen im Süden Polens die Weichsel.

»Nur nichts überstürzen«, erklärt Loiseau. »Den Sohn haben wir zwar gefunden, aber den Vater? Wo fangen wir an? Keine Chance, ihn auf einer Rennbahn zu finden, er versteckt sich, das ist mal klar. Haltet ihr es für möglich, dass Vater und Sohn keinerlei Kontakt mehr haben?«

Martin, dem alles egal ist, liegt auf einem Bett, massiert leicht seine Wunde am Arm und spürt lustvoll dem ziehenden Schmerz seines geschundenen Fleisches nach. Die Antwort kommt von Morandot.

»Nein, das halte ich nicht für möglich. Wenn du einen so reichen Vater hast, siehst du meiner Meinung nach zu, dass du Kontakt hältst. Außerdem hat auch der Vater was davon, wenn er einen Sohn bei den Terroristen hat, er spielt ›Jeder Schuss ein Treffer‹.«

»Das denke ich auch. Und eine andere Spur zum Vater haben wir nicht. Eine Prämie von einer Million, vergessen wir das nicht. Wir nehmen uns also etwas Zeit und denken darüber nach, was wir mit Bourseuls Sohn anstellen. Und damit wir nicht aus der Übung kommen, verhaften wir die Drucker. Oder wir erpressen sie. Auch in einem kleinen Unternehmen ist immer was zu holen.«

Der Hof ist dunkel, still, ein kühler Rückzugsort in diesen Hundstagen. Die Fenster stehen in allen Etagen offen, um etwas Luft hereinzulassen, man hört vertraute Geräusche, Wasser läuft, Möbel werden gerückt, ein Klingeln, Satzfetzen.

Die großen Fenster der Druckerei sind allesamt mit Holzläden verschlossen. Loiseau rüttelt an der Tür: Vorhängeschloss. Eine Frau fegt den Hof. Von Loiseau befragt, bestätigt sie, dass die Druckerei seit ein paar Tagen geschlossen ist.

»Wo kann man den Druckereibesitzer finden?«

»Da habe ich keine Ahnung. Er wohnt nicht hier.«

Loiseau fühlt sich hinters Licht geführt. In einem Wutanfall tritt er auf die Tür ein. Die Frau protestiert mit lautem Geschrei. Morandot verpasst ihr ein paar saftige Ohrfeigen, sie fällt hintenüber auf die unteren Stufen einer Treppe, liegt leblos da. Morandot eilt zu Loiseau, um ihm beim Aufbrechen der Druckereitür zu helfen. Frauenköpfe erscheinen in den Fenstern.

»Was macht ihr da?«

»Hört ihr wohl auf, Diebsgesindel!«

»Deutsche Polizei«, brüllt Martin.

Als Antwort kommen von überall die verschiedensten Gegenstände geflogen. Ein Stuhl erwischt Martins verletzten Arm, die Wunde beginnt wieder stark zu bluten, er schickt aufs Geratewohl eine MP-Salve in die oberen Etagen, Scheiben gehen zu Bruch, Beschimpfungen, ein metallener Wasserkrug landet auf Loiseaus Schädel, der mit blutendem Kopf zusammenbricht.

Martin und Morandot packen ihn unter den Armen und

schleifen ihn in den sicheren Bereich der Toreinfahrt, um sich nach ihrer Flucht vor einer Handvoll Hausfrauen erst mal zu fassen.

Die Rückkehr zu Noémi fällt wenig ruhmreich aus. Morandot spricht von Rache an dieser verlotterten Stadt. Martin leert eine Flasche Cognac. Als Loiseau wieder halbwegs bei Kräften ist, kommt er zu dem Schluss, dass sie die Sache Bourseul im Eiltempo durchziehen und darüber nachdenken müssen, sich in Sicherheit zu bringen.

Samstag, 5. August

In Frankreich fächert sich die amerikanische Offensive auf in Richtung Brest im Westen, Vannes im Süden und Laval im Osten. Die in der Bretagne stehenden deutschen Truppen ziehen sich zu den Häfen zurück (Saint-Nazaire, Lorient, Brest, Saint-Malo). Die Erweiterung der Bresche wird fortgesetzt, die amerikanischen Truppen rücken auf Mortain und Vire vor. In der Ebene von Caen sind die Engländer und Kanadier weiterhin sehr langsam auf dem Vormarsch in Richtung Falaise.

Mitten in der Nacht Schießerei in der Rue de la Roquette, auf Höhe von Haus Nummer 121.

Martin ist »zurechtgemacht« als von der Gestapo gejagter Widerstandskämpfer. Loiseau hat ihm die Jacke angezogen, die er am Morgen der Schießerei in der Rue de la Pompe trug, dann presst Morandot ihm einen Knebel auf den Mund, während Loiseau ihm zweimal kräftig auf den verletzten Arm knüppelt, das hervorströmende Blut bildet sofort nasse Flecken, Martin hat Anrecht auf ein randvolles Glas Cognac, dann überlassen sie ihn in der Rue de la Roquette vor der 121 mit dem Befehl zu rennen sich selbst und nehmen ihn unter Beschuss, ohne genau auf ihn zu zielen, gewiss, aber doch in seine Richtung, damit es realistischer wirkt. In panischer Angst rennt Martin, was die Beine hergeben, flüchtet sich in die Toreinfahrt von Nummer 129, klettert in den ersten Stock von Aufgang A, bricht dort auf dem Treppenabsatz zusammen, atemlos und stöhnend, während Loiseau und Morandot weiterballern, »Stehen bleiben, deutsche Polizei« brüllen ... und sich dann in Luft auflösen.

Von der Schießerei und den Schreien geweckt, stürzen François Bourseul und seine Freunde an die Fenster, sehen die beiden Häscher vorbeilaufen, hören auf ihrem Treppenabsatz jemanden stöhnen. Sie öffnen die Wohnungstür. Martin liegt da, linker Arm voll Blut, vor Angst irrer Blick. Sie ziehen ihn in die Wohnung, machen die Tür wieder zu.

»Sagen Sie nichts. Wir verstecken Sie, wir verarzten Sie. Bei uns sind Sie in Sicherheit.«

Umsorgt, bewundert, nistet Martin sich ein, fühlt sich pudelwohl. Zweifelsfreie Beweise seiner Zugehörigkeit zur Résistance: diese Verletzung, an deren halb vernarbtem und wieder aufgerissenem Fleisch François und seine Freunde nichts Ungewöhnliches finden. Und die riesige Pistole, die er immer bei sich trägt und jeden Tag gründlich reinigt, wenn François dabei ist. Er gibt bei der Gelegenheit ein paar Kampfgeschichten zum Besten wie die, als seine Gruppe die Miliz aus dem Dorf Mortemart verjagte, das diese gerade plünderte. Bezüglich seiner eigenen Rolle in den Kämpfen hält er sich bedeckt, so wie es wahre Helden tun.

Doch von Maurice Bourseul keine Spur, nie auch nur eine Andeutung.

Nach ein paar Tagen verlieren die Kollegen, die sich bei

Noémi verschanzt haben und nicht mehr hinaustrauen, die Geduld. Wenn man den Vater nicht findet, muss wenigstens der Sohn erledigt werden. Aber nicht mit einer hastigen Exekution. Mit einem Paukenschlag, den die Welt nicht mehr vergisst. Um zumindest eine Ahnung davon zu vermitteln, wer man eigentlich ist. Bevor man sich dem taktischen Rückzug der deutschen Truppen anschließt und dann zu Weihnachten als Sieger wieder heimkehrt.

Dienstag, 8. August

In Frankreich ist Brest erreicht, aber nicht eingenommen. Rund um Saint-Malo gehen die Kämpfe weiter. Amerikanische Einheiten rücken rapide auf Nantes, Le Mans, Angers vor. Die Deutschen leiten einen Gegenangriff im Gebiet um Avranches ein. Die Engländer und Kanadier drängen weiter in Richtung Falaise, ohne nennenswert voranzukommen.
Im Osten stoppen die sowjetischen Truppen ihre Offensiven an praktisch allen Fronten, um ihre Versorgungslinien zu sichern, nachdem sie in weniger als zwei Monaten fast 700 Kilometer vorgerückt sind, vom Dnjepr bis zur Weichsel. Ein paar Kilometer vom Frontgebiet entfernt kommt es in Warschau zu heftigen Kämpfen zwischen deutschen Truppen und polnischen Widerstandskämpfern.

Carmen-Premiere im *Normandie,* dem großen Kino auf den Champs-Élysées. Dora, bei Domecq untergehakt, sieht fabelhaft aus in ihrem zinnoberroten Kleid, vorn knöchelfrei, hinten bodenlang, ein besonders diffiziler Schnitt, noch ein Meisterwerk von Fath. Morgen tritt Bauer, der das Archiv in der Avenue Foch fertig aussortiert und vernichtet hat, den Rückzug nach Vittel an. Und er nimmt Dora mit, die weiterfahren wird in den Schwarzwald, wo Bauers Schwester sie bis Kriegsende aufnimmt. Bis zur Rückkehr der deutschen Truppen nach Paris, sagt Bauer, spätestens Weihnachten. Domecq hat erwartet, sie unruhig vorzufinden, deprimiert über die Abreise, doch sie ist schöner denn je. Ihr sorgfältig geschminktes Gesicht, Augen mit schwarzem Lidstrich vergrößert, Lippen in der Farbe ihres Kleides, rosiger Teint, betonte Wangenknochen, hat eine erstaunliche Strahlkraft, und es macht Domecq traurig, dass sie am Vortag ihrer Abreise so schön ist.

Ehe sie am Kino ankommen, verlangsamt sie ihren Schritt. »Nicolas, tu mir einen Gefallen.«

»Allzeit bereit.«

»Am Kinoeingang lässt du mich allein, du gehst zurück zur Place des États-Unis und holst Ambre. Sieh zu, dass du sie überzeugst, mit dir zu kommen, und bring sie mir hier zum Ausgang. Ich fahre nicht nach Deutschland, ich bleibe in Paris und gehe zu René zurück. Mit Ambre.«

Fassungslos bleibt Domecq stehen und sieht sie an. Eine Frau, die ich eigentlich kennen sollte. Mein Spitzel. Und doch total überraschend. Zu spät, um sich damit aufzuhalten.

»Wann hast du ihn zuletzt gesehen?«

»Vor etwas mehr als einer Woche. Warum?«

Domecq fasst sie bei der Schulter, zieht sie an sich. »Dora, Deslauriers ist gestorben, vermutlich ein oder zwei Tage, nachdem er dich getroffen hat.«

Die Nachricht sinkt vom Kopf ins Herz. Das Gesicht verliert seine Strahlkraft, die Schminke schwindet, als würde die Haut sie essen, fressen, die Schultern werden schmaler, der Busen erschlafft, sie schrumpft. Tonlos: »Kann ich dir glauben?«

»Ich habe seine Leiche gesehen.« Sie bleibt skeptisch. »Wie sag ich's dir, Dora? Ich habe dich nie belogen.« Oder ganz selten … Oder indem ich nicht alles gesagt habe … Oder nur mit deinem Einverständnis …

»Was ist ihm zugestoßen?«

»Ermordet.«

Ein Moment vergeht. »Von wem?«

»Der Auftrag kam von Bourseul.«

Sie ist nicht überrascht. Bourseul. Jetzt ist sie überzeugt. Sie lehnt sich für einen Moment an seine Schulter, ein kurzes Schluchzen, dann nimmt sie wieder Haltung an. »Warum hast du mir nichts gesagt?«

Was antworten? »Ich habe nicht kapiert, dass er dir so wichtig war, Dora. Nichts habe ich kapiert.« Er verstummt. Sie nimmt ihn am Ellenbogen, drängt ihn vorwärts Richtung Kino.

»Gehen wir rein. Bitte lass mich nicht allein.«

Domecq sieht nicht ein Bild vom Film, er beäugt die in Verzweiflung versunkene Dora, weit offene Augen, die nichts sehen, ganz damit beschäftigt, die Bruchstellen eine nach der anderen zu flicken. Er stellt sich vor, wie die Erinnerungen an ihr vorüberziehen, das heruntergekommene Viertel, die Vergewaltigungen, die kleinen Zuhälter, der Mord, Nohant, und dieser irrationale rasende Lebensdrang. Hat sie Deslauriers geliebt? Rückblende auf die Blonde in der Hitze von Kairo, um zu lieben, muss man erst mal leben. Blöde Frage, Männerfrage. Wird sie fortgehen? Oder nicht? Sie wird. Ohne Mann kann sie nicht leben. Bauer, da Deslauriers wegfällt. Unbehagen. Dieser Mann könnte auch ich sein. Kompromittierende Beziehung. Verzwickte Lage. Ich werde nichts tun, um sie zurückzuhalten. Ambre, hat sie an Ambre gedacht? Niemals wird Ambre mit ihr nach Deutschland gehen. Die Leinwand wird dunkel, Vorführung ohne Unterbrechungen, ohne Alarm, eine schöne Premiere. Ein paar Lichter gehen an, und die Kinobesucher strömen im Halbdunkel zum Ausgang. Domecq hält Dora zurück.

»Warum hat Bourseul Deslauriers umbringen lassen?«

»Geld. Nicht originell. Bourseul, Deslauriers und Bauer haben viele gemeinsame Geschäfte laufen. Immobilien, Hotels, Nachtclubs. Auch Unternehmen, glaube ich. Alkohol, Wein, solche Sachen. Deslauriers ermordet, Bauer wird schon einen Weg finden, im Krieg zu fallen, und alles geht an Bourseul.«

An diesem lauen und sonnigen Spätnachmittag drängt sich vor dem Kino eine Schar fröhlicher junger Leute, jubelt Viviane Romance, Jean Marais, Dora Belle zu, umringt sie, um Autogramme zu ergattern. Domecq bewundert Dora. Sie ist sehr professionell, lächelt, signiert, mechanisch, mustergültig. Ein Dröhnen kommt von der Place de l'Étoile herüber, man ist daran gewöhnt, achtet praktisch nicht mehr darauf, zwei Panzerkolonnen rollen auf dem Rückzug von der Normandiefront quer durch Paris. Vorbei an der vergnügten Menge, mit Zweigen bedeckt, um den alliierten Fliegern zu entgehen, einige sind ramponiert. Blutjunge Panzersoldaten, verwahrlost, verwundet, noch entsetzt über das eben Erlebte, blicken dumpf und ungläubig auf die jungen Pariser, die johlen, die lachen, die die Schauspieler belagern und denen die Wracks des Krieges herzlich egal sind. Nur Dora schaut gebannt zu, wie sie vorüberfahren. Sie dreht sich zu Domecq um.

»Sieh sie dir an, sieh sie dir gut an. Ich verlasse die Stadt mit der Panzerkolonne einer fliehenden Armee.«

Mittwoch, 9. August

In Frankreich geht die amerikanische Offensive in der Bretagne und in Richtung östliche Normandie weiter. Nach der Befreiung von Le Mans ziehen die amerikanischen Truppen nach Norden, in Richtung Alençon. Der deutsche Gegenangriff im Gebiet um Avranches wird fortgesetzt.

Dora läuft in ihrem Schlafzimmer hin und her. Öffnet eine Schublade, nimmt ein paar Schmuckstücke heraus, die sie in eine große blaue Ledertasche wirft, schließt die Schublade wieder. Setzt sich einen Moment an ihren Toilettentisch, kurzer Blick in den Spiegel, richtet ihr Haar, nimmt ihr Schminktäschchen, einen herumstehenden Wecker. In die Tasche damit. Steht auf, öffnet und schließt die Schränke, noch drei viertel voll. Drei Dienstboten werden bleiben und das Haus hüten, und zu Weihnachten sind wir zurück, sagt Bauer. Betrachtet sich in einem Ankleidespiegel: marineblaues Kostüm, kurzärmelige weiße Bluse, nahezu flache Absätze, ein Seidentuch um die Schultern, Reisekleidung. Zwei große Koffer sind schon in einen Wagen des SS-Führungsstabs verfrachtet, der unten gepackt und abfahrbereit wartet. Im Bad duscht Bauer geräuschvoll, rasiert sich dann. Seine schwarze Uniform hängt ordentlich gefaltet am stummen Diener, das Koppel mit Schulterriemen und Waffe an eigens dafür angebrachten Nägeln.

Ambre tritt ein, nur mit einem Nachthemd bekleidet, das wie ein Kinderkleidchen aussieht, geraffter runder Ausschnitt, weit und gerade bis zu den Knien, mit aufgedruckten rosaweißen Blumen.

»Zieh dich bitte an, mein Schatz. Wir fahren in einer halben Stunde.«

»Ich geh nicht nach Deutschland. Auf keinen Fall.«

»Was denkst du dir bloß?« Noch lächelt Dora. »Dass ich dich allein in Paris zurücklasse? Mit fünfzehn?«

»Mach, was du willst. Ich bleibe hier. Dies ist mein Land.«

»Sei nicht kindisch und zieh dich an. Wir kehren so bald wie möglich nach Frankreich zurück.«

»Du kehrst nie wieder zurück. Paris wird von den Alliierten befreit, und dann ist hier kein Platz mehr für Huren, die mit den Deutschen geschlafen haben.«

Blitzartige Erkenntnis, der anonyme Brief, Deutschenhure. Kann es sein … Die schallende Ohrfeige kommt mit voller Wucht. Hass lodert auf.

»Das wirst du mir büßen, du mieses Flittchen!«

»Halt den Mund und zieh dich an. Oder ich schaffe dich mit Gewalt in dieses Auto.«

»Das tust du nicht.«

»Du wirst ja sehen.« Dora verlässt das Schlafzimmer, beugt sich übers Treppengeländer und ruft den Offiziersburschen. »Franz, kommen Sie bitte hoch und helfen Sie mir.«

Schritte im Entree, Stiefelknallen auf dem Marmor. Rascher Blick aus dem Fenster. Da raus fliehen geht nicht, unten im Hof sind die Soldaten. Die Stiefel krachen auf das Holz der Treppe. Ich geh nicht nach Deutschland. Bauer im Bad. Nur ein Ausweg, die Tür, Dora versperrt sie, die Stiefel kommen näher, mach ihr Angst, los, los. Ambre stürzt sich auf Bauers Revolver, klobig, schwer, hält ihn beidhändig mit ausgestreckten Armen, die Daumen auf den Sicherungshebel gepresst. Dora dreht sich um, macht einen Schritt zurück in Richtung Schlafzimmer, der Hebel schnellt vor, der Schuss löst sich, die Kugel trifft Dora mitten in die Brust, sie bricht zusammen. Bauer kommt aus dem Bad, nackt, das Gesicht weiß von Seife, Ambre schießt erneut, in seine Richtung, die Kugel verirrt sich in die Decke. Sie wirft ihm den Revolver ins Gesicht, flieht über den Leichnam ihrer Mutter hinweg in ihr Zimmer, weiter ins Bad, klettert aufs Waschbecken, durch die Dachluke, auf dem Dach rennt sie los. Sie weiß, wo sie wieder runterkann. Den Weg hat sie zusammen mit François entdeckt. François, ich muss es zu François schaffen. An Dora denk ich später.

Der Offiziersbursche kommt im Laufschritt vor dem Schlafzimmer an. Dora liegt auf dem Rücken, das Seidentuch verdeckt den oberen Teil ihres Gesichts, die Augen, die wunderschönen Augen, ihr Mund steht offen, blutiger Schaum auf den Lippen, Beine unter ihr eingeknickt und nackte Füße. Sie war sofort tot. Bauer kniet neben ihrem Gesicht, mit einem Zipfel des Tuchs wischt er ihr das Blut ab, beugt sich zu ihr hinab, umschlingt sie, küsst ihre Lippen, legt ihr dann wieder das Tuch über den Kopf und fängt an zu weinen. Er steht auf, auf der Brust ein großer Blutfleck, das Gesicht verschmiert mit Blut, Tränen und Rasierschaum, sieht den Soldaten wortlos an, geht zurück ins Bad, knallt die Tür hinter sich zu. Man hört wieder Duschwasser fließen.

17

Samstag, 12. August

In Frankreich halten die Deutschen in der Bretagne immer noch Saint-Malo, Dinard, Brest, Lorient. Der von amerikanischen Lufteinheiten gestoppte deutsche Gegenangriff auf Avranches kommt zum Erliegen. Die amerikanischen Truppen, zu denen auch die 2. Französische Panzerdivision gestoßen ist, marschieren nach der Befreiung von Alençon in nördliche Richtung auf Argentan zu, um sich mit den von Norden her auf Falaise vorrückenden englischen und kanadischen Truppen zusammenzuschließen und so die 7. Armee der Wehrmacht einzukesseln, deren Rückzug anzuordnen der Führer sich weigert.
In Paris werden am 10. August vierzig Unternehmer und hohe französische Beamte von der SS verhaftet und deportiert. Die Sicherheitsdienste treten den Rückzug nach Ostfrankreich an. Die unorganisierte Flucht von Militärangehörigen beschleunigt sich. Die französischen Eisenbahner rufen zum Streik auf. Die Streikbewegung greift auf den öffentlichen Dienst über. Die Regierung beschließt, die Beamten und Angestellten des öffentlichen Diensts von Freitag, den 11. August bis Mittwoch, den 16. August zu beurlauben.
Im Osten halten die Aufständischen von Warschau den größten Teil der Stadt, doch es fehlt ihnen an allem (Waffen, Munition, Lebensmittel). Die blutigen Kämpfe gehen weiter. Die sowjetischen Truppen der mittleren Front unternehmen nichts. Die polnischen Aufständischen rufen die Engländer zu Hilfe. Vergeblich.

Ein wunderbar sommerlicher Vormittag, mild und noch kühl. Bourseul geht die Rue de la Paix hinauf in Richtung Place Vendôme. Dies ist ein großer Tag. Er hat seine Kleidung mit Sorgfalt gewählt, hellgrauer Anzug aus Baumwolle und Seide, eierschalenfarbenes Hemd, Krawatte in zwei kräftigen Grautönen, Filzhut und Handschuhe blassgrau. Der Krieg ist nicht zu Ende. Aber gestern ist Bauer abgereist, und ich bin der letzten Verhaftungswelle entgangen. Noch keine Nachricht von François, aber die Alliierten rücken näher, er wird bald zu uns zurückkommen. Und in paar Minuten meine Frau, meine beiden Töchter. Die kleine Isabelle, eine Knuddelmaus. Meine Frau, elegant, diskret, perfekte Gattin. Bei mir eingehakt, ihre Hüfte an meiner. Fühlt amüsiert ein Verlangen aufsteigen. Läuft dicht an der Bordsteinkante, hüpft über den Rinnstein wie ein Kind. Überquert die Place Vendôme. Der Portier des *Ritz* begrüßt ihn mit einem breiten Lächeln. Er geht hinein. Der Rezeptionist kommt hinter seinem Tresen hervor, um ihn zu begrüßen.

»Es ist alles in Ordnung, Monsieur Bourseul. Ihre Familie erwartet Sie.«

»Die Zeiten ändern sich, Amédée.«

»Das kann man wohl sagen.« Mit gesenkter Stimme: »Monsieur Hemingway hat bereits sein Zimmer reserviert …«

»Na dann …« Bourseul schmunzelt. Er weiß diese Information zu schätzen.

Immer noch mit gesenkter Stimme: »… und Hauptmann Laubenthal sitzt in der Bar und nimmt Abschied von unserem Champagner.«

Bourseul wirft einen prüfenden Blick zur Uhr: 9:30 Uhr. Der Hauptmann dürfte ziemlich verzweifelt sein. Laubenthal, Kontrollbeauftragter für die französischen Rennbahngesellschaften, eine elegante Erscheinung, stets in Wehrmachtsuniform, auf allen Rennbahnen von Paris. Ein idealer

Ort, um das französische Großbürgertum auszuspionieren und zu verführen. Das hat er sich denn auch nicht nehmen lassen. Die blonde Stirnlocke, die blauen Augen, die sportliche Figur, der harte Akzent – wie haben die das zuwege gebracht, uns all diese schönen Männer zu schicken? Oder ist das eigentlich Schöne der Sieg? –, er hat mit den Frauen geschlafen und die Männer durch seine Qualitäten als Reiter und Pferdezüchter sowie seine profunde Kenntnis der deutschen Geschäftswelt für sich eingenommen. Seine Familie ist mit den größten deutschen Chemieunternehmen verbandelt. Und was ist die Textilindustrie ohne die Chemie? Bourseul betritt die Bar.

Da ist Laubenthal, in einen Sessel gelehnt, ganz allein, hat seine Mütze neben den Champagnerkübel vor sich auf das Tischchen gelegt und trinkt. Als Bourseul sich nähert, steht er auf, die beiden Männer geben sich die Hand.

»Amédée hat mir gesagt, dass Sie hier sind, ich bin gekommen, um mich von Ihnen zu verabschieden.«

»Ich fahre heute Nachmittag.« Er gibt dem Barmann ein Zeichen, der ein Glas für Bourseul bringt. Sie stoßen an und trinken schweigend. Laubenthal ist verdrossen. »Die schöne Zeit des Pariser Lebens ist vorbei. Unsere eigene Schuld, Maurice, Sie und ich, wir haben uns zu sehr mit den Schurken in Schwarz eingelassen.«

»Vermutlich.« Bourseul erhebt sich. »Passen Sie auf sich auf, Hauptmann. Der Krieg wird irgendwann zu Ende sein, und wir sind dazu berufen, uns wiederzusehen.«

Gleich darauf steigt er über die Hintertreppe die sechs Etagen hoch, kaum außer Atem. Als er die Tür öffnet, stößt Nesthäkchen Isabelle einen Freudenschrei aus und springt in seine Arme. Er hält sie auf seinem rechten Arm, der linke ist für seine Frau, er zieht sie an sich, küsst ihren Nacken, ihr Haar.

Erneuter Anflug von Verlangen, amüsant. Die ältere Schwester bleibt im Hintergrund, linkisch, lächelnd.

»Meine geliebten Frauen …«

»Hast du Nachricht von François?«

»Nein, noch nicht.«

»Diese Geschichte zermürbt mich. Wie kann es sein, dass unser eigener Sohn ein Terrorist geworden ist?«

»Mach dir keine Sorgen, er führt seinen eigenen kleinen Krieg, und er wird zu uns zurückkehren.«

»Ich werde ihm nie verzeihen.«

»Ich bitte dich, mein Schatz, misch dich nicht in die Politik. Du wirst ihm verzeihen. Wenn die Alliierten erst hier sind«, Rückblende: Amédée, sein komplizenhafter Unterton, Monsieur Hemingway …, »und das dauert nicht mehr lange, kommt er heim, und wir empfangen ihn mit all unserer Liebe, du ebenso wie ich.«

Er betrachtet die drei. Gewaschen, frisiert, saubere und gebügelte Kleidung, allesamt abfahrbereit.

»Ihr seid mein Leben. Ich nehme euch mit. Ich bringe euch hier in Paris unter. Auf keinen Fall könnt ihr jetzt in den Norden zurück, es wird bald überall Kämpfe geben.«

Sie verzieht das Gesicht. »Ich mag deine Pariser Wohnung nicht. Das ist eine Junggesellenabsteige für einen Gigolo.«

»Das trifft sich gut.« Leichthin: »Pierre und Madeleine haben uns verlassen …«

»Wie, verlassen?«

»Sie sind weg, ich habe nichts mehr von ihnen gehört …«

»Auf Dienstboten ist heutzutage kein Verlass. Das hätte ich nie von ihnen gedacht.«

»Die Wohnung ist von Einbrechern auf den Kopf gestellt worden.« Mit einer Handbewegung wischt er ihre Entrüstung weg. »Es sind eben unruhige Zeiten, und ich habe bei der Gelegenheit etwas Größeres gemietet, das du passender finden wirst, in derselben Straße, ihr werdet euch dort sehr wohlfühlen. Weißt du, nach dem Krieg müsst ihr vermutlich dauerhaft zu mir nach Paris ziehen. Meine Geschäfte sind sehr viel umfänglicher geworden. Wir werden schon sehen. Auf geht's, meine kleine Familie.«

Sonntag, 13. August

In Frankreich kämpfen die deutschen Truppen in der Bretagne weiter. Ein Teil der amerikanischen Truppen marschiert auf die südlich von Falaise gelegene Stadt Argentan zu, ein anderer dringt nach Osten Richtung Chartres und Orléans vor.
In Paris räumen die nicht am Kampfgeschehen beteiligten Besatzungsbehörden immer schneller die Stadt. Schönes Wetter, Brückentag zum 15. August, die Ausflugslokale an den Ufern der Marne sind proppenvoll.

Domecq betritt wieder das Gebäude an den Champs-Élysées, wo Benezet sein Büro hat. Unverändert die große Eingangshalle, die Karyatiden, die Kupferschilder, neu hingegen zwei sehr breitschultrige und vermutlich bewaffnete Wachmänner, die überprüfen, ob Domecq im Haus erwartet wird. Zwei Männer im dunklen Anzug flüstern am Fuß der Treppe und verstummen, vielleicht eine Spur nervös, als Domecq herankommt. Ansonsten herrscht in dem Gebäude immer noch dieselbe gedämpfte Atmosphäre. Als er oben ist, führt ihn die bewährte unauffällige Sekretärin sogleich in das Büro, wo sich nichts verändert hat. Benezet steht auf, begrüßt ihn mit Wärme, rüstig, freundlich, jünger wirkend, und bittet ihn, sich zu setzen. Domecq, der ihn seit dem 17. Juli nicht mehr gesehen hat, bleibt wachsam. Man hat mich benutzt und dann fallen lassen. Ich habe Deslauriers verheizt. So was passiert mir nicht noch mal.

»Ich wollte Sie sehen, weil ich Ihnen noch ein paar Erklärungen schulde.« Keine Reaktion. »Aber darf ich Ihnen erst mal etwas zu trinken anbieten?«

»Danke nein, um diese Zeit bleibe ich für gewöhnlich nüchtern.«

Benezet zieht sich einen Sessel heran, setzt sich ihm gegenüber und scheint nach Worten zu suchen.

»Was haben Sie mir zu sagen, Monsieur Benezet, ich habe nicht viel Zeit.«

»Sie wissen, dass ich hier die Interessen einiger Amerikaner vertrete.« Domecq nickt. »Und Sie haben sich sicher schon gedacht, dass ich bei dem gewagten Unterfangen der Wehrmachtsgeneräle am 20. Juli meine Finger im Spiel hatte.« Domecq verzieht keine Miene. »Mike Owen, den ich bei mir einquartiert hatte, spielte dabei ebenfalls eine Rolle. Sein Auftrag bestand darin, Kontakt zu den Amerikanern aufzunehmen, sobald der Anschlag gelungen wäre, um in sofortige Friedensverhandlungen einzutreten.«

»Warum erzählen Sie mir das jetzt?«

»Weil Mike Owen seine Identität gewechselt hat. Er ist jetzt Leutnant Funck-Müller. Um genau zu sein, hat er wieder seine wahre Identität angenommen. Er ist österreichischer Staatsbürger, Mutter Amerikanerin, was erklärt, dass er in beiden Sprachen zu Hause ist, und Leutnant der Wehrmacht. Er ist nur zwischen zwei Einsätzen für zwei Monate verschwunden. Ein von seinen Vorgesetzten organisiertes und gedecktes Verschwinden. Zwei Monate, die er bei mir verbracht hat und in denen er in engem Kontakt zu einigen meiner amerikanischen Freunde stand. Bevor er schließlich Gefangener der Gestapo wurde. Bauer hat seine wahre

Identität nie erfahren und von seiner wahren Aufgabe nichts geahnt, trotzdem musste er dringend dort herausgeholt werden, er konnte jeden Moment erkannt und enttarnt werden. Und just heute Morgen ist er zum Stab von General von Choltitz gestoßen, dem neuen Stadtkommandanten von Groß-Paris. Bauer und alle, die Mike Owen kannten, haben Paris verlassen, von Choltitz kennt die Lage in Paris nicht und vertraut auf Männer wie Hauptmann Bender.«

»Ihr Freund Bender steht den Männern des 20. Juli selbst sehr nah …«

»Genau. Er ist den Säuberungsaktionen wie durch ein Wunder entkommen. Vorerst.« Ein Funkeln im Blick. »Und er weiß immer noch nicht, dass ich meine Bilder wiederhabe. Das ist meine Rache … Ihre Vorgesetzten stehen schon seit ein paar Tagen über den schwedischen Generalkonsul mit ihm in Kontakt.«

»Ich bin nicht informiert und habe es auch nicht zu sein.«

Belustigt. »Ich wollte Ihnen auch gar nichts von ihm erzählen, sondern von Funck-Müller. Er ist nicht undankbar. Er hat mich gebeten, Ihnen dies zu geben.« Er öffnet eine Schublade, entnimmt ihr einen Ausweis, reicht ihn Domecq. »Ein ständiger Passierschein auf Ihren Namen, ausgestellt von der Stadtkommandantur von Groß-Paris. So was kann in diesen potenziell unruhigen Zeiten nützlich sein. Setzen Sie ihn klug ein. Außerdem hat er mir aufgetragen, Ihnen zu sagen, dass Sie in ihm stets einen verständigen Ansprechpartner im deutschen Generalstab haben werden. Wovon Sie bitte nur mit allergrößter Vorsicht Gebrauch machen, aber wir alle vertrauen Ihnen.«

Domecq, viel verwirrter, als er sich anmerken lassen will, macht Anstalten, sich zu erheben. »Also dann …«

»Nur die Ruhe, junger Mann. Das ist nicht das Einzige, was ich Ihnen zu sagen habe. Sind Sie sicher, dass Sie nichts trinken wollen?«

»Ein Kaffee mit Cognac würde mir jetzt guttun.«

Benezet klingelt nach der Sekretärin. Gleich darauf werden zwei Tassen, Kaffee und Cognac gebracht. Domecq nimmt einen großen Schluck, schön stark, der heiße Kaffee, die anregende Wirkung des Cognacs, er fühlt sich sofort besser, ein unglaublicher Genuss, eine ganz schlechte Angewohnheit. Ich bin über den Krieg cognacsüchtig geworden.

»Bourseul will Sie sprechen.«

»Was für ein Vormittag! … Warum wendet er sich dann erst an Sie?«

»Er weiß um die Geschichte mit meinen Bildern und die Rolle, die Sie dabei gespielt haben. Fragen Sie mich nicht, woher«, Chaves natürlich, denkt Domecq, »aber er weiß es. Er sprach über Sie, und da habe ich ihn auf meine Verantwortung über Ihre Zugehörigkeit zum gaullistischen Widerstand informiert …«

Domecq ist aufgesprungen, bleich, wütend. »Das hätte ich nicht von Ihnen gedacht, das war ein Riesenfehler, und Sie bringen mich dadurch ganz unnötig in Gefahr! Leben Sie wohl.«

»Setzen Sie sich, beruhigen Sie sich. Gerade weil Sie zum gaullistischen Widerstand gehören, will er Sie ja treffen.«

»Ein vollkommen unnötiges Treffen. Der Mann ist korrupt bis ins Mark, so belastet wie nur was, die kommenden Tage werden sein Untergang sein.«

Benezet sammelt sich einen Moment, während Domecq den Rest seines Kaffees in einem Zug austrinkt und sich einen ordentlichen Schluck Cognac einschenkt, ohne Kaffee.

»Da wäre ich mir an Ihrer Stelle nicht so sicher. Gewiss, Bourseul hat es mit den Deutschen zu einem beträchtlichen Vermögen gebracht, aber ein Großteil dieses Vermögens steckt in seinen Unternehmen, und Unternehmer wird Frankreich künftig brauchen. Doch damit nicht genug. Grundstein seines Vermögens war die Arisierung einiger großer Textilunternehmen im Norden.«

»Die wird er wieder ausspucken müssen.«

»Stellen Sie sich vor, der ehemalige Besitzer der größten dieser Firmen, ein gewisser Lévy Balland, lebt derzeit als Flüchtling in Monaco, Bourseul hat ihm falsche Papiere beschafft, zahlt ihm regelmäßig eine an die Firmengewinne gekoppelte Rente und wird ihm sein Eigentum nach dem Abzug der Deutschen zurückgeben. Das hat ihn nicht daran gehindert, sich auf dieser Grundlage sein eigenes Imperium aufzubauen, das er behalten wird, aber es macht ihn weniger angreifbar.« Benezet denkt nach, bevor er weiterspricht. »Ich kenne Bourseul schon lange. Er ist fraglos ein Antisemit. Seine Haltung gegenüber Lévy Balland ist allein von Vorsicht diktiert. Balland ist sehr mächtig …«

Domecq schenkt sich noch eine Tasse Cognac ein, um Zeit zu gewinnen und Gelassenheit zu demonstrieren. Benezet lässt ihm eine kurze Verschnaufpause und fährt dann fort: »Das ist noch nicht alles. Bourseul glaubt schon seit dem Frühjahr '43 und dem Sieg der Russen in Stalingrad, dass die Wehrmacht gescheitert ist und die Deutschen den Krieg verloren haben. Die Niederlage war seitdem für ihn bloß eine Frage der Zeit und der Umstände. Also ist er umgeschwenkt, ganz langsam und sachte, aber nicht ohne ein paar Risiken einzugehen. In diesem Frühjahr hat er ein deutsch-französisches Bankenprojekt vereitelt, mit dem Nazivermögen beiseite geschafft werden sollte. Seine gesamte Familie saß einige Tage in Haft, seine Pariser Wohnung wurde von der Gestapo verwüstet und sein Haus im Norden geplündert. Der letzten Massenverhaftung vom 10. August ist er nur dadurch entgangen, dass er abgetaucht ist und seine Familie versteckt hielt. Heute erscheint er wieder auf der Bildfläche, weil Bauer weg ist und die Sicherheitsdienste der SS fluchtartig die Stadt verlassen. Nein, glauben Sie mir, Bourseul ist das Gegenteil eines nazifreundlichen Desperados. Es wäre für Sie, für Ihre Vorgesetzten und für alles, was Sie repräsentieren, sehr von Vorteil, ihn zu treffen.«

Langes Schweigen.

»Wissen Sie, Domecq, es gibt unter den Gaullisten zu wenige Unternehmer, als dass Sie jemanden wie Bourseul ignorieren könnten, wenn er Sie um ein Treffen bittet.«

»Da muss ich Ihnen leider recht geben.« Ein Moment vergeht. »Ich vermute, gleich sagen Sie mir, dass er im Büro nebenan wartet?«

»So ungefähr.«

Langer Zwischenstopp im Badezimmer, Kopf unter den kalten Wasserhahn. Wie viele Cognacs? Zwei? Drei? Zu viele jedenfalls.

Bourseul steht in einem kleinen Raum am Fenster, die Hände auf dem Rücken verschränkt, und erwartet ihn. Er dreht sich um und begrüßt ihn. Dunkler, gut geschnittener Anzug, perlgraues Hemd, bedruckte Krawatte in einem kräftigeren Grau, schmale, sportliche Erscheinung, ebenmäßige Züge, pomadeglänzendes schwarzes Haar, schmaler Oberlippenbart. Schöner Mann, hat Triboulet gesagt, schöner Mann, hat auch Noémi gesagt. Mein Typ ist er nicht.

Sie setzen sich einander gegenüber in zwei breite grüne Ledersessel. Zwischen ihnen auf einem runden Tischchen eine Flasche Champagner in einem Eiskübel und zwei Gläser. Bourseul lässt entspannt den Korken knallen, schenkt ein. Domecq sitzt reglos da. Anstoßen kommt nicht in Frage, und trinken tut er keinen Tropfen mehr.

»Ich habe Sie schwer unterschätzt, Domecq. Als Benezet mir sagte, dass Sie dem gaullistischen Widerstand angehören …«

»Das hätte er niemals tun dürfen.«

Eine Handbewegung wischt den Einwand weg. »Ein V-Mann der Gaullisten in Bauers Salon, das verdient einige Anerkennung.«

»Kommen wir zur Sache. Sie wollten mich sprechen?«

»Aus mehreren Gründen. Zunächst, um Ihnen meine heutige Sicht der Dinge auseinanderzusetzen. Nach '36 gehörte ich zu jenen, die sich, vor die Wahl gestellt zwischen Vierzigstundenwoche und Betriebsräten einerseits und dem Naziregime andererseits, für das Naziregime entschieden haben. Deshalb habe ich 1940 ganz selbstverständlich und, seien wir ehrlich, mit einem gewissen Vergnügen kollaboriert. Das deutsche Europa kam mir zupass. Aber ein Unternehmer darf kein Fanatiker sein. Er muss in erster Linie seine Firmen am Laufen halten. Mir ist seit langem klar, dass das Naziregime besiegt ist.«

»Fazit: Schluss mit den Abenteuern und Handstreichen, Schluss mit den Trickserereien. Sie haben ein Vermögen gemacht, das will jetzt verwaltet werden.«

»Wenn Sie so wollen.«

»Und die Amerikaner?«

»Mit denen würde ich am liebsten zusammenarbeiten. Das sind sehr realistische Leute. Sie werben schon jetzt die Nazikader an, die für sie von Interesse sind. Sollten es am Ende aber doch die Gaullisten sein, wovon ich inzwischen ausgehe, dann kann ich damit leben. Nicht frohen Herzens, aber ich werde es tun. Der Wandel ist unvermeidlich. Ich möchte, dass der Übergang so rasch, so kostengünstig und so schmerzlos wie möglich abläuft, und bin bereit, das Meinige zu tun, um ihn zu erleichtern.«

»Ich nehme das zur Kenntnis und werde es an die zuständige Person weiterleiten.« Schweigen. »Warum haben Sie Deslauriers ermorden lassen?«

Bourseul antwortet nicht gleich. Woher weiß er das? Chaves

kann nicht geredet haben … Ich muss das Gespräch unbedingt in Gang halten.

»Was ich Ihnen jetzt sage, werde ich niemals zugeben, vor niemandem und nirgends. Ich habe mich eines lästigen Zeugen entledigt, lästig für mich und für einen Gutteil des französischen Unternehmertums. Deslauriers hatte ein Archiv, und als er untergetaucht ist, wurde mir klar, dass er es benutzen würde. Lafont hingegen hat seins vernichtet.«

Rückblende: Deslauriers' Schlupfwinkel, der Mahagonischreibtisch, die leeren Schubladen. Dora: Bauer, Deslauriers, Bourseul haben zu dritt Geschäfte laufen. Kerl, du erzählst mir nur die Hälfte. Da waren nicht nur belastende Unterlagen über deine politischen Aktivitäten während des Krieges, sondern auch Aktien, Besitzurkunden, vielleicht Schlüssel zu Tresoren hier oder in der Schweiz. Und blitzartig wird ihm klar: Wenn er herausfindet, was ich weiß, bin ich ein toter Mann. Sag was, schnell.

»Rein persönliche Neugier: Wie haben Sie Deslauriers aufgespürt? Ich habe ihn auch gesucht und nicht so schnell gefunden.«

Lächeln. »Ich habe Dora beschatten lassen. Ich wusste, er würde alles tun, um sie wiederzusehen und zurückzugewinnen. Er hat sich mit ihr getroffen. Ich habe ihn verfolgen lassen.«

Rückblende: Deslauriers' geköpfter Leichnam, das aufgeschlagene Buch, das Lesezeichen, das hochformatige Foto von Dora. »Ich habe erst nach seinem Tod begriffen, dass er sie geliebt hat.«

»Unter all den Leuten, die in Doras Salon verkehrten, war ich der Einzige, der nicht in sie verliebt war. Und somit der Einzige, der noch klar denken konnte.«

Dora, zur Seite geneigter Kopf, schmelzender Blick, Dora lachend beim Damespiel, Dora, ihre Rundungen, ihre Kleider, ihre Orchideen, ihre Leichtfertigkeit und dann ihr Tod. Dora, die Gefährtin in diesem seltsamen Krieg.

»Mit dem Mordauftrag sind Sie ein Risiko eingegangen.«

»Überhaupt nicht. Wen schert der gewaltsame Tod eines Gestapochefs, wo die Deutschen bereits fluchtartig die Stadt verlassen? Und der Mörder, der mir diesen Dienst erwiesen hat, gehört zu jenem Kleingesindel, das von der Bildfläche verschwinden wird, weil es sich gegenseitig um die Ecke bringt, ungefährlich.«

Domecq lässt sich Zeit mit seiner Antwort. Ich verstehe die Botschaft wohl. Offenbar ist Chaves bereits tot. Du hast es mit einem Killer zu tun. Junge, sei vorsichtig. Dann: »Warum haben Sie der Sitte gefälschte Unterlagen über mich zugespielt?«

»Sind Sie dahintergekommen, dass ich das war? Sie sind wirklich gerissen. Nach dem Krieg stelle ich Sie ein, eine Führungsposition in meinem Konzern, hätten Sie Lust?«

Domecq muss laut lachen. Der Gipfel der Dreistigkeit. Ein Vorgeschmack darauf, wie es nach der Befreiung sein wird. Schlimmer als gedacht. »Wie war das nun mit den gefälschten Unterlagen?«

»Ich dachte, Sie seien mit Deslauriers verbündet. Wenn dem nicht so war, wie haben Sie dann Zutritt zu Doras Salon erhalten?«

»Bin ein Jugendfreund von ihr.«

»Wenn Sie darauf bestehen … Ich dachte also, Sie seien mit Deslauriers verbündet, ohne genau zu wissen wie, und ich wollte Sie für die Übergangszeit kaltstellen. Das erschien mir umso dringlicher, als ich von Lafont erfuhr, dass Deslauriers die Seiten gewechselt hat. Gemeinsam waren Sie eine echte Gefahr für mich. Wären Sie wirklich Inspektor bei der Sitte gewesen, hätte ich Sie mit den manipulierten Unterlagen für eine ganze Weile ausgeschaltet.«

»Woher wusste Lafont, dass Deslauriers die Seiten gewechselt hat?«

»Er wusste es nicht, er hat es geahnt. Reine Logik. Lafont ist sehr intelligent. Ich selbst habe es in der Nacht des 20. Juli erfahren.« Er hält einen Moment inne. »Ganz nebenbei hat mir der Putsch der Generäle das Leben gerettet.«

Domecq lehnt sich zurück und schließt die Augen. In der Nacht des 20. Juli erfährt Bourseul von Deslauriers' Seitenwechsel, am 21. wirbt er Morandot ab, den er sicher schon lange kennt und der nicht mehr Deslauriers untersteht, und deichselt noch am selben Tag das Ding mit dem Notar. Bei dem er selbst mitmacht, er liebt das Abenteuer, außerdem muss es schnell gehen. Und deponiert das »Beweisstück« dann im weiteren Verlauf des Tages im Sittendezernat, was unter anderem nahelegt, dass er über das Ermittlungsersuchen von Präfekt Bussière informiert war. Vielleicht hat Bourseul ihn überhaupt erst darauf gebracht. Wirklich beeindruckend reaktionsschnell. Nein, die Zeit nach dem Krieg wird entschieden kein Zuckerschlecken. Domecq steht auf.

»Ich werde meine Vorgesetzten vom ersten Teil unseres Gesprächs in Kenntnis setzen.«

Auch Bourseul steht auf und sagt, in verändertem Ton: »Eine Sache noch. Mein Sohn ist vor einem Monat von zu Hause weggelaufen, um sich der Résistance anzuschließen. Ich habe seitdem nichts von ihm gehört. Sollten Sie ihm begegnen, helfen Sie ihm, die kommenden Tage zu überleben. Er ist sehr jung …«

»Es ist äußerst unwahrscheinlich, dass ich ihm begegne.«

»Ich weiß.« Von Gefühl übermannt: »Das ist eine Flaschenpost im Ozean.«

Ist das echt? Oder Manipulation in höchster Vollendung?

Mittwoch, 16. August

In Frankreich haben sich die deutschen Truppen in der Normandie nach dem Scheitern ihres Gegenangriffs auf Avranches in die Gegend südlich von Falaise zurückgezogen. Ihre Lage ist prekär, sie sind eingeschlossen zwischen den Kanadiern und Engländern in Norden und den Amerikanern im Süden. Englische Truppenverbände rücken zügig auf die Seinemündung vor, weiter südlich erreichen amerikanische Verbände Dreux und Chartres.
In der südfranzösischen Provence zwischen Toulon und Cannes sind am 15. und 16. August die 7. US-Armee und die französische 1. Armee gelandet.
In Paris rufen die verschiedenen Widerstandsbewegungen innerhalb der Polizei zum Streik auf. Ab dem 15. August befindet sich die Pariser Polizei im Totalstreik.

Der große Tag ist da. In nicht einmal zwei Stunden werden François und seine Gruppe eine Waffenlieferung abholen, und morgen werden sie wirklich und wahrhaftig an der Schlacht teilnehmen, die man mit jeder Faser des Herzens herannahen fühlt. Die Amerikaner stehen in Chartres. Die Zukunft gehört den Bewaffneten.

Es wird sehr heiß und schwül. Martin hat sich die Ärmel hochgekrempelt, sein Gesicht ist gerötet. Ambre findet, dass er nach Alkohol riecht. François hat ein kurzärmeliges weißes Hemd und eine marineblaue Stoffhose an, die über den Knöcheln abgeschnitten ist. Ein Kind. Gemeinsam verlassen die beiden um kurz vor neun die Wohnung. Sie haben abgemacht, dass Ambre zu Hause bleibt. Waffen sind nichts für Frauen, sagt François, und Martin unterstützt ihn darin. Ambre, die nie über den Mord an Dora gesprochen hat, schweigt. Sie hält am Fenster Ausschau. Da kommen sie aus dem Haus, gehen nach links, die Straße hoch Richtung Père-Lachaise. Ambre stürmt aus der Wohnung, rennt die Treppe hinunter, schnappt sich im Hof ein Fahrrad und ist schon auf der Rue de la Roquette. Sie erspäht die beiden zwei- oder dreihundert Meter weiter vorn und nimmt die Verfolgung auf, zu Fuß, das Fahrrad schiebt sie. François schreitet kräftig aus, sein Gang ist unstet, eckig, euphorisch. Martin hängt ein wenig zurück. Kann sein, dass er torkelt.

Die beiden Männer erreichen auf dem Boulevard de Charonne die Ecke Rue d'Avron. Ambre blickt auf ihre Uhr, ein Reflex, es ist genau 9:17 Uhr. In der Rue d'Avron parkt ein Lastwagen mit Plane. Am vorderen Kotflügel lehnt ein großer, magerer Kahlkopf mit länglichem, asketenhaft verhärmtem Gesicht, Zigarette im Mund, und wartet. Nach dem, was Ambre hier und da aus den Gesprächen zwischen François und Martin aufschnappen konnte, vermutlich der englische V-Mann. Ziemlich nervös, der englische V-Mann. Händedruck. François steigt in den von der Plane verdeckten Teil des Lkw, Ambre kann ihn nicht mehr sehen. Martin wartet auf dem Gehweg gegenüber. Nacheinander treffen junge Männer ein, begrüßen den englischen V-Mann, steigen hinten in den Lkw. Etwa zehn. Dann gehen der englische V-Mann und Martin zur Plane, lösen an jeder Seite eine Schnur, die die Plane oben hält. Sie fällt mit einem spröden Geräusch. Die beiden Männer zurren sie fest. Muss heiß und finster sein da drin. Dann steigen sie in die Fahrerkabine, dicht gefolgt von einem dunklen, untersetzten Typ. War das so geplant? Der Lkw setzt sich sofort in Bewegung. Ohne weiter nachzudenken schwingt Ambre sich aufs Rad und tritt in die Pedale.

Der Lkw rollt die Rue d'Avron hoch, biegt rechts ab in die Rue des Pyrénées. Er fährt nicht schnell, um in dieser belebten Gegend nicht aufzufallen. Viel los auf der Straße, die Menschen sind wie im Fieber. Wo stehen sie jetzt? In Chartres.

Wie weit ist das weg? Hundert Kilometer, vielleicht auch weniger … Und eine zweite Landung im Süden … Ambre möchte schreien, stoppt den Laster, sie entführen Kinder! Sie tut es nicht.

Hinter dem Cours de Vincennes fährt der Lkw geradeaus weiter. Obwohl sie sich anstrengt, kommt Ambre mangels Training nicht hinterher. Erst an der Porte de Charenton holt sie ihn wieder ein, wo er angehalten hat, um einen deutschen Konvoi vorbeizulassen, der auf dem äußeren Boulevard gen Norden fährt. In der Fahrerkabine raucht Loiseau eine Zigarette, die beiden anderen leeren eine Flasche Pflaumenbrand, ein Andenken an die Plünderung von Mortemart. Dann wechselt der Lkw auf die Spur nach Charenton und biegt in schneller Fahrt zum Bois de Vincennes in Richtung der großen, einsamen Wiese von Reuilly ab. Er fährt von der Straße auf den Gehweg und rumpelt dann über die Wiese. Ambre hält mit klopfendem Herzen zwischen den Bäumen an, versteckt sich im Unterholz. Komischer Ort für eine unauffällige Waffenlieferung.

Loiseau stellt den Motor ab, zündet sich eine Zigarette an. Ruhe, Stille, nur unterbrochen vom Gurren und Piepsen der Vögel, das durch die heruntergekurbelten Fenster hereindringt. Die drei Männer schnappen sich ihre unter den Sitzen versteckten Maschinenpistolen, öffnen die Wagentüren, springen nach draußen, laufen zur Rückseite des Lastwagens, Loiseau geht in Stellung, Beine gespreizt, Blick auf die rückwärtige Plane ein paar Meter vor ihm, die beiden anderen fassen je eine Schnur und schlagen auf sein Zeichen die Plane mit einer raschen Bewegung zurück. Loiseau eröffnet das Feuer.

Ambre schreit auf und stürzt auf die Wiese zu, reißt sich im Laufen die Haut am Dickicht auf, als plötzlich ein Mann herbeispringt, der sie, die immer noch schreit, umklammert, zu Boden wirft, sich auf sie legt, sie halb erstickt, damit sie still ist.

Jetzt schießen die drei Männer gleichzeitig mit ihren MPs, bestreichen die Ladefläche mit ohrenbetäubenden Automatiksalven, die Planen werden zerfetzt, die durchlöcherten Körper zucken, rechts will ein junger Mann herunterspringen. Martin sieht flüchtig sein von Entsetzen verzerrtes Gesicht, erkennt das tiefe Grübchen am Kinn, der Junge wird in der Luft tödlich getroffen, und seine Leiche schlägt praktisch halbiert auf dem Grasboden auf. Morandot lacht. Unglaublich, was diese Waffen im Nahbeschuss leisten. Loiseau stellt das Schießen ein, die beiden andern tun es ihm nach. Über allem liegt Stille, kein Vogelzwitschern mehr, kein Leben mehr, die drei Männer reglos, Martin merkt, dass er schweißgebadet ist. Dann feuert Loiseau aus nächster Nähe eine Salve auf den Tank, und binnen Sekunden brennt der Lkw lichterloh, das Flammenmeer tost, der Gestank ist unerträglich. Sie rennen quer über die Wiese, steigen in einen zwischen den Bäumen versteckten Citroën und fahren Richtung Osten, Ziel: Vittel.

Im Unterholz versucht der Mann, die ohnmächtige Ambre wieder zu sich zu bringen.

Domecq hat Robert über sein Treffen mit Benezet und Bourseul informiert, und der hat das Gesagte bestätigt.

»Ja, Parodi, der gerade zum Generalrepräsentanten der Provisorischen Regierung für die noch nicht befreiten Gebiete ernannt wurde – und den Sie im Übrigen kennen, er war es, der Sie im Juli gemeinsam mit mir empfangen hat, erinnern Sie sich?«

»Ich erinnere mich sehr gut.«

»Kurz, Parodi steht in Verbindung mit dem schwedischen Generalkonsul Nordling und einigen Mitgliedern der Stadtkommandantur von General von Choltitz, um im Raum Paris vor dem Abzug der deutschen Truppen die Gefangenen aus den Gefängnissen und Lagern herauszubekommen. Und so zu verhindern, dass sie niedergemetzelt oder massenhaft deportiert werden wie in Caen, als die Stadt von den Deutschen geräumt wurde. Das hat Priorität. Alles, was diesbezüglich weiterhilft, ist willkommen. Nehmen Sie also Kontakt zu diesem Funck-Müller auf, sehen Sie zu, dass Sie ihn unter Kontrolle behalten, und erstatten Sie mir Bericht.«

Domecq musste lachen. Unter Kontrolle … »Wir wissen nicht mal, ob er ein amerikanischer Agent ist, der bei den Deutschen eingeschleust wurde, oder ein deutscher Agent, der bei den Amerikanern eingeschleust wurde.«

»Egal. Das bleibt sich gleich.«

Die beiden Männer treffen sich in der Bar des *Ritz*, wohin Funck-Müller vom nahegelegenen *Hôtel Meurice*, Sitz der Stadtkommandantur von General von Choltitz, schnell herübergekommen ist.

»Dort sind wir ungestörter.«

Sie sind tatsächlich ungestört. Das *Ritz*, eben noch Zentrum der Kollaboration der besseren Gesellschaft, hat jetzt praktisch alle seine Gäste verloren. Doch das Personal scheint dem Fortgang der Ereignisse gelassen entgegenzusehen. Freundlicher, aufmerksamer Service. Kaum setzt sich Funck-Müller in der Bar an einen Tisch, steht schon eine Flasche Champagner im Eiskübel da. Ein Mumm Cordon Rouge. Wie im Weinkeller von Florence Gould. Da sitzt du also in deiner Uniform, kantiger Kiefer, kurzes Blondhaar, blaue Augen. So dermaßen germanisch. So anders als der angekettete Gefangene, den Deslauriers ins Auto geschoben hat. Unbehagen. Ein Monat und zehn Tage in den Händen von Bauer, Avenue Foch, ein Ort, den nur sehr wenige lebend verlassen haben. Bauer hat sich nicht damit begnügt, dich zu vögeln. Wen hast du verraten, dass du noch am Leben bist? Nicht die Generäle der Verschwörung des 20. Juli, nicht Benezet. Wen?

Funck-Müller lässt sich seelenruhig anstarren, lächelt. »Ich freue mich, Ihre Bekanntschaft zu machen. An jenem großartigen Tag, an dem Sie mir zusammen mit diesem Deslauriers das Leben gerettet haben, habe ich nur Ihren Nacken gesehen.«

Eine subtile Art, mich zu erinnern: dein Umgang ist ebenso kompromittierend wie meiner?

»Sie sprechen hervorragend Französisch.«

Das Lächeln wird breiter. »Ja, ich denke schon. Ich höre, Domecq.«

»Ich bin hier, um Ihnen von den Bemühungen von Konsul Nordling zu berichten.«

»Die sind mir bekannt.«

»Und um Sie zu bitten, sie zu unterstützen.«

»Das habe ich bereits getan, ich werde es auch weiterhin tun. Ich kann Ihnen verraten, dass sie erfolgreich sein werden, sobald die letzten Mitglieder des Generalsstabs der Wehrmacht Paris verlassen haben. Die Wehrmachtsgeneräle sind jetzt Männer, die Angst haben.«

»Das ist noch eine Frage von Tagen.«

»Eine Frage von Stunden.«

18

Samstag, 19. August

Teilen der 7. Armee gelingt es, dem Zangengriff der englischen und amerikanischen Truppen zu entkommen und in der Nacht vor deren Zusammenschluss in Falaise den Rückzug anzutreten. Die gesamte Normandie ist befreit. Die Armeen der Alliierten und die verbliebenen Teile der deutschen Armee beginnen einen »Wettlauf zur Seine«. Die Amerikaner versuchen, die Seine bei Mantes im Norden und bei Melun im Süden von Paris zu überqueren und so die Hauptstadt zu umgehen. Die Deutschen beabsichtigen, Paris zu verteidigen.

In Paris haben alle deutschen Nachrichten- und Sicherheitsdienste sowie Polizeibehörden die Stadt geräumt. Der französische Regierungschef Laval hat sich unter deutschem Geleitschutz nach Ostfrankreich zurückgezogen, ebenso zahlreiche hohe Vertreter der Kollaborationsregierung. Es erscheint keine Kollaborationspresse mehr. Sämtliche Insassen der Pariser Gefängnisse sind befreit, aber der letzte von Compiègne abfahrende Zug mit Deportierten konnte nicht mehr aufgehalten werden. Es ist der erste Tag des Pariser Aufstands.

Im Osten erreichen die sowjetischen Truppen an der Nordfront die Grenze zu Ostpreußen und bauen an der ukrainischen Front in Südpolen ihre Stellung aus. Doch an der mittleren Front rühren sie sich nicht von der Stelle, während in Warschau die polnischen Aufständischen ihre verzweifelten und blutigen Kämpfe fortsetzen.

Seit dem Vorabend hat es in Strömen geregnet, der Himmel ist noch wolkenschwer. Sieben Uhr morgens, es wird schon wieder warm, die deutschen Truppen, die Paris die ganze Nacht durchkämmt haben, melden von Choltitz' Stadtkommandantur, dass in der Stadt Ruhe herrscht, und kehren in ihre Kasernen zurück.

Aus ganz Paris streben kleine Gruppen von Männern zum Vorplatz von Notre-Dame. Unter ihnen auch Domecq. Er wurde ohne Erklärung von Robert herbeordert. Er sieht sich um. Offenbar alles Polizisten, wie sehr sie einander ähneln, selbst wenn sie keine Uniform tragen. Mit leiser, angespannter Stimme unterhält man sich über den Hunger (auf dem Platz vor dem Invalidendom treiben deutsche Soldaten Schwarzhandel mit Butter aus der Normandie), den Streik, schon vier Tage, und überall die Frage: Wo stehen sie? Ein Mann behauptet, seine Nichte habe gestern Abend in Rambouillet einen amerikanischen Soldaten geküsst. Rambouillet, wie weit ist das? Fünfzig Kilometer … Viele sind skeptisch.

Bald sind sie mehr als zweitausend, eine Anweisung verbreitet sich wie ein Lauffeuer: Wir besetzen die Polizeipräfektur. Sieht aus, als würde es diesmal richtig knallen, und das ist gut so. Die Menge stürmt los, überquert die Straße, strömt durch die beiden großen Tore, sammelt sich im Innenhof. Vor einer der Hausmauern parken drei Lastwagen der Firma Anselme, gut erkennbar an den Planen mit dem weiß übermalten Aufdruck, und Männer mit blau-weiß-roten Armbinden mit dem Lothringerkreuz geben Waffen aus. Vergessen sind Joano und seine Handlanger, wie sie auf dem Dach der Lagerhalle herumstolzieren. Die Waffen haben ihr Ziel erreicht, und das ist ein sehr beglückender Moment.

Der Hof ist jetzt voller Männer in Hemdsärmeln mit Pistole im Holster und MP oder Gewehr über der Schulter, die kommen und gehen, sich mit lauten Zurufen verständigen und eine fieberhafte Stimmung schaffen, in der ein Funken Freude zu spüren ist. Die Polizei von Paris scheint den Schritt tatsächlich gewagt zu haben, konstatiert Domecq. Daran habe ich nicht geglaubt. Und ist das hier jetzt Krieg, oder spielen wir Krieg?

In einer Ecke des Hofs scheint eine um einen schwarzen Citroën gescharte Traube von Männern zu versuchen, Ordnung in den Aufruhr zu bringen. Domecq geht näher heran. Inmitten des Pulks Robert, der ihn herzlich begrüßt.

»Kommen Sie, Domecq. Meine Herren, dies ist Inspecteur Domecq, mit dem wir seit langem in Verbindung stehen …« Für einen kurzen Moment richten sich alle Blicke auf ihn. »Wir haben es also geschafft, Nicolas … fürs Erste. Bleiben Sie bei mir. Die meisten ranghohen Pariser Polizeifunktionäre scheinen schon seit ein paar Tagen auf der Flucht zu sein. Und das Büro von Präfekt Bussière ist leer.«

»Um diese Zeit ist Präfekt Bussière in seinen Gemächern auf der anderen Straßenseite, nicht in seinem Büro.«

»Dann gehen wir dorthin. Jetzt sofort. Ein Dutzend Männer kommt mit mir. Gleichzeitig durchsucht eine andere Gruppe das Stockwerk der RG, verhaftet die möglicherweise noch dort Anwesenden und bringt alle Unterlagen in Sicherheit, deren sie habhaft werden kann. Unsortiert. Ausgemistet wird später. Und vor allem: keine Gewaltanwendung. Für die Gefangenen ist die Justiz zuständig. Los geht's.«

Die von Robert angeführte Gruppe verschafft sich gewaltsam Zutritt zu dem Stadtpalais, in dem Präfekt Bussière wohnt, und trifft ihn mit dem Kammerdiener an seiner Seite im Hausflur an. Er hatte keine Zeit zum Rasieren, ist mehr schlecht als recht gekämmt, hat aber schnell noch seine Präfektenuniform angelegt.

»Treten Sie bitte ein, meine Herren. Ich habe Ihnen ein paar

Worte zu sagen.« Er mustert jeden der Eindringlinge voller Herablassung, mit einem Blick, der besagt: Ich werde keinen von Ihnen vergessen … Und bleibt bei Domecq hängen, baff, jäh in seinem Elan gebremst. Das nutzt Robert und geht zum Angriff über.

»Monsieur Bussière, im Namen der Provisorischen Regierung der Republik Frankreich, die ich bis zur Ankunft von Präfekt Luizet repräsentiere, sind Sie hiermit verhaftet.«

»Das ist ein Scherz, und zudem ein schlechter. Ich bin der hiesige Polizeipräfekt, die Befehlsgewalt liegt bei mir. Ich habe meinen Männern versprochen, meine Uniform anzulegen, um sie alle beim Eintreffen von General de Gaulle in Paris vor ihm antreten zu lassen und ihm zu sagen: ›Herr General, die Polizei von Paris hat vier Jahre lang unter schwierigen Bedingungen ihre Aufgabe erfüllt. Heute wie gestern steht sie der Regierung zu Diensten.‹ Wie Sie sehen, habe ich meine Uniform angelegt, aber General de Gaulle ist meines Wissens noch nicht hier, und die gesetzmäßige Macht bin ich. Die Polizisten kehren also auf ihre Posten zurück, von denen sie sich niemals hätten entfernen dürfen, und alle anderen verlassen die Räume der Präfektur, sie haben dort nichts zu suchen.«

Robert dreht sich zu seinen Begleitern um, gibt ein Zeichen, vier Männer flankieren Bussière, packen ihn an Schultern und Armen und nehmen ihn mit. Er leistet keinerlei Widerstand.

Robert beugt sich zu Domecq. »Ist der verrückt?«

Strom von Bildern. Bussière bei Dora, lebhaftes Gespräch mit den SS-Offizieren an einem der hohen Fenster, am Pokertisch mit Knochen, beim Anstoßen mit Lafont …

»Nein, bestimmt nicht. Das ist ein intelligenter Mann, der weiß, dass es ihm an den Kragen geht, und der mit bemerkenswertem schauspielerischem Talent an seiner Verteidigung arbeitet. Sie werden sehen, er versteht zu überzeugen.«

Eine Gruppe von etwa zwanzig Männern stürmt über die breite Treppe in den zweiten Stock zu den Räumen der RG. Mittendrin in hellem Hemd und leichter Sommerhose der am ganzen Leib zitternde Thivolier, seit zwei Tagen dreiundzwanzig, er erinnert sich an jede einzelne dieser von Schlagstockhieben begleiteten Stufen, und dort oben, in Raum 36, an das Gesicht jedes einzelnen der Bullen, die ihn nackt auf den schweren Holztischen festgebunden, ihn mit Ochsenziemern geschlagen, ihm Hände und Weichteile zwischen den beiden Tischen zerquetscht haben, an jedes einzelne Gesicht, bis er ohnmächtig wurde. Und seit er am 14. Juli das durch den Aufstand der Strafgefangenen entstandene Durcheinander zur Flucht aus der Santé genutzt hat, träumt er davon, als Rächer in diese Räume zurückzukehren. Er war heute früh einer der Ersten, die die Präfektur besetzt haben. Er ist in der Gruppe, die die RG-Etage besetzen soll, jetzt hält die Gerechtigkeit Einzug.

Glastür, langer Gang, links und rechts Büros, Türen knallen, niemand da. Die großmäuligen RG-Folterknechte sind ausgeflogen. Schnelle Durchsuchung der Schubladen und Schränke: Hier wurde offensichtlich aufgeräumt. Hinter den Schwingtüren Raum 36, die beiden schweren Tische, die in die Wände eingelassenen Ringe, ja, hier ist es, Thivolier schließt die Augen, ihm ist schlecht. Niemand da. Die Gruppe scherzt und lacht sehr laut, um den Schrecken zu bannen und die Enttäuschung zu überspielen, geht dann wieder hinunter in den Innenhof, der von Bewaffneten wimmelt. Man trinkt ein paar Bier. Die Nachricht von Bussières Verhaftung sorgt für Aufregung, Begeisterung. Der Bruch ist wirklich vollzogen.

»Durchsuchen wir doch sein Büro«, wirft Thivolier in die Runde.

Das klingt nach Frevel. Die Gruppe formiert sich wieder und steigt in den ersten Stock. Im Flur trifft sie vor dem Büro des Präfekten auf ein Dutzend junger Polizisten, die von verschiedenen Dienststellen herübergekommen sind, unschlüssig, beunruhigt.

»Was machen Sie hier?«

»Wir sind hier, um die Befehle des Präfekten entgegenzunehmen.«

»Er hat uns gesagt, wir sollen unsere Arbeit machen und ihm vertrauen …«

»Was in diesen Zeiten echt schwer ist …«

Gelächter, Geschiebe.

»Präfekt Bussière ist verhaftet worden, er sitzt im Knast.«

Thivolier, der noch im Treppenhaus war, stellt sich zu den anderen. In der Menge erkennt er ein bleiches Gesicht, spürt wieder einen durchdringenden Schmerz, wie ein Stich mit der Lanzette, der ihm von den Fußsohlen bis in die Haare schießt, stößt seine Kameraden beiseite, packt den bleichgesichtigen jungen Polizisten am Kragen und schüttelt ihn, ohne auch nur ein Wort herauszubringen. Der andere reißt sich los, versucht sich zu schützen, weicht an eins der Fenster zurück, Thivolier folgt ihm, schlägt ihm vor sich hin stammelnd ins Gesicht. Um sie herum packt, prügelt, beschimpft man sich, es herrscht ein Riesendurcheinander. Thivolier zielt schlecht, seine Faust trifft das Fenster, durchschlägt die Scheibe, die Adern des rechten Handgelenks sind aufgeschlitzt, die Wunde blutet stark. Sein Blut, seins, hier, wieder, und Schuld ist dieser grinsende Folterknecht. Er sieht nicht mehr klar, packt den Kerl, mit dem er kämpft, mit unbändiger Kraft und wirft ihn aus dem Fenster.

Unten im Hof eilen Domecq, Robert und ein paar andere zu dem verrenkt daliegenden Körper. Domecq beugt sich hinunter, zieht dem Toten das Jackett vom Gesicht. Unversehrt. Jacques Ricout. Jung in den Tod. Er ähnelt seinem Bruder

Bernard, ernst und eifrig, als er noch am Leben war, und dessen Leichnam ohne Hände und ohne Gesicht ihn immer wieder heimsucht. Oben hat die Schlägerei aufgehört, alle halten sich von den Fenstern fern.

Robert kaut auf den Innenseiten seiner Wangen, während er den Toten betrachtet. »Kennen Sie ihn?«

»Ja. Jacques Ricout, Inspecteur des 1. Sonderdezernats der RG.« Fragender Blick. »Ein Kommunistenschläger.«

»Was hat der denn hier noch verloren? Ich dachte, die hätten sich alle verkrochen ...«

Domecq zuckt die Schultern.

»Nun, sagen wir, er ist das erste Opfer des Aufstands der Pariser Polizei. Bringt den Leichnam in einen Kellerraum, und kümmert euch um eine Leichenhalle, die werden wir wohl brauchen. Der Fall ist erledigt.«

Der deutsche Panzerbeschuss der Polizeipräfektur beginnt in den Stunden nach Jacques Ricouts Tod.

Mittwoch, 23. August

In Frankreich treten die Deutschen in der Normandie den Rückzug an. Die Amerikaner überqueren die Seine bei Mantes und Melun. De Gaulle ist in Frankreich. Seit dem Vorabend marschiert Leclercs 2. Panzerdivision auf Paris.
In Südfrankreich dringen die französischen Truppen nach Toulon und Marseille vor, amerikanische Truppen befreien Aix-en-Provence.
Toulouse und der Südwesten werden von der Résistance befreit.
In ganz Paris stehen jetzt Barrikaden, die deutschen Truppen, die noch sehr starke Stützpunkte halten, sind kaum mehr im Zentrum unterwegs.

Im Osten haben sowjetische Truppen eine vierte Front in Rumänien eröffnet. In einer dreitägigen vernichtenden Offensive kesseln sie die deutsche 6. Armee und die mit ihr verbündeten rumänischen Truppen ein und setzen 130 000 Mann außer Gefecht. Durch einen Staatsstreich in Bukarest stürzt der pro-deutsche Ministerpräsident.

Am 21. August übernimmt Bauer in Vittel die Führung eines auf vier Wagen verteilten elfköpfigen Kommandos aus sechs Deutschen und fünf Franzosen, deren Auftrag es ist, nach Paris hineinzugelangen, sich dort festzusetzen und bis zur für Weihnachten angekündigten Rückkehr der deutschen Truppen zu halten. Bei Bauer im vorderen Wagen Loiseau, Morandot und Martin. Das Kommando braucht zwei Tage bis zum Stadtrand von Paris.

Mitten im Bois de Vincennes macht das Kommando Halt, man tarnt die Wagen im verschlungenen dichten Unterholz und berät sich im Flüsterton, die Autos mit der darin versteckten Artillerie immer im Blick. Es müssen zwei Späher entsandt werden, einer nach Norden und der andere nach Süden, um herauszufinden, wo man ohne allzu großes Risiko nach Paris hineingelangen kann. Martin bietet sich an

»Ich habe in Belleville gewohnt. Ich kenne die Gegend gut.«

Endlich allein. Unbändige Lust, seine Stadt wiederzusehen. Er pirscht durch den mit Wildblumen übersäten Wald, der Boden ist lehmig und riecht gut. Er dringt vor bis in die Nähe der Porte Dorée. Bleibt stehen, in Deckung. Auf der anderen Seite des Geländes versperrt eine Barrikade den äußeren Boulevard und die Zufahrt zum Platz. Beeindruckend. Mit Sandsäcken befestigte hohe Wälle aus versetzt angeordneten Pflastersteinen, davor und an den Seiten gefällte Bäume. Auf einem Gehweg ein ausgebrannter Lkw. Ist das jetzt Paris? Er erspäht bewaffnete Männer, mit Mützen und in Hemdsärmeln, sie kommen, gehen, rufen sich etwas zu, lachen. Und überwachen alles, was vor sich geht. Auf dem Pflastersteingrat wehen blau-weiß-rote Fahnen. Lehnt sich an einen Baum. Die Barrikade, die Stadt verschwimmen und beginnen sich lautlos in Zeitlupe zu drehen. Die Welt gerät ganz langsam ins Wanken. Eine geordnete Gesellschaft, und er gehörte dazu. Er war durch Zufall in die Rue de la Pompe gekommen, ein lustiger, hilfsbereiter Geselle, ihm gefiel die kameradschaftliche Atmosphäre, die viele Kohle, das neue und wohlige Gefühl, völlig ungestraft über den anderen zu stehen. Man gewöhnt sich schnell ans Töten. Die sich auftuenden Risse wollte er nicht sehen. Die Hausbewohner in der Rue Pétrarque, die in die Wohnung drängen, während sie selbst durchs Fenster fliehen, seine erste Panik. Machten die Männer aus der Rue de la Pompe etwa niemandem mehr Angst? Und dann das Pfeifen der Kugeln auf dem Gehweg vorm Haus, die Einschläge in den weißen Stein auf Höhe seines Kopfs, der Wasserkrug, der Loiseau bewusstlos schlägt. Die Maschine geriet ins Stocken, und er wollte es partout nicht sehen. Und jetzt ist ihm der Zutritt zu seiner Stadt verwehrt.

In dem fast ganz stillen Wald am Rand der Boulevards beharrliches Gurren und Vogelzwitschern, diesen Gesang kennt er, kriegt ihn nicht mehr los. Immer wieder stürmen die Bilder von der Reuilly-Wiese auf ihn ein, überwältigen ihn mit ungeheurer Wucht. Die feuerspeienden Maschinenpistolen, der brennend heiße Lauf in der Linken, die ihn umklammernde Rechte, die in Stücke gerissenen Jungen, die zuckenden, wegsackenden Leiber, das spritzende und auf den Rasen tropfende Blut, das verzerrte Gesicht von François mit seinem Grübchen, und er selbst mit hochgekrempelten Ärmeln, Loiseau mit Zigarette im Mund, das Lachen der drei Männer.

Und danach Stille wie nie. Martin schließt die Augen. Immer noch taumeln Lichtsprenkel durchs Dunkel der geschlossenen Lider. Das endlose Solo einer Turteltaube. Martin, auf Knien, erbricht sich unter Krämpfen.

Als er sich wieder aufrichtet, ist ihm, als sehe er klarer. Als tauche er aus einem langen, einem monatelangen alkoholgetränkten Alptraum auf. Die Barrikade hat scharfe Umrisse. Die Männer dort erkennt er wieder, es sind die aus den Pariser Arbeitervierteln, die aus Belleville gleich hier in der Nähe, wo er seit seiner Jugend gelebt hat, das *Bistro de la Vielleuse*, wo der Wirt samstags abends die Vorhänge zuzog, die Türen verschloss, und man spielte Billard unter Freunden, trank dabei Bier oder Blanc-Cassis, bis der Morgen anbrach, und man ging sternhagelvoll heim und ins Bett, und man schlief bis zum Montagmorgen seinen Rausch aus, in aller Ruhe und Unschuld. Ich war ein guter Junge, alle mochten mich gern. Diese Männer sind meine Familie. Sie werden mich wiedererkennen. Ich kehre heim. Martin durchsucht seine Taschen, gefälschte Papiere, ein paar Geldscheine, eine Pistole. Vergräbt das Ganze unter einem Strauch, wischt sich die Hände im Gras ab, steht auf und geht auf die Barrikade zu.

Die Männer von der Barrikade empfangen Martin, in dem sie einen der ihren zu erkennen glauben, sehr herzlich. Wo sie ja auch Nachbarn seien, er, Martin, wohne Ecke Boulevard de Belleville und de la Villette, sagt er voller Stolz. Na, da könne er sich gleich den Kämpfern des 19. Arrondissements anschließen, ein Sektor, in dem es hart zur Sache geht, man liefert sich Gefechte rund um die Gare de la Villette, wo sich ein großes Benzinlager der Wehrmacht befindet, man stürmt Züge, man versucht zu verhindern, dass die deutschen Militärlastwagen Paris über die Nord-Ost-Strecke verlassen. Und kämpfen ist genau das, was Martin will. Er brennt darauf, vor den Augen all seiner Nachbarn zwei oder drei Großtaten für sich zu verbuchen, und sieht sich schon unter allseitiger Zuneigung und Bewunderung in der *Vielleuse* Pastis trinken. Also auf zum Rathaus des 19. Arrondissements. Wobei man ihm rät, um die Buttes-Chaumont einen Bogen zu machen. Weil er dort im Norden im Schlachtgetümmel fallen würde, bevor er sich überhaupt einer Partisanengruppe anschließen kann.

Und so rückt er jetzt auf der Avenue Manin vor. Ganz nah laute Schusswechsel. Er erblickt die Barrikade, die den Zugang zum Rathaus abschirmt, unterteilt in mehrere Ebenen, aus jeder ragen Gewehre. Aber die Männer, die sie besetzt halten, kann er nicht erkennen. Keine Personen, schon gar keine Gesichter, nur feindselige Pflastersteinwälle und der Lärm von Gewehrsalven, von Explosionen, der näher zu kommen scheint. Er geht sehr vorsichtig weiter heran, dicht an den Häusern entlang, winkt mit beiden erhobenen Armen, um zu zeigen, dass er nicht bewaffnet ist, brüllt dann und wann »Freund«, wenn das Krachen der Schüsse nachlässt. Ein Mann taucht hinter der Barrikade auf, richtet sein Gewehr auf ihn. Martin sieht gerade noch das Mündungsfeuer und sackt, von einem gewaltigen Schlag mitten in die Brust getroffen, an einer Haustür zusammen. Er begreift nicht, wie ihm geschieht, spürt keinen Schmerz, will wieder aufstehen, kann sich aber nicht bewegen, sieht sich um, die Welt ist eng, verschwommen, dunkel. Sein Todeskampf ist sehr kurz. Als zwei Frauen versuchen, ihn ins Haus zu ziehen, um erste Hilfe zu leisten, ist er schon tot.

Domecq lehnt sich in die Rückbank einer dicken Limousine unter schwedischer Flagge. Zu seiner Linken Funck-Müller in Zivil. Zu seiner Rechten und neben dem Fahrer zwei Bankiers, denen er dieses Jahr ab und zu bei Dora Belle begegnet ist und die die Résistance seit ein paar Tagen finanziell unterstützen. Sie haben ihn nicht wiedererkannt, umso besser, das vereinfacht die Beziehungen. In einem anderen Wagen, der vorneweg fährt, Nordling und ein Angehöriger des schwedischen Konsulats. Fahrtziel Rambouillet, wo heute Abend General de Gaulle sein wird. Im Wagen wird wenig geredet. Zwischen den Barrikaden der Widerstandskämpfer innerhalb von Paris und den Straßensperren der deutschen Truppen in den Vororten ständige Kontrollen, endlose Verhandlungen mit ungewissem Ausgang. Ständig die Angst vor der verirrten Kugel, dem Zorn eines Soldaten, dem Hassausbruch eines Kommandierenden, kurz: den Wirren des Krieges, Diplomatisches Corps hin oder her.

Domecq döst. An seine Schulter, seinen Schenkel gedrückt der Körper von Funck-Müller. Berührungspunkte. Seit vier Tagen weichen sie einander nicht von der Seite. Sind aber weder Vertraute noch Verbündete. Kaum hatte der Kampf um die besetzte Präfektur begonnen – eineinhalbstündiges Trommelfeuer der deutschen Panzerkanonen, er und einige andere hielten sich hinter den Dachfenstern auf dem Speicher versteckt und schossen auf alles Lebendige in den Panzern und drum herum, zwei Deutsche gehen auf sein Konto –, da tauchte plötzlich Robert auf. Wie von einem anderen Planeten. »Ich habe Sie gesucht, Domecq. Ihr besonderes Verhältnis zu Funck-Müller … Wir müssen mit der deutschen Kommandantur einen Waffenstillstand aushandeln.«

Unbeschreiblich seine Lust am Kampf, das Gefühl, jetzt endlich Teil der ganz großen Geschichte zu sein. Er reibt sich das Gesicht, um wach zu werden. Ich weiß, ein Waffenstillstand, man muss den Amerikanern Zeit für ihre Ankunft verschaffen, verhindern, dass uns hier dasselbe Schicksal ereilt wie die Aufständischen von Warschau. Doch die Deutschen reagieren zögerlich auf den Aufstand, die Wehrmacht ist geschwächt, die Truppe zeigt Auflösungserscheinungen …

Der Waffenstillstand kam zustande, und Domecq pendelte nur noch zwischen der Präfektur und den Fluren des *Hôtel Meurice* hin und her.

Auf den Waffenstillstand vom 19. folgt die Tragikomödie vom 20. Tragödie am Morgen: Generalrepräsentant Parodi und seine beiden Stellvertreter, drei der höchsten Führungsverantwortlichen des innerfranzösischen Widerstands, werden bei einer Routinekontrolle von einfachen deutschen Soldaten verhaftet, die sie, entzückt über ihren Fang, sogleich SS-Kampfeinheiten übergeben. Posse am Nachmittag: Funck-Müller, von Domecq alarmiert, lässt sie ins *Hôtel Meurice* bringen, überzeugt von Choltitz, sie freizulassen, Einhalten des Waffenstillstands, Kriegsrecht, Genfer Abkommen, man glaubt zu träumen, aber es klappt, und schafft sie durch eine Geheimtür hinaus in einen Wagen des schwedischen Konsulats, während vorn am Haupteingang SS-Soldaten auf sie warten, um sie zu ermorden.

Dann geht der Aufstand weiter, überall in Paris werden Barrikaden errichtet, die deutsche Armee verliert die Gewalt über das Stadtzentrum, Funck-Müller wirkt zufrieden und inszeniert dieses absurde Unternehmen mit zwei zwielichtigen deutschen Bankiers und Nordling, um de Gaulle zu sagen, dass man ihn erwartet und er unterwegs nicht trödeln soll.

Wie es aussieht, hat man soeben den letzten deutschen Posten hinter sich gelassen. Keine zehn Kilometer mehr bis Rambouillet. Die Wagen fahren langsam. Der Bankier, der vorn sitzt, dreht sich um und sagt zu seinem Kollegen: »Wissen Sie, dass Brunet am 10. August verhaftet wurde?«

Domecq spürt, wie Funck-Müllers Oberschenkelmuskeln sich spannen. »Ja, er und weitere Freunde von uns. Die Verhaftungsliste stammt von Bauer.«

Bauer. Jäh füllt der Name das Wageninnere aus. Funck-Müller hat sich nach links gedreht, ganz in die Betrachtung der vorbeiziehenden Bäume vertieft. Domecq sieht ihn an. Dreiviertelprofil, Kieferpartie, Wangenknochen, Augenbrauenbogen bilden eine wie aus Stein gemeißelte Linie, auf die ein blond sprießender Flaum seinen Schatten wirft. Mike Owen, einquartiert bei Benezet, wusste alles über die französischen Unternehmer, die unbedingt Kontakt zu den Amerikanern wollten, dann ist er plötzlich Bauers Gefangener. Diese Liste haben sie auf die eine oder andere Weise gemeinsam erstellt. Wen hat er verraten? Jetzt weißt du es. Und wen noch?

Als der Wagen steht und die Bankiers ausgestiegen sind, dreht sich Funck-Müller zu Domecq um. »Ich weiß, was Sie denken. Sie brauchen es mir nicht zu sagen. Heute Abend trage ich die Uniform, die meine ist, die der amerikanischen Armee.«

»Heute Abend schließe ich mich der 2. Französischen Panzerdivision an. Kämpfen. Endlich.«

19

Freitag, 25. August

In Frankreich rollt die 2. Französische Panzerdivision nach Gefechten in den nordwestlichen Vororten in Paris ein. Um 15:15 Uhr ergibt sich General von Choltitz, Stadtkommandant von Paris, Marschall Leclerc.
Im Osten gehen die blutigen Kämpfe in Warschau zwischen deutschen Truppen und polnischen Widerstandskämpfern weiter. Die Sowjets verweigern der amerikanischen Luftflotte die Erlaubnis, sowjetische Flughäfen zu nutzen, um den polnischen Aufständischen zu Hilfe zu kommen.

Am späten Nachmittag gegen 18 Uhr hat Domecq sich verdrückt. Bevor er morgen oder übermorgen mit der 2. Panzerdivision zur Front aufbricht, erleichtert darüber, Paris zu verlassen und weit weg zu sein von den vorprogrammierten Enttäuschungen, die auf die Befreiung folgen werden, will er noch einmal das Haus an der Place des États-Unis wiedersehen, Abschied von Dora nehmen, diesen Lebensabschnitt beschließen, nicht um zu vergessen, das ist unmöglich, sondern um ihn würdig zu beenden. Er hat eine lange rote Rose in der Hand.

Die schweren Portalflügel sind zugezogen, aber nicht verschlossen. Er geht hindurch, überquert den Hof. Der Haustürgriff lässt sich leicht drehen. Domecq findet sich in dem runden, ganz in Marmor gehaltenen Entree wieder, in der Mitte der Tisch aus weißem Stein. Keine Blumen. Der Raum ist kahl. Vor ihm die Flucht der Salons. Die untergehende Sonne spielt durch die Lamellen der an allen Fenstern geschlossenen Klappläden. Die Möbel stehen an ihrem Platz: Sessel, Tische, rechts in der Ecke im ersten Salon der Spieltisch, an dem Deslauriers beim Poker triumphiert hat, noch offen, große Kristalllüster, ganz hinten der Flügel. Die Vorhänge sind halb zugezogen. Keine Plünderung, in dem Halbdunkel keine Spur von Leben. Kurzer Rundgang durchs Gartengeschoss. Die Küche ist gründlich gewienert und aufgeräumt, die Schränke quellen über vor Konserven, Nudeln, Zucker, Keksen. Eine hübsche Spirituosensammlung in einem Weidenkorb wurde in einer Ecke abgestellt. Domecq will Licht machen: kein Strom. Der Anschluss wurde vermutlich gesperrt. Aber es fließt Wasser in die Spüle, als er den Hahn aufdreht.

Jetzt muss er nach oben gehen. Steigt die zwei Etagen hoch, betritt Doras Schlafzimmer, schließt die Tür hinter sich. Schiebt die schweren Vorhänge zur Seite, um etwas Licht hereinzulassen, sieht wieder das große, mit einem weiß-rot-rosafarbenen Kaschmirüberwurf bedeckte Bett, an dem er in der Nacht des 20. Juli bei Dora gewacht hat. Spürt erneut Verlangen im Unterleib. Der stumme Diener aus Mahagoni, an den Bauer Uniform und Waffe zu hängen pflegte, ist noch da. Und auch der Toilettentisch, aber keine Cremes, Salben, Puder oder Parfums mehr. Öffnet die Schiebetür eines Kleiderschranks: nicht eine von Doras zahllosen festlichen Roben mehr da. Die Schubladen der Intarsienkommode aus dem 18. Jahrhundert sind leer. Hier wurde systematisch und sehr gründlich aufgeräumt. Und auf dem dicken weißen Teppich an der Tür ein großer dunkelbrauner Fleck. Hier ist sie zusammengebrochen. Ihr Blut hat die Wolle durchtränkt. Die einzige Spur, die von ihr bleibt. Er bückt sich, um seine Rose dort hinzulegen.

Die Haustür quietscht, klappt dann zu. Er richtet sich auf, lehnt sich an die Kommode, wartet. Schritte auf der Treppe, im Flur, an der Zimmertür … Im Halbdunkel taucht Ambre auf, wunderliche Erscheinung, schmal, bekleidet mit zu großen, von einem Wildledergürtel in der Taille gehaltenen marineblauen Männershorts und einer kurzärmeligen roten Bluse. An den Füßen weiße, bis zu den Knöcheln hinuntergerollte Strümpfe und schwere, sehr ausgetretene Wanderschuhe. Sie blickt starr, wie hypnotisiert auf den Blutfleck und die darauf liegende Rose. Ihr von zwei Spangen zurückgehaltenes üppiges Haar scheint dunkler geworden, spielt in ein helles Kupferbraun und umrahmt schwer die klaren, harten Konturen ihres Gesichts, hohe Wangenknochen, gerade Nase, markanter Kiefer, hohle Wangen. Die Haut ist sonnengebräunt und schmutzig. Sie hebt den Blick, lässt ihn übers Bett wandern, entdeckt den an der Kommode lehnenden Domecq. Der erschüttert ist über diese weit auseinanderstehenden emailleblauen Augen, die sich in ihrem Gesicht riesig ausnehmen. Nichts Kindliches mehr. Wie im Haus wurde auch hier aufgeräumt. Und diese Ähnlichkeit, Doras Gesicht, aber klarer, nichts Rundes, keine Reue. Sie betrachtet ihn einen Moment, registriert mit einem zarten Lächeln die Militäruniform, das zu lange schwarze Haar, den unrasierten Bart, zögert kurz, blickt wieder auf den Blutfleck.

»Warum sie und nicht er?«

Was kann er ihr sagen? Doras aufgelöstes Gesicht vor dem *Normandie* lässt ihn nicht los, ihr Hilferuf, auf den er nicht reagiert hat. Nicht mal hören wollte er ihn. Aus Feigheit? Was sagen? Sie wollte nicht nach Deutschland … Was sagen? Seit einem Jahr war sie Informantin der Résistance … Ich weiß nicht mal, wo sie beerdigt ist … Er schweigt.

Wenig später haben sie es sich am Rande des Gartens auf der Terrasse in Liegestühlen bequem gemacht und betrachten die Schattierungen des Himmels beim Sonnenuntergang. Beide haben sich gewaschen und gekämmt, Domecq sich auch rasiert, mit kaltem Wasser, nicht angenehm, Ambre hat alle ihre Sachen unversehrt in ihr Zimmer geräumt vorgefunden und ein himmelblaues Kleid angezogen, die nackten Füße stecken in Sandalen. Sie ist angespannt, stopft mit abrupten Bewegungen Kekse in sich hinein, ich fühle mich, als hätte ich mindestens drei Tage nichts gegessen, und sie scheint zu warten. Domecq trinkt Portwein aus einem Küchenglas, fängt dann mit monotoner Stimme an zu reden, erzählt von seiner Arbeit, dem wirtschaftlichen Nachrichtendienst. Mehr als unter der Angst litt er täglich unter der Einsamkeit und dem quälenden Gefühl, nutzlos zu sein, während das Eigentliche mit Waffengewalt entschieden wurde. In seiner Schilderung kein Name, nichts über Dora. Ein paarmal schmunzelt sie, als er seinen Aufenthalt im Gästezimmer erwähnt, die Ohren gespitzt, um Fetzen der BBC-Sendungen aufzuschnappen, die Ambre jenseits der Wand den ganzen Tag hörte, in Bauers eigenem Haus. Aber kein Wort über das Verlangen nach einer Frau, das sie geweckt hat … Und Ende Juli die Aufnahme in eine Gruppe, endlich. Doch war das besser? … Schweigen. Und vor zwei Tagen die Rekrutierung, der Anmarsch auf Paris, die Gefechte, endlich. Morgen oder übermorgen an die Front. Die vorprogrammierte Desillusionierung nach der Befreiung und die mir darin vermutlich zugewiesene Rolle, dafür habe ich nicht die Kraft. Und wenn das eine Form von Fahnenflucht ist?

Domecq dreht den Kopf zu Ambre und sieht sie an. Sie hat sich zurückgelehnt und die Augen geschlossen. Sie denkt nach. Schön wie eine Totenmaske, schießt es ihm durch den Kopf. Unbehagen. Dann richtet sie sich auf, sitzt einen Moment gerade, entschließt sich, beugt sich vor, Ellbogen auf den Knien, Gesicht hinter der Haarflut verborgen, und spricht.

»Als ich von hier über die Dächer geflohen bin, stand ich plötzlich auf der Straße, im Nachthemd und barfuß, ohne Geld, ohne Papiere. François hatte mir seine neue Adresse dagelassen, bevor er untergetaucht ist. Rue de la Roquette 129. Am anderen Ende von Paris. In meinem Zimmer, auf dem Stadtplan, war ich den Weg zwischen Place des États-Unis und Rue de la Roquette hundertmal gegangen. Ich bin gerannt, ich bin gelaufen, ich bin durch kleine Straßen gegangen. Niemand hat mich irgendwas gefragt. Ich denke, ich habe ein Gefühl von Freiheit verspürt.«

Sie verstummt, lässt den Satz seine Tragweite und seine Bedeutung entfalten. Frei. Der Schuss, der stürzende Körper. Frei. Das zu vergessen wird schwer. Domecq, reglos in seinem Liegestuhl, Augen geschlossen, stellt sich vor, wie er ihr übers Haar, den Nacken, die Schultern streicht. Sie schenkt sich Portwein ein, lehnt sich im Liegestuhl zurück, spielt mit ihrem Glas.

»Und ich kam in die Wohnung, in der François zusammen mit drei anderen jungen Männern wohnte. Es war eine große leere Wohnung, die der Vater von einem von ihnen genutzt hatte, bevor er sonst wohin verschwand. Sie lebten da mehr oder weniger wie Mönche. Zwei von ihnen arbeiteten als Korrektoren für Kollaborationszeitungen und ernährten damit alle. Sie verteilten antideutsche Flugblätter und Zeitungen in die Briefkästen des Viertels und fälschten Lebensmittelkarten für die Widerstandskämpfer.« Sie sieht Domecq an, als könnte er begreifen, was sie selbst nicht versteht. »Zwischen ihnen herrschte eine eigentümliche Atmosphäre von Freundschaft, Liebe, Verbundenheit. Ich schneite dort herein wie eine Fremde, ich war ein geduldeter Flüchtling, aber keine Kämpferin. Ich störte ihre Vertrautheit. Ich schlief mit François, aber in unserem Zimmer war noch ein anderer Junge, und es war ziemlich unerträglich.

Und dann war da noch ein fünfter Mann, auch einer, der nicht dazugehörte, älter, um die vierzig, den sie, wie sie sagten, in letzter Sekunde vor der Gestapo gerettet hatten und den sie sehr bewunderten, weil er nämlich tatsächlich ein Kämpfer war, weil sie ihn gerettet hatten und weil er Arbeiter war. Ein Proletarier, du verstehst, er verkörperte die Zukunft der Menschheit ... Mit seinen Händen kriegte er alles hin. Er machte ihnen den Haushalt, er kochte, und wenn er etwas Zeit übrig hatte, möbelte er die Wohnung auf. Er war fett, schon etwas kahl, er sagte, er heißt Martin, und heimlich trank er. Der Typ ekelte mich an ...«

Bei dem Ekel verweilt die Stimme, wird eisig. Doras Echo: Die Männer sind das Übel ... Lass sie weitererzählen.

»Die Stimmung wurde immer fieberhafter. Also, wenn ich das richtig verstanden habe, denn man hat mir ja nichts gesagt, ich habe nur hier und da was aufgeschnappt, war die Druckerei, die die Flugblätter machte, von der Gestapo geschlossen worden und alle Mann verhaftet. So blieb nur noch das Verteilen einer alten Zeitungsausgabe und einiger Bücher, damit waren sie nicht ausgelastet. Und ich erinnere mich, wie der Druck ständig zunahm. Die Alliierten rückten jeden Tag näher, die deutschen Truppen zogen kreuz und quer durch Paris, es hieß, die Brücken seien vermint worden, es fuhr keine Métro mehr, die Eisenbahner waren im Streik, die Kollaborationszeitungen stellten eine nach der anderen ihr Erscheinen ein, wir hatten fast nichts mehr zu essen. Und dann fing Martin davon an, dass er ihnen Waffen besorgen könne.« Ihre Stimme bricht. »Was konnte ich schon tun? Natürlich haben sie sich auf seinen Vorschlag gestürzt. Für die Organisationsphase wurde François zum Vertreter der Roquette-Gruppe ernannt, er sagte einem Dutzend anderer Gruppen in ihrer

Nähe Bescheid, die sie wohl über die Druckerei kennengelernt hatten, denke ich. Und am 16. August sind sie dann morgens mit Martin in einem Planen-Lkw losgefahren, um eine Lieferung Waffen abzuholen, die sich in einem Versteck irgendwo im Pariser Osten befinden sollten. Natürlich ohne mir was zu sagen. Frauen haben von Waffen keine Ahnung, ich war ein Flüchtling, keine Kämpferin. Nicht vergessen.«

Langes Schweigen. Die Sonne ist untergegangen, die Linde ist schwarz, es wird kühl. Ambre fröstelt, Domecq geht Pullover holen. Ambre bröckelt Kekse in ihren Portwein, löffelt den Mischmasch und fährt fort.

»Ich bin ihnen natürlich nach, ich habe Martin nicht getraut, und ich hatte Angst um François. Ich habe ein Fahrrad genommen und bin dem Lkw hinterhergefahren, in den sie alle gestiegen sind, François und seine Kumpel hinten auf der Ladefläche mit einer Plane drüber, Martin und zwei andere Männer in der Fahrerkabine. Es war schwer, ihnen unbemerkt zu folgen. Ich bin keine schnelle Radlerin. Einmal hab ich sie verloren, auf Höhe der Place des Nations. Ich hab sie aber wiedergefunden. Der Lkw fuhr in den Bois de Vincennes. Er ist auf eine riesengroße Wiese gerollt, die öde und leer in der Sonne lag, ich weiß noch, dass ich mir die Picknicks und Fußballspiele dort an einem Sonntag in Friedenszeiten vorgestellt habe, aber an so einem Ort ein Waffenversteck, unmöglich. Ich war verrückt vor Sorge, ich habe den Tod gespürt. Der Lastwagen hat angehalten, die drei Männer sind aus der Fahrerkabine gestiegen, und sie haben angefangen, mit Maschinenpistolen zu schießen. Sie standen alle drei da, in Hemdsärmeln, aufrecht und breitbeinig, einer von ihnen hat geraucht, und sie sahen aus, als würden sie sich unterhalten und Spaß zusammen haben. Ich bin losgerannt, auf die Maschinenpistolen zu, da kam ein Mann aus dem Dickicht und hat mich festgehalten. Das letzte Bild, das ich gesehen habe, war François, der versucht hat, vom Lastwagen zu springen, eine Salve hat ihn voll erwischt, er hing für einen Moment in der Luft, und ich bin ohnmächtig geworden.« Eine Pause. »Sowie ich die Augen schließe, sehe die Szene wieder vor mir. Und seltsamerweise, das ist mir beim Erzählen gerade klar geworden, habe ich keine Geräusche wahrgenommen. Ich habe wohl geschrien, als ich auf den Lastwagen zugerannt bin, aber ich höre meine Schreie nicht, und ich höre auch den Lärm der MP-Salven nicht. Es ist eine stumme Szene.«

Ambre schweigt einen Moment, ihr Blick ist leer. Domecq denkt an Bourseul: Das ist eine Flaschenpost im Ozean, und kommt zu dem Schluss, dass er aufrichtig war. Mit klangloser Stimme setzt Ambre ihren Bericht fort.

»Der Mann, der mich festgehalten hat, heißt Rambaud, er ist ein kommunistischer Widerstandskämpfer, der auf dem Rückweg von einem geheimen Treffen durch den Wald gegangen war. Er hat dafür gesorgt, dass ich wieder zu mir kam, mich mit zu sich nach Hause ins 19. Arrondissement genommen, Rue de la Crimée, und in das Bett seiner Tochter gelegt. Seine Frau hat mich zwei Tage lang gepflegt. Anscheinend habe ich fantasiert. Ich habe keinerlei Erinnerung daran. Als ich wieder bei Bewusstsein war, haben mir Rambaud und seine Frau gesagt, da ich nicht wisse wohin, sei ihr Zuhause auch mein Zuhause, und das habe ich angenommen. Am nächsten Tag begann der Aufstand.«

Ambre wendet sich Domecq zu, legt den Kopf schräg, die Haarflut gleitet zur Seite, die klare Kontur von Augenbrauenbogen, Wangenknochen, Kiefer tritt aus dem Schatten hervor. Sie lächelt, die Stimme ist jetzt klarer.

»Ich habe mich als Freiwillige gemeldet. Aber es war natürlich wieder die gleiche Geschichte. Frauen kämpfen nicht mit der Waffe in der Hand, Krankenschwester oder Suppenküche, wenn ich denn unbedingt wolle … Ich habe Nein gesagt. Ich hatte genug gesehen, ich hatte das Recht zu kämpfen. Sie haben das in ihrer kommunistischen Zelle diskutiert, und sie haben eingewilligt. Ich habe ein Gewehr und eine Pistole bekommen. Ich hab beim ersten Sturm aufs Rathaus des 19. Arrondissements mitgemacht, am ersten Tag des Aufstands, und dann sind die Deutschen mit Verstärkung zurückgekommen, wir waren gezwungen, das Feld zu räumen. Ich habe getan, was ich konnte. Die Pistole hab ich nie benutzt, das ging über meine Kräfte …« Die Stimme bricht, Domecq pocht das Herz. »Aber ich habe gelernt, mit dem Gewehr umzugehen, indem ich es nämlich aufstütze, damit der Rückstoß mich nicht umwirft. Danach haben wir die Gare de la Villette angegriffen, das Rathaus zurückerobert und Barrikaden errichtet, um es abzuschirmen. Vorgestern stand ich vorm Rathaus Wache, während Gruppen von uns im Tunnel unter dem Parc des Buttes-Chaumont zwei Züge angriffen, eine wilde Schießerei war das, dreihundert Meter von unserer Barrikade entfernt. Natürlich war kein Mensch auf der Straße. Und da sehe ich einen Kerl durch die Rue Manin auf uns zukommen, der hielt sich ganz dicht an den Häusern, winkte uns groß zu und schrie so was wie: Freund, Freund. Groß, fett, rothaarig und schon etwas kahl, ich hab ihn gleich erkannt, es war Martin. Keine Ahnung, wie der da hinkam. Rambaud schob neben mir Wache. Ich hab ihn mit dem Ellbogen angestoßen, er hat hingeschaut und den Kerl wiedererkannt, ohne dass ich ein Wort gesagt habe. Also haben wir beide das Gewehr angelegt, ich hab meins gegen einen Pflasterstein gestützt, und er hat gesagt: ›Wir schießen genau gleichzeitig, damit wir nicht wissen, wer getötet hat. Ich gebe den Schießbefehl. Es geben immer die Männer den Schießbefehl.‹ Das war in diesem Fall ein sehr nobler Vorschlag. Wir haben gewartet, dass er noch näher kam, er lief auf mich zu, mir erschien es sehr lang, und dann haben wir ihn erschossen.«

Sie hält inne. Kein Kommentar.

»Im 19. Arrondissement gingen die Kämpfe heute bis vier Uhr weiter, und rund ums Rathaus gab es noch Tote, bevor alle Deutschen sich ergeben haben. Morgen gehe ich zu Rambaud zurück. Ich kann bei ihm und seiner Frau leben. Aber heute wollte ich hierherkommen, als die Kämpfe zu Ende waren, ein letztes Mal. Abschied nehmen.«

Abschied. Das Wort hält sich in der Stille. Die leeren Schränke, das aufgeräumte Haus, die Rose auf dem Blutfleck. Abschied. Die Nacht ist sehr klar. Irgendwo muss der Vollmond aufgegangen sein. Ab und zu vereinzelte Schüsse, wie aufblitzende Erinnerungen an den Aufstand. Mahnung: Der Krieg ist nicht vorbei. Der Duft der Linde wird betörend. Was gesagt werden konnte, ist gesagt. Ambre hat die Augen geschlossen, sie fröstelt. Man muss sie weit von hier wegbringen.

»Lass uns spazieren gehen, Ambre. Mach mich mit deiner Stadt bekannt. Ich komme von sehr weit her, ich komme aus Kairo, bis jetzt kenne ich nur das deutsche Paris.«

Halbwegs heiter gehen sie untergehakt Hüfte an Hüfte die Champs-Élysées entlang. Keine einzige Hakenkreuzfahne mehr. Domecq schaut hoch, sieht sich nach allen Seiten um, ihm ist, als könnte er zum ersten Mal bis zum Louvre gucken. Endlich, er atmet auf. Die Kinos sind geschlossen. Doras aufgelöstes Gesicht – Deslauriers ist tot, ermordet, ich habe seine Leiche gesehen – erscheint wie ein Spuk auf der Fassade des *Normandie*. Domecq legt einen Schritt zu, zieht Ambre mit. Nicht viele Leute auf den Champs. Kein Wunder. In diesem Viertel von Paris verkriechen sich die Leute zu Hause und warten ängstlich ab. Hinter den Fassaden sind Benezet, Bourseul und ihresgleichen bestimmt mit geheimen Treffen und Zusammenkünften zugange. Hat Bourseul schon von François' Tod erfahren? Bild von dem durchsiebten Körper, Schmerz. Domecq legt Ambre den Arm um die Schultern und drückt sie an sich.

»Die 2. Panzerdivision steht auf der Terrasse der Tuilerien, nicht sehr weit von hier, immer geradeaus.«

Wessen Idee war es, zur Place de la Concorde den Weg durch die Tuileriengärten zu nehmen, die sich zwischen Champs-Élysées und Seineufer erstrecken? Vollmond, kaltes, unwirkliches Licht, die beiden Körper, nunmehr umschlungen, einander wärmend, stolpern lachend durch die Blumenbeete. Bleiben dann stehen, irritiert, horchend. Auf der anderen Seite der Gärten hebt ein Rumoren an, das diffuse Geräusch einer Menge, die seufzt, ächzt, stöhnt, die kleine unterdrückte Schreie ausstößt und sich dann jäh gehen lässt. Ein paar Sekunden lauschen sie angestrengt. Das kann alles Mögliche sein. Dann aber – ja, kein Zweifel:

»Eine Unmenge Pärchen, die sich auf der Terrasse der Tuilerien lieben«, sagt Domecq, ungläubig, entzückt. »Die Pariserinnen sind gekommen, um die 2. Panzerdivision willkommen zu heißen.« Ein Moment vergeht. »Deine Stadt ist einfach genial.«

Ambre lehnt ihren Kopf an seine Schulter, das Gesicht ganz in ihrem blonden Haar vergraben, das nach Lindenblüte riecht. Wieder schwillt das Rumoren an, rhythmisch wiegend, schwingend. Domecq fasst sie um die Taille, zieht sie im Takt des wilden Treibens in einen Tanzschritt, es ist eine Java. Leise singt er:

»C'est la java bleue
La java la plus belle
Celle qui ensorcelle
Quand on la danse les yeux dans les yeux
C'est la java bleue«

Ambre verbirgt immer noch ihr Gesicht, folgt ungelenk seinen Bewegungen, der Körper steif, die Schritte zögerlich.

»Hat man dir in deiner Klosterschule nicht das Javatanzen beigebracht?« Breites Lächeln. »Drück dein Becken gegen meins, lehn deinen Oberkörper zurück, sei ganz locker und mach's wie ich, ohne an irgendwas zu denken ...«

Sie hebt den Kopf, sieht verwirrt aus, aufgewühlt. Beider Beine geraten durcheinander. Das wilde Treiben wird schneller. Domecq versucht mitzuhalten, indem er schneller singt, schneller tanzt, das Treiben entlädt sich, das Paar stolpert über die Kante einer Rasenfläche, wirbelt herum und fällt unter lautem Gelächter ins Gras. »Du bist schön, Ambre.« Sie sieht ihn eindringlich an, ihre weit offenen Augen glänzen im Mondschein, heute Nacht ist der Mond so blau wie die Java, und wie deine Augen, sie hebt ihre Hand ganz nah an Domecqs Gesicht, streicht ihm mit den Fingerspitzen über die Wange, fährt ihm mit dem Daumen über die Unterlippe, mit erstickter, rauer Stimme: »Das also ist Begierde?«

Das Rumoren drüben in den Tuilerien lodert in abgeschwächter Form wieder auf. Er, auf dem Rücken, reglos, verkrampft, hört sich denken: Ja, das ist Begierde. Lass das bleiben, sie ist fünfzehn, sie ist ein Kind. Ein Kind, das den Krieg mitgemacht hat. Sie beugt sich über ihn – wer ist hier jetzt nicht locker? –, streift ihm die Kleider ab, berührt sanft den unbehaarten Oberkörper, schmal, mager, sehnige Muskeln, die Brustwarzen mit den großen dunklen Höfen richten sich unter ihren Fingern schaudernd auf, dann unterhalb des Bauchs das harte Geschlecht, die schwarze Behaarung, einschüchternd, sie zögert, legt ihre Hand darauf, spürt, dass es warm ist und bebt, und sagt sehr leise, mit ernstem Gesicht: »Das ist ein wunderbares Gefühl.«

Im Dunkel der Nacht schwillt das Rumoren wieder an und reißt sie mit. Er lässt sich gehen, überwältigt von Lust.

Zieht sie an sich, fasst unter dem hellen Kleid nach ihren nackten Schenkeln, ein paar fieberhafte Handgriffe, beide Körper aneinandergepresst, zwei Körper so dicht an allem Erlebten, Angst, Hass, Aufstand, Krieg, Mord, zwei Körper, die die Gesten finden, erste Küsse, erste Zärtlichkeiten, sie erschauert und beißt ihn, zwei Körper, die ihre Lust an der Lust herausschreien, weil sie lebendig sind und das ein Wunder ist, er nimmt sie, ihr Rhythmus ist der Rhythmus der ganzen Stadt, sie schreien rückhaltlos, sie wogen hin und her zwischen Himmel und Erde, adieu Krieg, adieu Tod, glücklich, befriedigt, gewiegt von dem rumorenden Treiben um sie her, gleiten sie durch die Nacht. In der schönsten aller Pariser Nächte singt die befreite Stadt das Hohelied des Lebens.

Epilog

Die letzten Seiten des Fotoalbums. Ein ganzseitiges Porträt von François mit Schriftzug vom Harcourt-Studio, aufgenommen kurz vor den Schulabschlussprüfungen. Es ging darum, den Moment einzufangen, zu fixieren, bevor die Jugend zu Ende ist. In mancher Hinsicht klassisch, lange Belichtungszeit, kontrastreich ausgeleuchtet, unwirkliches Schwarz-Weiß, das Gesicht hat klare Züge, das Haar ist glatt zurückgestrichen, in den Augen spiegelt sich das Scheinwerferlicht, reserviertes Lächeln, auf den Wangen die Schatten zweier Grübchen, und das am Kinn fängt das Licht. Dies ist das letzte Foto des lebenden François.

Auf der gegenüberliegenden Seite ein Gruppenfoto, Bourseul in langem schwarzen Mantel, Pelzkragen, grauer Filzhut, Gesicht verschwommen, wie zerfallen, trägt die kleine Isabelle auf dem Arm, die ihr Gesicht im Pelzkragen verbirgt. An seiner Seite seine Frau, ganz in Schwarz, Hut, langer Mantel, Strümpfe, halbhohe Stiefel mit Pelzbesatz, offensichtlich schwanger. Ihre Züge sind hinter dem Schleier, den sie vor ihrem Gesicht hinabgelassen hat, nicht zu erkennen, sie hält die gleichfalls schwarz gekleidete Jeanne an der Hand. Alle Blicke richten sich auf den Bürgermeister von Marcq-en-Barœul, der mit emporgereckten Armen ein blau emailliertes Schild mit weißen Lettern enthüllt: Rue François-Bourseul.

Das Lager der Sieger.

Dominique Manotti

Einschlägig bekannt

Aus dem Französischen von Andrea Stephani

Ariadne Krimi 1198 · ISBN 978-3-86754-198-5

Der ultimative Polizeithriller, ausgezeichnet mit der *Trophée 813* für den besten französischen Kriminalroman 2010.

»Unter den Autoren der Welt ist Dominique Manotti einzigartig. Im fiktiven Pariser Vorort Panteuil inszeniert und konglomeriert sie wie ein zeitgenössischer Shakespeare die Malaise der Banlieues. Verschärft wird der analytische Blick durch die Perspektive: Es ist die eines Kommissariats, das alle Widersprüche des Polizeiapparats auszutragen hat. Man liest Seite um Seite mit wachsender Empörung, Verzweiflung und Bewunderung. Manotti ist singulär.«
Tobias Gohlis, *Die Zeit*

»Dominique Manotti, die Queen des französischen Politkrimis, erzählt den alltäglichen Krieg in einer Pariser Vorstadt als packendes Drama. Gleich auf den ersten Seiten bestechen Manottis Bücher durch ihren speziellen Stil. Manotti schreibt politische Krimis zu aktuellen Themen und hat sich in diesem Subgenre zu einer der wichtigsten Stimmen Europas entwickelt. Die Geschichte geht einem noch lange nach und am Ende mag man gar nicht glauben, dass das Buch nur 250 Seiten hat, so schillernd sind die Figuren, so erschütternd die Verwicklungen, so klug und stark der Manotti-Sound, der alles trägt.« Horst Eckert, *Focus online*

»Nie hat man das Gefühl, es würden Abstriche gemacht bei der Komplexität von Polizeiarbeit im Besonderen und den Verwicklungen des Lebens im Allgemeinen. Die Räder der Macht, wie sie ineinandergreifen oder gegeneinander arbeiten, sind das andere große Thema. Manotti fasst in geradlinige, unprätentiöse, kühle Sätze, was scharf beobachtet und nah an den gesellschaftlichen Wahrheiten ist.«
Sylvia Staude, *Frankfurter Rundschau*

Dominique Manotti

Roter Glamour

Aus dem Französischen von Andrea Stephani
Ariadne Krimi 1192 · ISBN 978-3-86754-192-3

»Kein Stieg-Larsson-Erbneffe, kein Adler-Olsen oder Mankell hat den besten Kriminalroman 2011 geschrieben. Es war eine kleine französische Historikerin im Rentenalter. Dominique Manottis Roter Glamour, eine analytisch-kalte Abrechnung mit der französischen Politikerkaste, führt die KrimiZEIT-Liste der zehn besten Krimis des Jahres an.« Tobias Gohlis, *Die Zeit*

»Das ist der Thriller zur Affäre Strauss-Kahn: Manotti wirft einen bösen Blick auf das Verhältnis von Politik, Sex und Medien in Frankreich. Kommentieren muss sie das nicht. Die Geschichte ist umso eindrücklicher.« Andrea Fischer, *Deutschlandradio Kultur*

»Das Panorama einer hemmungslosen Politikerkaste, die sich korrupter Polizei- und Geheimdienstapparate ebenso bedient wie krimineller Elemente. Exzellent geschrieben, spannend bis zur letzten Seite und nichts für Gesellschaftsromantiker. Brillant!«
Ulrich Kroegers Krimitipp, *Nordsee-Zeitung*

Letzte Schicht

Aus dem Französischen von Andrea Stephani
Ariadne Krimi 1188 · ISBN 978-3-86754-188-6

Ein pulsierender Wirtschaftsthriller voller Know-how, so realistisch wie romantisch, mit literarischer Raffinesse. Ausgezeichnet mit dem *Duncan Lawrie International Dagger* 2008 und dem Deutschen Krimipreis Kategorie International 2011 (3. Platz).

»Manotti verarbeitet in bester Costa-Gavras-Manier die Affäre um die Privatisierung des französischen Riesenkonzerns Thomson. Ein fein gewebter Thriller um Macht, EU-Subventionen und Arbeitsplätze.« Thekla Dannenberg, *Perlentaucher*

»Manotti ist eine Klasse für sich: lebensnah, realistisch, vertrackt. Der Krieg der Konzerne in den kleinen Städten. Solitär.«
KrimiWelt-Jahresbestenliste 2010

Christine Lehmann

Mit Teufelsg'walt

Nerz 8 · Ariadne Krimi 1179 · ISBN 978-3-86754-179-4

Lisa Nerz stößt auf blinde Flecken im deutschen Sorgerecht, entdeckt ungeahnte Eigenschaften bei Staatsanwalt Richard Weber und bringt sich in Teufels Küche.

»Der mitreißend-ironische Stil zieht den Leser so in seinen Bann, dass man das Buch nur ungern weglegen möchte – auch wenn dies dem Kindeswohl dienen würde.« Stefan Schweizer, *literaturkritik.de*

Malefizkrott

Nerz 9 · Ariadne Krimi 1185 · ISBN 978-3-86754-185-5

Lisa Nerz, Ritterin von Zweifels Gnaden, reitet zwischen die Windmühlen des deutschen Literaturbetriebs, während Sancho Richard Weber mit süffisanter Melancholie seine ganz eigenen Strippen zieht – was für ein Spektakel! *Malefizkrott* ist Actionthriller, Burleske und Medienromanze, ein Abenteuerroman aus dem Literaturdschungel.

»Wenn ein Axolotl auf eine Malefizkröte trifft: Wer die Diskussionen um Helene Hegemann auch nur am Rande verfolgt hat, wird den ›Fall‹ schnell wiedererkennen in Lehmanns Malefizkrott. Eine scharf beobachtete Literaturbetriebssatire mitsamt Kriminalfall.«
Sylvia Staude, *Frankfurter Rundschau*

Totensteige

Nerz 10 · Ariadne Krimi 1189 · ISBN 978-3-86754-189-3

Von Mentalterroristen und Medienhypes: Launig und voller Skepsis steigt Lisa Nerz in das Thema Geisterjäger und übernatürliche Vorfälle ein. Doch ehe sie sich's versieht, wird es ernst: Wer hat dem Parapsychologen auf Burg Kalteneck das Herz herausgeschnitten? Was hat es mit den Testreihen des Instituts auf sich? Lisa Nerz und Richard Weber wittern eine Verschwörung. Und der Einfluss der Gegner scheint bis nach Schottland zu reichen …

»Vielleicht wird uns, spiritistisch gesprochen, Totensteige einmal als die Glaskugel erscheinen, in der sich das Kommende ahnen ließ.«
Thomas Klingenmayer, *Stuttgarter Nachrichten*

Monika Geier

»Sprachlich raffiniert, formal interessant, exakt dosiert witzig, toll geplottet, spannend – mit einem Wort: richtig gut. Monika Geier ist eine versierte Stilistin und hierzulande eine der Besten des Geschäfts.« Ulrich Noller, *Deutsche Welle: Bücherwelt*

Müllers Morde

Ariadne Krimi 1200 · ISBN 978-3-86754-200-5

Müllers Morde ist die Geschichte eines Duells. Auf der einen Seite steht Müller, der raffinierte Täter, der natürlich nicht wirklich Müller heißt. Sein Gegenspieler ist der unkonventionelle Historiker Rick Romanoff, der mangels festem Einkommen mit antiken Artefakten dealt. Zwischen Atlantis-Mythos und Emissionshandel, Illusion und Wissenschaft entspinnt sich ein mörderischer Zweikampf, der für keinen ohne Folgen bleibt.

»Wie stets gelingt es Geier, einen glaubwürdigen Plot in einer überzeugenden Szenerie anzusiedeln, die wundervoll absonderlich und gleichzeitig grandios alltäglich ist. Das funktioniert dank kurioser Figuren, die nie ins Überzeichnete abgleiten, und intelligent-verschrobener Dialoge, die mitunter haltloses Entzücken evozieren.« Kirsten Reimers, *CULTurMAG*

»Es gibt eine Menge Action und Suspense, wohldosierten, ziemlich trockenen Humor – und es gibt den willkommenen Mehrwert einer Geschichte, an der man sich als Leserin und Leser selbst aufs Schönste die Zähne – nein, nicht ausbeißen, sondern schärfen kann. Und es gibt so etwas wie eine Vision. Die einer halbwegs gerechten Krimiwelt, in der Monika Geier mit ihrer Kunst endgültig über das Chichi der biederen Bestsellerbastelei triumphiert.« Dieter Paul Rudolph, *Krimicouch.de*

»Präzision, Tempo, eine Fülle überraschender und schräger Einfälle, plastische Tiefenzeichnung der Charaktere, kleine Gemeinheiten und hintergründiger Humor, eine nahezu perfekte Spannungsdramaturgie und ein ganz eigener Stil. All das macht *Müllers Morde* nicht nur zum bislang besten Krimi von Monika Geier, sondern auch zu einem der besten in diesem Jahr erschienenen.« Theo Schneider, *SWR2*

Herbjørg Wassmo

Deutschenkind

Literaturbibliothek · ISBN 978-3-88619-490-2

Nachkriegszeit auf einer kleinen Fischerinsel im Norden Norwegens. Tora wächst mit dem Stigma heran, Kind eines Soldaten der verhassten Besatzungsmacht zu sein. Das macht aus ihr praktisch Freiwild …

Sie war Tora. Da war nichts dran zu ändern. Elisif hatte ihr mehr als einmal gesagt, dass sie nicht verstehen könne, dass eine so schöne und gut gebaute Frau wie Ingrid sie bekommen habe. Es müsse das fremde Blut sein und der Sünde Sold, die das bewirkt hätten.
Tora verstand allmählich, was sie meinte, und wurde rot bis zu den Ohrläppchen.
Das fremde Blut war das Schlimmste, das gehörte zum Krieg, von dem die Mutter niemals sprach. Das mit der Sünde Sold nahm Tora nicht so schwer. Da konnte man schummeln, das hatte sie gesehen. Aber wenn auch der Spiegel über dem Ausguss Tora erzählte, wer sie war, so lebte sie doch ihr eigenes geheimes Leben unter dem Federbett in ihrer Kammer. In der Dunkelheit und allein mit sich war sie die, die sie sein wollte. Da streifte sie unter dem kleingeblümten Bettbezug ihre Haut ab, wärmte sich mit ihren eigenen kalten Händen, liebkoste sich selbst, während sie eine andere Tora heraufbeschwor. Wenn sie allein zu Hause war, konnte sie die eigentliche Tora vollständig vergessen.
Für eine Weile konnte alles, was am Tag an ihr nagte, verschwinden, als ob es nie da gewesen wäre. Die Gefahr? Die verschwand auch.

Deutschenkind ist Band 1 der berühmten *Tora-Trilogie*, einer Romanfolge, die für das kaum zu Ertragende eine großartige Sprache findet. Herbjørg Wassmo schildert einen historischen sozialen Kosmos – den Alltag der auf den Fischfang angewiesenen Inselbewohner Nordnorwegens in den 1950er Jahren. Mal drastisch, mal komisch, mal erschütternd entfaltet sich die Erlebniswelt eines Kindes an der Schwelle zur jungen Frau. Ein zeitloser Roman, für den Herbjørg Wassmo mit dem norwegischen Kritikerpreis geehrt wurde.

Gerhard Schoenberner

Fazit. Prosagedichte

Literaturbibliothek · ISBN 978-3-88619-488-9

Gerhard Schoenberner, Jahrgang 1931, Publizist und Schriftsteller, war einer der Ersten, die bereits Ende der fünfziger Jahre gegen viele Widerstände mit der von Th.W. Adorno eingeforderten Aufarbeitung der Vergangenheit Ernst machten. Davon zeugen seine Aufsätze und Kommentare, Bücher und Filme, große Ausstellungen und filmhistorische Retrospektiven.

»Mir ist keine Literatur in deutscher Sprache bekannt, sei es Gedicht oder Prosa, die den Gedichten Schoenberners vergleichbar wäre. Vergleichbar in der Härte und Genauigkeit der Mitteilung dessen, was Deutschland im 20. Jahrhundert vollbrachte. Es ist der Ton der bloßen Feststellung. So ist es geschehen. Es muss nur festgestellt werden. Es ist immer die Sache selbst, die sich ausspricht. Ohne literarische Attitüde. Und ist doch reine Literatur.«
Martin Walser, *Die Zeit*

»Ein politischer Publizist als Lyriker: das lässt das Schlimmste befürchten. Was mit den Gedichten von Gerhard Schoenberner aber vorliegt, ist das Allerbeste – perfekt rhythmisierte Protokolle gesellschaftlicher Verwerfungen wie psychischer Erschütterungen. Ich kann nur gratulieren.« Fritz J. Raddatz

»Knapper, dichter kann man Geschichte – erlebte, erlittene, ergründete – nicht weitersagen. Ich kenne keinen anderen Autor unter den lebenden mit so wachem Blick, so untrüglicher humanistischer Empfindsamkeit wie diesen.« Eckart Spoo, *Ossietzky*

»Es sind wunderbare, unverschlüsselte Gedichte, die sich durch eine klare und sehr schöne Sprache abheben von vielem, was einem als politische Lyrik angeboten wird. Hier spricht ein Mensch. Ein absolut zu empfehlendes Buch.« Matthias Ehlers, *WDR*

»Ich habe seit Brecht keine Lyrik gelesen, die mir mehr bedeutet hat.« Walter Kaufmann, *Neues Deutschland*